"小学语文十大青年名师"丛书编委会

顾　　问　杨再隋　吴忠豪
总 主 编　杨永建
执行主编　杨　伟
编　　委　杨永建　杨　伟　郭艳红　郝　波
　　　　　宋园弟　郝　帅　杨壮琴　张　艳
　　　　　田　晟　刘　妍

小学语文十大青年名师

如歌，
指向更美的语文

彭才华 著

山东城市出版传媒集团·济南出版社

图书在版编目(CIP)数据

如歌,指向更美的语文 / 彭才华著. —济南:济南出版社,2019.12

ISBN 978-7-5488-3881-4

Ⅰ.①如… Ⅱ.①彭… Ⅲ.①小学语文课—教学研究 Ⅳ.①G623.202

中国版本图书馆 CIP 数据核字(2019)第 273603 号

出版发行	济南出版社
地　　址	济南市二环南路1号
印　　刷	济南龙玺印刷有限公司
版　　次	2019 年 12 月第 1 版
印　　次	2019 年 12 月第 1 次印刷
开　　本	170mm×240mm　16 开
印　　张	17.5
字　　数	224 千字
定　　价	58.00 元

济南版图书,如有印装质量问题,请与出版社出版部联系调换。
电话:0531-86131736

序·名师的三重境界

孙双金

15年前，山西教育出版社出版了一套"中华名师丛书"，收录了当时小语界的十大名师，我有幸名列其中。今年，《小学语文教学》杂志社联合济南出版社，推出一套"小学语文十大青年名师"丛书，其中收录了张学伟、史春妍、许嫣娜、徐俊、王林波、杨修宝、孙世梅、鱼利明、彭才华、李斌等十大青年名师的专著。杂志社杨伟社长约我写一点感言。我作为过来人，走过了追求之道、奋斗之道、探索之道，深知其中的甘苦。我把自己对名师的理解和追求表达出来，希望对后来的名师有所启迪和帮助。

记得当年我评上特级教师之后，于永正老师对我说："小孙啊，特级教师是有层次的，有一般特级教师，有著名特级教师。你要争取当著名特级教师。"

于永正老师的话我一直铭记在心。那什么是著名特级教师，也就是所谓的名师呢？我认为名师有三重境界。

一重境界是有成名的课堂。名师都是从课堂中走出来的，没有成名的课堂不能成为真正的名师，这是教育界的共识！为什么名师必须要有出名的课呢？因为教师的天职就是上好每堂课。不仅要上好平时的家常课，让学生喜欢自己的课堂，还要能上好公开课、研究课，使自己的课堂教学能够引领教学改革的方向。"打铁还需自身硬"，只有拿出过硬的好课，同行才会佩服你，学生才会敬爱你，你才配得上名师的称号。

你看哪位名师没有自己的代表课？支玉恒老师的《第一场雪》名扬天下；于永正老师的古诗《草》让人拍案叫绝；贾志敏老师一系列作文指导课让人津津乐道；王崧舟老师的《长相思》到现在仍然余音袅袅；窦桂梅老师的《秋天的怀念》扣人心弦；薛法根老师的《匆匆》让人印象深刻。上好课，用课说话，这是对名师的硬要求。

二重境界是有自己的特色课程。名师仅有成名的课堂还是不够的，因为这仅仅停留在"教得好"的层面上。名师应该再向前走一步，思考"教什么"更有利于学生学科素养的发展。"教得好"是教学法的层面，"教什么"是学科课程的层面。名师应该在这两个层面都有思考，都有建树。中华人民共和国成立以来，在"教得好"的层面上涌现出了许多名师，但语文教学"少慢差费"的现象一直没有根本的改变。为什么？我认为就是在"教什么"的课程层面思考得少，研究得少，改革得少。"教什么"是内容的问题，"怎么教"是方法的问题，几十年的改革仅在方法上做文章是解决不了根本问题的。我曾经多次比方过，这就像家庭主妇，只研究炒菜的方法，却不到菜市场去买营养丰富、绿色环保的蔬菜，再怎么折腾烹制的方法也是没有多少效果的。

我在2009年《人民教育》杂志发表的《13岁以前的语文——重构小学语文的教学体系》一文中，提出小学语文教学内容要有"三块大石块"——国学经典、诗歌经典、儿童文学经典，就是探索建立新的小学语文课程体系，强调小学语文是经典的语文，是积累的语文，是带得走的种子语文，是为儿童一辈子奠基的语文，是人生语文的"童子功"。文章一经发表，即得到广大语文教育有识之士的响应，这充分说明对教学内容进行改革已成发展的趋势。当下在全国广有影响的名师课程，如陈琴的"经典素读"课程，韩杏娥的"海量阅读"课程，管建刚的"动力作文"课程，正呈现星火燎原的态势。

三重境界是有鲜明的教学主张。教学主张是名师在多年的教学实践中形成的比较成熟的教学见解和观念，它比教学风格更上位一点，更接近于教学思想。教学主张有三大特征：一是稳定性，教学主张一旦形成就比较稳定，比较成熟，不会朝令夕改，朝三暮四；二是独特性，教学主张一般都带有教师鲜明的个体风格特征，各有侧重，互不相同；三是体系化，从教学风格走向教学主张最大的变化是结构化、体系化，能够自圆其说，自成体系。当前小语界的"诗意语文""组块教学""文化语文""情智语文"……都是在语文教学主张上的有益探索。

"江山代有才人出，各领风骚数百年。"在当下的盛世中国，我们希望名师辈出，各领风骚，创作出扎根中国大地，具有中国品格的教育华章。

目 录

教学主张

2　如歌，语文核心素养的诗性表达

11　如歌，语文教学艺术的应然追求

13　如歌，语文教学艺术的特质表现

教学实录

36　玩味语言，"玩味"寓言
　　——统编版教材三下第6课《陶罐和铁罐》教学实录与点评

47　不动是假动是真，静观独思扬美名
　　——统编版教材四上第25课《王戎不取道旁李》教学实录与点评

60　溪上居安，家国情怀
　　——统编版教材四下第1课《清平乐·村居》教学实录与点评

71　说"奇"道"妙"
　　——统编版教材五下第13课《刷子李》教学实录与点评

82　品一首诗，读一个人
　　——统编版教材六上第5课《七律·长征》教学实录与点评

98 简短的话语　悠长的回忆
　　——统编版教材六上第 24 课《少年闰土》教学实录与点评

108 斑斓：跟着作家学写色彩
　　——五年级习作教学实录与点评

119 反复的力量
　　——五年级习作教学实录与点评

135 泪光里的妈妈
　　——五年级习作教学实录与点评

149 当童心遇上唐诗
　　——六年级习作教学实录与点评

教学设计

164 风景这边"读"好
　　——统编版教材一年级上册课文第 3 课《江南》教学设计

170 细品慢读，敏化语感
　　——统编版教材二年级上册第 16 课《朱德的扁担》教学设计

175 初学文言，有滋有味
　　——统编版教材三年级上册第 24 课《司马光》教学设计

181 一心留意，五官观察
　　——统编版教材三年级上册第 15 课《搭船的鸟》教学设计

186 慢品语言，解读英雄之"心"
　　——统编版教材四年级上册第 14 课《普罗米修斯》教学设计

192 品一品语言的味道
　　——统编版教材四年级下册第 2 课《乡下人家》教学设计

196 听听，诗人的心声
　　——统编版教材五年级上册第 11 课《古诗三首》教学设计

207 母爱，最是细节能动人
　　——人教版教材六年级上册《游子吟》教学设计

212　情到深处才"反复"
　　——人教版教材六年级下册第15课《凡卡》第一课时教学设计
217　细节之中见精神
　　——人教版教材六年级下册第13课《一夜的工作》教学设计

教育随感

222　幸得红楼梦一生
　　——读《红楼梦》
225　回到哲学，回到母语
　　——读《语文教育哲学导论》
227　赤诚的"建议"
　　——读《给教师的建议》
229　教文学，请读《谈文学》
　　——读《谈文学》
231　"为了人"的语文教育观
　　——读《语文：表现与存在》
233　总得有人去擦亮星星
　　——读《中国语文教育忧思录》
235　语感，语感
　　——读《语感论》
237　就怕读这"序"
　　——读《名作细读——微观分析个案研究》
239　在书里听课
　　——读《顾随诗词讲记》
241　"驯养"与"用心看"
　　读《小王子》

名师评说

244　如歌的语文 / 杨再隋
248　才华如歌 / 王崧舟
252　以生命美学立心 / 林志芳

成长故事

260　从演唱，到上课
263　我班的"读书会"
266　见字如面
272　回到田野，培育真人

教学主张

如歌，语文核心素养的诗性表达

"如歌"之"如"有两种解释，一为"像"，二为"到"。"如歌"之"歌"，更是含义丰富，音乐、歌曲、诗歌等都是其内涵。

如歌的语文，主要有两种解释：其一是指"像歌的语文"，此处"语文"可以理解为动词，指向课堂教学的策略和艺术，也就是说要"像歌一样地教语文"，如文本解读追求的"音准""调式"，课堂教学追求的"节奏""情感"等；其二是指"到歌的语文"，此处"语文"为名词，指向学科核心素养视阈下的教学目标，也就是说语文教学应该达到歌一样的境地。两种解释合在一起则是经由"像歌的语文"，即研究课堂教学的策略和艺术，达成"到歌的语文"。

本篇先论"到歌的语文"，即探讨学科核心素养视阈下"如歌"的语文教学目标。

关于语文学科核心素养，《普通高中语文课程标准（2017年版）》是这样界定的：（它）是学生在积极的语言实践活动中积累与构建起来，并在真实的语言运用情境中表现出来的语言能力及其品质；是学生在语文学习中获得的语言知识与语言能力，思维方法与思维品质，情感、态度与价值观的综合体现。语文学科核心素养主要包括语言建构与运用、思维发展与提升、审美鉴赏与创造、文化传承与理解四个方面。

对于这一界定，通常情况下我们会更关注语文核心素养的四个方面，却忽视了对前面一句话的揣摩与理解。其实，核心素养一定是在具体的活动中慢慢积累与建构起来的、在真实情景中表现出来的，是众多方面的综合体现。

在语文教学中，这四个方面绝不是单独实施，更不是一个挨一个分别落实的。以下分而述之，只是为了讨论的方便。

一、操千曲而后晓声——语言建构与运用

语文核心素养的四个方面中，语言建构与运用是其他三方面的基础。也就是说，没有语言建构与运用，其他三方面只能是空中楼阁。而建构又是运用的基础。没有建构，就不可能有运用。

那么，语言建构主要依靠什么呢？靠语感。

什么是语感？夏丏尊先生是这样解释的：

在语感敏锐的人的心里，"赤"不但只解作红色，"夜"不但只解作昼的反面吧。"田园"不但解作种菜的地方，"春雨"不但只解作春天的雨吧。见了"新绿"二字，就会感到希望焕然的造化之工、少年的气概等等说不尽的情趣。见了"落叶"二字，就会感到无常、寂寥等等说不尽的诗味吧。真的生活如此，真的文学也如此。

语感，是一种对于语言文字特有的敏感，其最大特点是迅速、直接。它不经刻意分析，却能理解语义，还能对语言表现的意境、意味有深刻的领悟，对语言的弦外之音有准确的把握。

拿我们的母语汉语来说，只懂得汉语基本的字面意思，永远只能是汉语的"门外汉"。因为没有汉语的语感，读到"红杏枝头春意闹"这样的诗句是百思不得其解的；看到"大漠孤烟直，长河落日圆"这样的诗句，可能只觉得诗人不讲道理；也永远无法理解"中国队大胜美国队"和"中国队大败美国队"的差别，觉得怎么说都是中国队赢了……因此，叶圣陶先生说："语言文字的训练，我认为最要紧的是训练语感，就是对于语言的锐敏的感觉。"朱作仁教授也曾指出："敏锐的语感既是学好语文的重要条件，也是一个人语文水平的重要标志。"由此可见，在语文教学中教师必须重视对学生语感的培养。

语言学习的这一规律，与音乐领域的道理是相通的。众所周知，要欣赏音乐之美，同样只能依靠感觉——乐感。听同样一首曲子，有的人可能热泪

盈眶，而有的人却无动于衷。这便是由乐感敏锐度所导致的。大指挥家小泽征尔"跪着听音乐"的故事便是对乐感的最好诠释：1978年6月，小泽征尔第二次访问北京，他指挥中央乐团演奏了弦乐合奏《二泉映月》。翌日，他在中央音乐学院聆听姜建华的二胡独奏《二泉映月》时，情不自禁，掩面而泣。他以东方人特有的虔诚说："这种音乐只应当跪下去听。"并且真的从坐着的椅子上顺势跪下去。当时坐在他身旁的中央音乐学院院长赵沨赶紧拉着他的手把他扶回座位上。小泽征尔又喃喃自语："如果我先听了这次演奏，昨天绝对不敢指挥这个曲目，因为我没有真正理解这首音乐，我没有资格指挥这个曲目。"

这段往事，在乐坛上传为美谈。而成就这一美谈的主要原因则是，听音乐的这个人是大指挥家小泽征尔。试想一下，同样是《二泉映月》，播放给一个乐感迟钝的人来听，即使你再怎么解释，怕也只能是"对牛弹琴"了。

那么，小泽征尔的乐感从何而来？答案只有一个：操千曲而后晓声。长期浸润在音乐中，天天与音乐耳鬓厮磨，早已让小泽征尔的乐感异常敏锐。也就是说，小泽征尔的"音乐的建构"功在平时，功在他深度接触了大量纯正、优美的音乐作品。

回到语言问题上来。"熟读唐诗三百首，不会作诗也会吟。"和乐感一样，语感的形成同样有赖于接触大量优秀的文学作品。

有一次，一位记者采访巴金先生说："您的语言那么好，那么符合语法规范，您的语法是怎么学的呢？"谁知，巴金说自己没学过语法，甚至"不知道什么叫语法"，只是说："我把《古文观止》背诵过之后，就写出来了……读多了，读熟了，常常可以顺口背出来，也就能慢慢地体会到它们的好处，也就能慢慢地摸到文章的调子。"语感的形成规律，语感之于语言运用的作用，可见一斑。

是的，每个人的语感都是随着言语经验的丰富而增长的，也是随着言语经验的深入而变得敏锐的。语感好了，语言运用自然就不难了。

因此，要落实语言建构与运用，"如歌"的语文教学理应追寻这样的境界：引领学生尽可能多地接触和积累典范的、优美的文学作品，通过丰富而有效的语言实践，提升语感品质，最终让学生的语言文字运用能力达到"操千曲而后晓声"般的不假思索、得心应手的水平。

二、乐者，心之所动也——思维发展与提升

语感对语文学习来说非常重要，但也要防止走向极端。作为一种直觉思维，语感能帮助我们在语言活动中从整体入手，直接、快速地获取结论。但是，对于究竟为什么有这样的结论，其中的原理、规律、方法等并不明朗。

知其然，还要知其所以然。无论是语言内部的规律，还是语感的获得和提升，都是有一定规律可循的。如果我们能对由语感获得结论的过程有所研究，对其中的规律、方法、原理有清晰认知的话，语感的品质就一定能得到更快的提升。也就是说，在我们的课堂中，如果能通过一系列有质量、有趣味的语文思维训练，引导学生进行自我觉察、自主思考，从语言现象中发现规律、总结方法、归纳原理，那么，学生的语感形成便更加自觉。

例如，《威尼斯的小艇》一文中有这样一段："威尼斯的小艇有二三十英尺长，又窄又深，有点像独木舟。船头和船艄向上翘起，像挂在天边的新月，行动轻快灵活，仿佛田沟里的水蛇。"读这段话，学生单凭语感大概也知道小艇的特点。但是，这种"知道"仍然有些笼统、有些模糊。为什么作者对同一事物——威尼斯小艇打了三个比方（独木舟、天边的新月、田沟里的水蛇）？三个比方究竟有什么不同的指向？学生并没有觉察。这就需要教师引导学生对这些问题展开思考。原来，三个比方各有作用，有的说明小艇的整体形态窄而深，有的说明船头与船艄向上翘起的显著特点，有的则是为了强调其行动轻快灵活的特点。我们还可以引导学生发现，三个比方的顺序大有讲究，绝不能颠倒。

是的，好的文学作品往往都是这样，处处暗含着作者精巧的构思。在阅读时，我们必须投入深度的思维，才能真正读懂作品。"感觉到了的东西，我们不能立刻理解它；只有理解了的东西才能更深刻地感觉它"，说的就是这个道理。

有了思维的参与，我们才能更好地把握语感这个捉摸不透的"尤物"；有

了思维的参与，我们的语言运用才会逐步走向成熟。这一点和音乐创作、音乐欣赏的道理也是相似的。

"乐者，心之所动也。"《乐记》中就有这样的观点：君子要从内心的感动出发，思考其表现形式，研究其文采节奏。

到今天，许多音乐人也都谈到这种创作经验。例如，《弯弯的月亮》词曲创作者李海鹰说："音乐创作需要激情，需要灵感，这话不假。但创作更需要理性，更需要思考，因为创作的过程，不是简单的激情放纵，相反，是对情感的一种控制，一种把握。"

著名作曲家王立平在谈到他的《红楼梦组曲》创作历程时，更是强调了思维对于音乐创作的重要性："《葬花吟》的创作耗时一年零九个月，是我写得最苦的一首……我创作《葬花吟》时，百思不得其解。按现代人的观点，林黛玉是个个头不高、老爱生气、整天病恹恹的女孩，试问，哪个男孩会喜欢她？哪家人敢娶她当媳妇？那为什么曹雪芹会对她倾注那么多感情？我每天反复琢磨。有一天，我突然想到那一句：天尽头，何处有香丘？这哪里是低头葬花，这分明就是一个女子在叩问苍天啊！这是一种悲鸣，是呼号，瘦弱的黛玉刹那之间就高大了起来……""百思不得其解""每天反复琢磨"，正是这一音乐作品成功的原因。

无独有偶。法国作家雨果也曾说："音乐是思维着的声音。"这句话同样道出了音乐与思维的关系，相信这也是雨果在聆听音乐时的感悟。那么，"如歌"的语文教学要达成思维发展与提升，教师也应该引导学生像雨果聆听音乐那样，在语文学习中、在语感之外听出语言里思维的声音，并不断提升对语感形成的自我觉察、思考、总结的能力。

三、言之不足则歌之，歌之不足则舞之——审美鉴赏与创造

作为一门以语言文字来表达感情的学科，语文与审美教育有着天然的联系。教师通过语文渗透审美教育，既是教会学生艺术地把握世界，也是引领学生进行自我确证、自我实现、自我超越的重要方式。可以说，语文教育如果放弃了审美素养的培育，就丢失了学科教学的重要价值，那么，通过培养

学生核心素养使之成为一个健全的"人"的终极关怀就一定会落空。

课程标准指出，语文核心素养中的"审美鉴赏与创造"是指学生在语文活动中体验、表现、欣赏、评价、创造美的能力及品质。这就需要我们在语文教学中引导学生多接触优秀的文学作品，品味优美的语言，注重由语言文字展开审美想象，体会文学作品里丰富的情感，感受思想的魅力，领悟人生的哲理。同时，教师还要引导学生在口头、书面表达的练习中，以美的语言表现美的思想、表达美的情感。

以下是笔者执教《渔歌子》一课的片段：

师：好的诗词是一幅画！所以，我们读诗词，还要"历历在目"地读！（板书：历历在目）什么叫"历历在目"地读呢？

生：读着读着，就好像亲眼看到了一样！

师：那么，我们读了这么多遍了，你们看到了什么呢？（稍顿）大家也可以在书上标出来。

（生标记词中写到的景物）

师：我们一起来看看有哪些景物。

生：白鹭、西塞山、桃花、流水、鳜鱼、箬笠、蓑衣、斜风、细雨。

师：你看，一首只有27个字的词，词人就给我们描绘了那么多景象！完全就是一幅画啊！（点击课件，呈现插图）

（生看插图）

师：但是，这仅仅是一个画家心中的景象。我们可以比他更高明一些！因为当我们闭上眼睛（示意学生闭上眼睛），展开我们的想象，我们会看到更多、更美的景象。（播放音乐范读）

师：（引导想象）你们一定会看到西塞山，它有着怎样的颜色？它有多高？白鹭飞翔的姿态你们看到了吗？白鹭的声音你们听到了吗？桃花的颜色又是怎样的？它开得有多热闹？也许，还有些桃花随着风儿在舞蹈呢！流水的声音你们听到了吗？水底的鳜鱼你们看到了吗？还有那坐在船头的渔翁！还有斜风，还有细雨！

（生闭眼想象）

师：这么多的景象，这么丰富的色彩！我相信你们一定看到了！慢慢地睁开眼睛，来，把你刚才看到的最美的景象，或者听到的最动听的声音告诉大家。首先，让我们抬头往前面看，你看到了——

……

师：是啊，展开想象的翅膀，我们既看到了远处青翠的西塞山、飞翔的白鹭鸟，我们也看到了近处飘飘悠悠的粉红桃花、慢慢流淌的清清江水、黄白相间的肥美鳜鱼，我们还看到了更近处斜风细雨中那个头戴箬笠、身披蓑衣的渔翁。张志和就像一个画家一样，由远及近、由整体到局部地给我们描绘了一幅绝妙的"烟波垂钓图"。来，我们一起再来美美地欣赏这首像图画一样的词。

（生齐读全词）

在这一片段中，笔者特别注重对学生情感的激发、想象的激活，让学生透过美的诗词语言，去想象美的形象、美的意境，进而感受词人美的心境以及美的人生哲理。

情感、想象，都与心相关。只有心动了，心通了，才有切实的语文学习，因为心本来就是文学、艺术的源头。《毛诗序》中指出："诗者，志之所之也。在心为志，发言为诗。情动于中，而形于言；言之不足，故嗟叹之；嗟叹之不足，故永歌之；永歌之不足，不知手之舞之，足之蹈之也。情发于声，声成文，谓之音。"

是的，言、嗟叹、咏歌、舞蹈本是一家，同出一源——心。同时，这几种表现形式还有层次的不同。有时语言不能表达的情感，却可以用音乐来表现。正如有人所说，语言的尽头是音乐；德国音乐家舒曼也说，音乐是灵魂的完美表现。所以，言之不足则歌之，歌之不足则舞之，由言到歌、到舞，一步步走向美的终极。

取法乎上，方得其中。在语文教学中，教师要培养学生审美鉴赏与创造的核心素养，理应追寻"如歌"的境界，让学生的心灵抵达"歌""舞"的自由境地，尽情欣赏美的作品，接受美的熏陶，也在审美创造的过程中，提升能力，完善自我。

四、兴于诗，立于礼，成于乐——文化传承与理解

文化传承与理解是语文核心素养的重要组成部分。作为文化的重要载体，语文所担负的责任不同于其他任何工具学科。这就要求我们，在语文教学中要引导学生经由语言文字的学习，认识中华文化的源远流长，尝试理解、包容和借鉴不同民族、不同区域、不同国家的文化，吸收人类文化的精华，拓展文化视野，养成文化自觉，增强文化自信。

说到中华文化，清华大学教授彭林指出："中华文化的核心是'礼'，但是这'礼'包含着'乐'，讲得周备一点，中华文化是礼乐文化。"

中华文化的根基，正是诗书礼乐。孔子云："兴于诗，立于礼，成于乐。"这是他的文化理想，也是他所向往的教育理想。他极其重视艺术与文学，认为"诗"与"乐"最讲究以情动人，能潜移默化地影响社会风俗，教化民众，养成人格。而所谓"移风易俗，莫善于乐"，更可以看出，在孔子的教育理想中，音乐对人的教化作用无可替代。

这种思想对后世的影响极其深远。《吕氏春秋·适音》载："故有道之世，观其音而知其俗矣，观其政而知其主矣。"《乐记》载："凡音者，生于人心者也；乐者，通伦理者也。是故，知声而不知音者，禽兽是也；知音而不知乐者，众庶是也。唯君子为能知乐……是故，不知声者不可与言音，不知音者不可与言乐。知乐，则几于知礼矣。礼乐皆得，谓之有德。德者，得也。"

这些论述都继承和发展了自孔子以来的儒家关于乐教的功用以及美与善、礼和乐等关系的思想，强调了音乐对人的情感、性格、意志的影响，强调了音乐对于"修身、齐家、治国、平天下"的社会作用。

因此，"如歌"的语文教学更应注重"诗"与"乐"的深度融合，并要有乐教之于文化的担当与追求，在引导学生学习汉语的过程中，理解并认同中华文化，热爱并继承中华文化。

另外，我们生活的这个时代，社会状况越来越复杂，信息传播越来越快速，文化的转型、更新日益迅速，各种新文化层出不穷，这给我们的社会生活和传统文化带来了巨大的挑战和冲击。在这样的多元文化背景之下，我们

既要大力弘扬中华优秀传统文化，将我国的传统美德、民族精神以及核心文化价值等在社会乃至全世界进行广泛宣扬和传播，也要以开放的思想和宽广的胸怀尊重、理解多元文化，丰富学生的文化视野，吸收人类文化的精华。

这一点，我们同样可以在音乐方面得到启示。还是小泽征尔，他曾多次强调：音乐是没有国界的语言。的确，音乐作为人类情感和生活的一种艺术表达，创作者的作品由心而出，抒发的是人们共通的情感和愿望，或喜悦，或悲伤，或热烈，或平静。不管是西方古典音乐，还是各地民族戏曲，作为听众，无论什么人种，往往都能产生共鸣，得到享受。

"民族的就是世界的。"这句话应该成为我们对多元文化的基本态度。《乐记》里说："乐者，乐也。"对待不同民族、不同区域、不同国家的多样的文化，"如歌"的语文教学理应理性地尊重、愉悦地包容。

综上所述，语文核心素养的提出，凝聚了无数专家、学者的心血与智慧。回望其研究历程，不可谓不曲折迂回。然而，由理论到实践，也许还隔着无数或宽或窄、或深或浅的沟壑。对于每一位站在教学一线的教师来说，最紧要的，是思考如何让语文核心素养落地，落到三尺讲台上，落到自己与学生语文教学活动的每一个当下。也就是说，对语文核心素养，每一位教师都应该有属于自己的理解和表达，"如歌"就是其中的一种。这种理解和表达，指向更美的语文。

如歌，语文教学艺术的应然追求

眼下，"教什么比怎么教更重要"已成为语文教师们的共识。在小学语文的课堂，可以欣喜地看到由关注课文内容向关注语言形式的"华丽转身"，许多课堂开始真正致力于学生语言文字运用能力的提升。

但是，过犹不及，有些教师以为"怎么教"就不重要了，以为那只是个上不了台面的低级问题，不屑于钻研它。于是，另一种让人担忧的教学现象出现了。为了表明自己对"教什么"有清醒的认识，有些老师不顾语文所蕴含的形象之美、意境之美、情感之美，直奔"语言形式"而去，这里一个知识点，那里一个技巧点，硬生生地拽着学生"钻胡同"。于是，本来应是形象生动、情意浓浓的语文课堂，变得气氛冰冷、了无情趣。这样的课堂，其实是语文教师臣服于膨胀的工具理性，身上丢失了人性的温暖、书生的意气；这样的课堂，学生对文本没有了整体感悟，没有了潜心会文，没有了体验共情，手上抄着他们并不理解的笔记，脸上写着迷茫与无奈；这样的课堂，教师以为自己教得很准，教得很多，学生这一厢，却是无精打采，所得甚微。

爱因斯坦说，教育就是当你走出校门，把学校里学的知识全部忘记，剩下的东西。我想，在这样的课堂里所学的知识，大概不等走出校门就会被忘记；剩下的东西倒是也有，那便是对语文的厌倦，或者是害怕，是抗拒！这真是语文教学的悲哀！

问题出在哪里？我们从一个极端又走到另一个极端了——太忽视"怎么教"了。曹文轩教授面对国内中小学语文教学现状，曾不无忧虑地谈道："教学要讲方法，这一点毋庸置疑，尤其是中小学教学。因为孩子们在成长过程中的认知心理是不健全的，认知能力是有缺陷的。我们必须凭借能够吸引、调动、启发他们，使他们产生浓厚兴趣的方法，让他们有效而愉快地接受知识、发展能力。"

我们一直以为学生的脑袋是知识的容器，不管三七二十一地往里面填充我们认为有用的东西，哪知"牵马河边易，让马饮水难"。干渴，才能让马儿主动饮水；趣味，才能让学生主动学习。正如梁启超先生在《人生拿趣味做根底》里说：

趣味是活动的源泉。趣味干竭，活动便跟着停止。好像机器房里没有燃料，发不出蒸汽来，任凭你多大的机器，总要停摆。停摆过后，机器还要生锈，产生许多有害的物质哩。

我们的语文课，首先应该是一种有趣味的播种行为！要给学生播种语文学习的趣味，那教师就要重新审视"怎么教"的问题，也就是教学艺术的问题。因为，教学的艺术是使学生喜欢你所教的东西。

"使学生喜欢"的教学艺术，首先是尊重学生的艺术，是"目中有人"的艺术。目中有人，我们才会蹲下身子看学生，看他们脸上的兴奋或疲惫，惊讶或茫然；目中有人，我们才有可能因时而动，以学定教。

"使学生喜欢"的教学艺术，是教师不断制造、不断变幻教学的"吸引力"，这种"吸引力"让学生在课堂中如沐春风，陶然忘我，不知不觉间收获知识，提升能力，陶冶性情，不知铃声之既响。

"使学生喜欢"的教学艺术，是教师在 40 分钟的时间里，在四四方方的空间里，眼观六路，耳听八方，既努力营造和谐的教学时空，又带领着学生超越这时空，思接千载，视通万里，享受课堂的每一秒。

"使学生喜欢"的教学艺术，不会把课堂局限在课本之内，甚至不仅仅在"语文"之内；教师会告诉学生，在音乐、绘画、舞蹈、书法、摄影等世界里，也有语文的倩影——语文本来就浩瀚无边，语文本来就绚丽多姿。

这些全都是教学的艺术。

然而，在千姿百态、千变万化的课堂教学里，真正的教学艺术其实无穷无尽，并且常常"透彻玲珑，不可凑泊"。那么，有没有一条路，可以指引我们通向教学艺术的殿堂？

佩特在《文艺复兴论》里说：一切艺术都以逼近音乐为旨归。

音乐？那里真的藏着语文教学艺术的秘密吗？好的语文课堂，真的应该如歌吗？

如歌，语文教学艺术的特质表现

一、恰切的语文教学"调式"

解 说

千课一面，是阅读教学中一个很普遍的现象，值得我们注意。

天下文章，或偏于说理，或偏于抒情；或重在叙事，或重在描摹。如此，便有了小说、诗歌、散文、戏剧，便有了叙述、描写、抒情、议论和说明。不同的体裁，不同的手法，传递不同的文味，彰显不同的风格。我们岂能将不同的文章教成一个模样？

世界上没有相同的两片树叶，作为万物之灵的人，更是各具禀赋，各有天性。所以，即使是同一体裁，同一手法，不同作者的文风文气也各有各的特点。我们岂能置之不顾？

有人说，上课的人是不变的，一个人哪能上出那么多种不同的语文课？

或许，我们可以从音乐里得到一些启示。我们应该都听过《月光下的凤尾竹》吧，这是一首著名的傣族乐曲，曲调悠扬，娓娓动听，让人不由联想到那郁郁葱葱的凤尾竹林，联想到溶溶月光下云南阿妹的翩翩舞姿。我们也应该听过《吐鲁番的葡萄熟了》这首歌，那婉转悠扬的旋律可以在瞬间把我们带到新疆，带到那位维吾尔族姑娘身旁，倾听她对克里木、对祖国的爱恋。可是，你要知道，这两首曲风迥异的音乐，是出自同一位作曲家——"人民音乐家"施光南之手。

同一位作曲家，他的两首曲子，一会儿把我们带到云南的凤尾竹林，一会儿又把我们带到新疆的葡萄架下。作曲家究竟靠着什么"法宝"做到的？靠的是音乐的"调式"。

什么是调式？简单地说，它是人类在长期的音乐实践中创立的某种乐音组织结构形式。各种调式各具表现力，可赋予音乐一定的表情素质和不同的风格。古希腊人就有过这样的发现：E 调安定，D 调热烈，C 调和蔼，B 调哀怨，A 调发扬，G 调浮躁，F 调淫荡。不同的历史时期与不同的民族和地域，也会形成各种不同的调式。音乐家施光南正是因为准确把握了傣族与维吾尔族的不同风情，分别运用与之相配的民族调式，才创作出两首风格截然不同的曲子。

我们的语文课，也应该研究"调式"。我们要准确分辨文章体裁，把说明文教成说明文，把议论文教成议论文；我们要敏锐关注文章写作手法，让学生从叙述里学习叙述，从抒情里学习抒情；我们还要细细琢磨不同作家的行文习惯与风格，让鲁迅成为鲁迅，让巴金成为巴金。

教学不同的文章，都有恰当的"调式"。这样的语文才纯正，这样的语文才丰富，这样的语文才有意思。

案　例

笔者教学《少年闰土》一课时，在"品读肖像，看闰土""三读对话，听闰土""美读首段，忆闰土"三个环节之后，设计的最后一个环节是"延伸存疑，思闰土"。

师：作者就是这样，无数次回忆起当年闰土谈起的刺猬、捕鸟、拾贝、看跳鱼儿的画面，无数次回忆起这个让"我"羡慕让"我"佩服让"我"无比喜爱的儿时伙伴，无数次回忆起"我们"分别时两个人都在大哭的情景……（课件中，相关图片依次出现）

师：同学们，三十年后，"我"和闰土终于又见面了！想知道我们见面的情景吗？

生：想！

（课件音乐淡入，《故乡》片段逐字浮现）

"啊！闰土哥，——你来了？……"

我接着便有许多话，想要连珠一般涌出：角鸡，鱼儿，贝壳，猹，……但又总觉得被什么挡着似的，单在脑里面回旋，吐不出口外去。

他站住了，脸上现出欢喜和凄凉的神情；动着嘴唇，却没有作声。他的态度终于恭敬起来了，分明的叫道：

"老爷！"

（继而，一个个问号叠加，最后是文字"书里有答案……"衬着《故乡》封面图。师生静静看课件，全场默然）

师：下课。

从表面看，在这个环节中学生似乎没有什么明显的学习行为，有的只是笔者的大段独白以及小说《故乡》文字片段的呈现，而学生只是在静静地听，静静地看。但是，这个环节真的没有意义吗？

我想，这一环节不仅是有意义的，并且于我这一课很重要。文字是静态的，要感受这一教学环节的课堂气息，只有亲临教学现场才会有更真切的体验。在这几分钟里，我着意于营造一种特别的氛围：起先是绵绵的怀想、深深的怀念；然后是学生浓浓的期待；继而是**重重的惊愕**，还有深深的迷惑……可谓五味杂陈，一言难尽。笔者为什么要这样做？林志芳老师是这样解读的：

戛然而止，意味深长。课至此，像一处留白，又像一串省略号，令所有看课的人深陷其中。我们甚至会暂时忘掉"语文的事"，觉得他之前所有的努力，都只是为了画出结尾时那一叠大大的问号。于是，待音乐缓缓响起，待二十年后"我"与闰土相见的文字———呈现，我们与课内的师生一起静默，不肯下课。

如诗的节奏，无声胜有声。这不仅是为了课堂的艺术化追求，更因为一种悲情无以言说，只能静默。

是的，卒章显志。课堂的结尾便是笔者对这一课"教学调式"的点破与回归。教学这一课，笔者要传递的，远不是童年的快乐，也不是纯粹的怀念，甚至也不是长短语句的所谓语言形式，而是课文母体——小说《故乡》里散发的，鲁迅先生对人世沧桑、社会变幻的深沉思考。虽然六年级的学生还小，未必会懂这些，但是，这个时候给他们播下一颗种子，应该是可以的，也是必须的。

心　得

如何准确把握课堂教学"调式"，上文已有提及，即关注文体（文章体裁）、文法（写作手法）、文风（行文风格）等几方面因素，选择恰当的"教学调式"与之匹配。这里需要说明补充几点。

一是要主动学习相关文学理论，具备相应的知识。如同作曲家施光南先生要创作《月光下的凤尾竹》，必然要对傣族的人文风情、民族曲调有充分的认识和感知。倘若他的脑海里没有这样的"曲调储备"，怕是怎么也创作不了这样的经典乐曲。所以我们不要回避看起来深奥枯燥的理论，应该多学习，多了解。只有多一些储备，才有多一些选择。

二是要有自己的判断，不可"先入为主"。江苏周益民老师执教《只有一个地球》便是一例。面对这篇课文，很多老师不够警觉，思维不够独立，把它看成普通的说明文，于是走上"琢磨表达训练语言、尝试研究性学习、整理交流信息资料"的老路。周老师在反复研读课文之后，却认为"人类的母亲"几个字极其重要，因此成就了"精神交融、思维碰撞、心灵共振"的经典课堂。

三是要强调个性，也要兼顾共性。音乐创作中，如果不注意受众心理，不注意调式融合，就会曲高和寡，得不到广泛听众的认可。同样的道理，我们的教学是面向儿童、服务儿童的。所以，在选择和运用"教学调式"时，我们不仅要基于教材特点，更要基于儿童身心发展特点，研究儿童心理，站在儿童学习的角度来考虑，让"教学调式"更贴近儿童，适合儿童，使他们在每一课的学习过程中，都能感受到语文世界的美，得到语文素养的提升。

二、动人的语文教学"情感"

解　说

2008年3月28日，人民大会堂，《你是这样的人》——怀念敬爱的周总理大型情景音乐会现场。

《绣金匾》的交响伴奏音乐响起，八十岁高龄的歌唱家郭兰英老师缓步走上舞台。"正月里闹元宵，金匾绣开了……"字正腔圆，气韵婉转。台下掌声雷动。

"三绣周总理，人民的好总理，鞠躬尽瘁为革命，人民热爱你！"唱至第三乐章时，郭兰英老师情不能自已。她眼含热泪，声音哽咽，我们甚至分不清那是在唱还是在念，每一字每一句都重重地敲击着听者的心。镜头转向观众席，许多人眼圈红了，许多人在抹眼泪……间奏音乐还在继续，整个人民大会堂一片唏嘘，每个人都陷入对周总理的深深思念之中，不能自拔。台上的郭兰英老师，一直掩着面，禁不住全身颤抖。

最后一句"我们热爱你"仍由郭兰英老师演唱。那一刻，定音鼓敲响了，场内霎时一片寂静，所有的人都在等待。郭兰英老师缓缓抬起头，抽泣了一下，一字一顿地唱道："我……们……热爱……！"最后那个"你"字，老人显然是拼尽了全身的气力才唱出来的。镜头再次转向观众，一张张面庞上全是滂沱的泪雨。

电脑屏幕前，我和儿子好长时间没有言语。我记不清这是第几次观看这段视频了，没有哪一次不是热泪盈眶。我没想到，我的孩子眼眶里也满是泪水。他那年10岁，对周总理的了解很有限，为什么他也落泪了？原因只有一个，他的内心被老艺术家动情的演唱所打动。

歌手田震曾在聆听郭兰英老师一次演唱之后，感慨道："70多岁的郭兰英老师走上台来，年轻、美丽根本不属于她，但是，我却自始至终被她吸引着，觉得她光彩照人。我知道，真正吸引我的是她的本色，是她内在的东西。"

演唱中老艺术家的本色、内在的东西是什么？只有一个——情感，真实浓郁的情感，发自内心深处的对周总理无限崇敬与怀念的情感。

那么，这是不是语文？我以为是。

语文的事，不是简简单单的字、词、句、篇，不是简简单单的读、写、听、说。王尚文先生说："读、写、听、说不是单纯的眼睛、手指、耳朵、嘴巴的活动，它们更是心灵和头脑的活动，是一个完整的人的活动，是人与人之间关系的活动。

我以为，我们父子坐在一起观看这段视频，也是在上语文课。我以为，语文与音乐之间，最本质的相似点，便是情感。语文课堂"如歌"的教学追求，最重要的便是对情感的尊重与珍视，最美好的便是学生的内心被打动。没有情感的语文，是无法想象的；不被打动的语文，是没有生命力的。这一点，我从学生吴泳琪给我的信里找到了坚信的底气与理由：

爱因斯坦说过："当你走出校门后，把学校里学的知识全部忘记，剩下的东西就是教育。"彭老师的课堂所带给我的，在经过无数个日子的绵绵沉淀后，在不知不觉中内化成自己内心既柔软又坚硬的一部分，为我不断的成长厚实地打着底。

案　例

在广东省第五届青年教师阅读教学大赛上，笔者执教了《小珊迪》一课。

《小珊迪》一文介绍了靠卖火柴维持生活的孤儿小珊迪在为了给"我"换零钱穿过马路时，不幸被马车轧断双腿，临死前托付弟弟交还零钱并牵挂着弟弟没人照顾，最后悲惨死去的故事。

文章极其感人，然而，当时在来自各方面的巨大压力之下，在专家、教师的众说纷纭之下，笔者的几次试教均告失败：要么过于重视所谓"语言的训练"，要么偏于展示教学的技巧，结果学生怎么也进不了文本，要么是虚情假意地赞叹一番，要么就是发一些"我要向你学习"之类的感慨——他们并没有动真情。

终点又回到起点，还得再细读文章。笔者的目光被文章末尾吸引：小珊迪的美好品质将永远打动人们的心。作者凭什么这么说呢？笔者反复研读，终于发现其中的秘妙：一方面是家境贫寒、孤苦伶仃，一方面是临死不忘交还零钱的诚实守信，这里边存在巨大的落差！如果不能让学生感受到这种落差，情感的大门定会紧闭，教学当然就会失败。

想起叶老曾告诫我们：要用心感悟文本，要在品味揣摩、感悟体验的基础上对文本进行美读，委婉处还他个委婉，激昂处还他个激昂。是啊，要感受落差，必须先把小珊迪饱受饥寒、处境悲惨的背景教学做足、做透，让学生充分地品味，为后面感悟他的诚实守信做好铺垫，只有这样，才能营造课堂上最重要的情感的"场"，才可以激起学生内心情感的万丈狂澜。

比赛终于来临。站在舞台上，在耀眼的灯光下，在两千多名教师的注视下，笔者努力使自己平静下来，带着自己对文本最原始、最本真的感动，引导着学生去亲近每一句，每一字，乃至每一个标点，去感受作者的情感脉搏。随着时间的推移，学生们的学习渐入佳境，读书越来越动情，发言越来越真挚。

临近课末，一个小女孩起立读书："我就要死了。可怜的小利比，我的好弟弟，我死了你怎么办呢……"句子还没读完，她已经泪流满面，泣不成声！一片静寂之后，台下的掌声经久不息。许多孩子的眼圈都红了，眼眶里噙着泪水。

笔者深信，教学就是播种，就是无声地滋润。农夫播下种子，如果不加浇灌，种子迟早会烂掉。语文教学要播下言语的种子，但这还不够，还需要用情感去浇灌、去浸润，只有这样，那种子才有可能在学生心里扎根发芽，最终长成参天大树。

心　得

情感只能用情感去触碰，情感只能用情感去领悟，情感只能用情感去交融。要让学生动情，教师必须先动情。这情，来自教师对文本内容深入骨髓的理解与体验，来自教师对文本形式细致入微的比较与发现，来自于教师对作者内心灵做切近的谛听与感受。

要让学生动情，教师必须先动情、动真情。这真情，不仅是指教师对文本解读的真实收获，更是教师对学生作为"人"的尊重与体贴，既不自欺，也不欺人。

要让学生动情，不靠讲理，不靠分析，更不靠填充与逼迫。最基本的办法，是带着学生沉入文本，与语言文字做最亲密的接触，让文本内容与形式传达的情味、情绪、情感悄然渗入学生的内心，渗入学生的言语生命世界。

要做到这一点，不能不讲究教学手段与策略，潜心默读、放声诵读、举象造境、示范会意等，不一而足。

要让学生动情，我们的教学方法就要灵活多变，要与艺术结缘，尤其与音乐艺术结缘。语文的课堂，如果能选用好的音乐，是一件妙不可言的事，也一定是锦上添花的事。

当然，再高明的建议，也只能是参考。情感的事，其实最忌讲道理。

三、和美的语文教学"结构"

解　说

因各种机会，听过许多节语文公开课。有些课，教师的基本功不错，文本解读很有见地，与学生的互动问答也颇灵活，但是，一节课结束后，却让人觉得云里雾里，哪里是重点，哪里是难点，难以理出个头绪。教师听课尚且如此，学生有多少收获，就更难说了。

什么原因？没注意课堂教学结构。

我们知道，歌曲是很讲究结构的。一首歌曲，一般都会有前奏、主歌、副歌、间奏、流行句等。这几个部分里，前奏好理解，指最前面那段音乐；主歌代表音乐的主干，主要交代重要的人、事、情；副歌在节奏、情感、曲调上与主歌形成对比，是感情的升华；间奏顾名思义，起连接作用；流行句又叫记忆点，指的是被人们广泛传唱的最经典、最流行的一两句。

歌曲创作如此细分结构，是很值得我们语文课堂教学借鉴的。我们的语文课堂中，也可以有个"前奏"：或复习旧知，或故事引入，低年级做做游戏，高年级猜猜谜语……只要和语文有关，不妨放慢脚步，为的是让学生"不知转入此中来"。

我们的语文课堂，应该有个扎扎实实的"主歌"：要带着学生去文本里走个来回，好好品品语言的味道，好好练练表达的能力，听、说、读、写，样样不落。

人文本在语文中。我们的语文课堂，不要谈"情"色变，不要回避充满感情的"副歌"。离开了人文，语文就只剩下空空的躯壳。

语文的世界丰富多彩。只要课堂方向不错，就别瞧不起那些"横生的枝节"，也许某些未曾预设的课堂"间奏"反而会成为学生更深刻的记忆。

最重要的是，当学生走出课堂，我们最想教给他们的东西就像烙印一样在他们的脑海清晰地呈现，那些课堂情景总在他们的眼前清晰地重演，那些课堂声音总在他们的耳畔清晰地回响。这些，就成为那节课的"流行句"。

这样的语文课堂，便具有了"和美"的教学结构："和"在于形散神聚，气韵贯通，整体圆融，浑然天成；"美"在于起承转合，爽爽落落，松间明月，石上清泉。

案 例

人教版教材第七册第 20 课安排了两首送别诗：《黄鹤楼送孟浩然之广陵》《送元二使安西》。笔者曾尝试以三大板块完成教学。

第一板块：初读求同，激情

1. 引导学生从诗题中获取信息，读好诗题。

2. 初读古诗，尝试自己读懂诗句，回答问题：什么时候，谁在哪里送别谁？在这一过程中，解决一些字词的读音、释义等问题，例如"烟花三月""朝""浥""舍"等。

3. 分别朗读两首诗的前两句，想象烟花三月、雨后客舍的景致。

第二板块：解读求异，悟情

过渡：不管是烟花三月还是渭城雨后，不管是黄鹤楼下还是青青客舍，都令人感到那么舒适、那么惬意，然而，就在这样的时候，这样的地方，却要送别，而且是送别自己的老朋友！他们会怎么送呢？

1. 读《黄鹤楼送孟浩然之广陵》。

（1）李白是怎么送别老朋友孟浩然的？到诗句中去找一找，品一品。

（2）李白在长江岸边可以"见"到什么？却只"见"到什么？为什么？

（3）讲述李白与孟浩然的故事。

（4）感受李白的内心世界，熟读成诵。

2. 读《送元二使安西》。

(1) 王维用什么方式送别元二？学生自学。

(2) 王维劝了多少酒？为什么？了解时代背景，想象阳关及阳关以西的境况。

(3) 为王维代笔，写下想对元二说的话。融情诵读，品品别酒的味道，说说理由。

(4) 诵读，背诵。

第三板块：参读求同，升情

1. 两首诗，作者不同，诗风不同，诗境不同，诗人送别的方式也有不同，然而，有一种东西却是相同的，这便是友人之间的深情。

2. 出示《游子吟》《九月九日忆山东兄弟》《江城子》，感悟慈母情、兄弟情、夫妻情。

这两首诗的教学，笔者简化了教学头绪，从"初读求同，激情"到"解读求异，悟情"，再到"参读求同，升情"，三大板块，各负其责，层层深入。同时，关注古诗特质，在不同形式的诵读中，让学生进入情境，想象画面。笔者还借鉴歌曲创作的情感渲染技巧，在三大板块中，融入"激情""悟情""升情"三部曲，引领学生感受诗句里蕴含的美好情感。教学中，笔者着力引领学生品评了"见"与"劝"两个关键字，希望这样的品读能成为这一课的"流行句"，提升学生学习诗词的能力，激发学生学习诗词的兴趣。

心　得

"和美"的教学结构，贵在设计。

设计教学结构时，教师首先要有整体观念，要像歌曲创作一样，用多长"序曲"，用多少"间奏"，"主歌"要完成什么任务，"副歌"的目标指向何处，都要心里有数。套用一句时髦话，这叫"顶层设计"。整体观念强了，教学才会思路清晰，有板有眼，不致毫无章法，格局混乱。

其次，要从细微处用力。"顶层设计"让教学结构有了稳固的框架，这还不够。如同歌曲创作一样，整体框架搭好了，最多算是一首四平八稳的音乐，并不代表它可以广为传唱。真正让歌曲流传开的,首先是经典的流行句。教学结构的设计就要在这样的"流行句"上发力,让它格外有光彩,使学生念念不忘。

最后,教学结构之间,要注意板块衔接,整体和谐。一首成功的歌曲,必定瞻前顾后、讲究衔接。同样,教学也是一门艺术,如果只有刚性的板块推进,板块之间粗糙突兀,就会让学生心理感觉不好,继而精神涣散,注意力游移,教学效果大打折扣。所以,我们在设计教学结构时,要多多揣摩学生心理,注重整体和谐,在大体框架不变的情况下,不断打磨,使教学板块的推进自然顺当,近乎无痕。

四、变化的语文教学"节奏"

解 说

日升日落、潮来潮去、草木荣枯、风雨雷电……一切总在变幻,这是大千世界的节奏。

节奏,也是音乐的秘密。一般来说,四拍子稳重雍容,三拍子灵动活泼;进行曲铿锵有力,交响曲气势磅礴。具体到某一首歌曲时,节奏总在变化,它时急时缓,时张时弛,时疏时密,各种节奏型在变化中和谐地连贯在一起,存在于一曲曲完整的音乐中。这个世界大概不存在节奏一成不变的音乐。不仅仅是音乐,一切艺术的灵魂都是节奏。(朱光潜)

教学也是一种艺术,当然离不开变化的节奏。人们听到美妙的音乐,总会心情愉悦、精神焕发,这首先要归功于变化的节奏——节奏呆板只能让人昏昏欲睡。同样的道理,成功的教学必然需要教师精心设计教学环节,灵活运用教学手段,并能根据学生的课堂反应及时调控,让课堂有歌曲一般和谐优美而又富于变化的教学节奏。

拿语文课来说,教师在设计教学时一定要注意文章类型,选择与之相配的基本节奏型。紧张激昂的文章还它个紧张激昂,舒缓优美的文章还它个舒缓优美。与此同时,还要时刻关注学生的精神状态,通过读读写写、说说练练等各种各样多变的学习活动，使课堂起伏错落，张弛有度，疏密有间，缓急相生，动静相谐，让学生保持精神集中，心灵自由。

案　　例

在全国首届诗意语文高端研讨会上，笔者执教了《凡卡》一课。在完成了对课文重点句子"我的生活没有指望了，连狗都不如"的回环研读后，我让学生伴着凄婉的音乐开始写话。

凡卡在莫斯科过着连狗都不如的生活。我还看到，有一次……

接下来是学生的汇报。每一个学生都以情感为逻辑，想象了一个又一个打动人心的画面，课堂气氛逐渐升温。于是，我以这样充满激情的导语引导学生齐读第8自然段。

师：是的，这不是人过的生活！这生活甚至连狗都不如啊！可是，凡卡是人啊，还只是一个九岁的孩子，一个比你们还小两岁的善良男孩啊！他每天都是这样度过的！来，咱们再一次去感受凡卡那度日如年的生活，那连狗都不如的生活！

读这一段时，学生的情感如开闸之水一泻而下。顺着这种情感走向，笔者采用了合作朗读的方法，让一个个小组不断加入朗读行列，"帮"凡卡呼唤爷爷。

师：凡卡再也受不住了，他向爷爷发出了痛苦的哀求，发出了绝望的哭喊！

生：（朗读第1句）

师：凡卡实在太痛苦了，太想回到乡下去了！第一组同学，我们来帮凡卡求求爷爷。

生：（朗读第2句）

师：第二组，我们也来帮帮凡卡吧！

生：（朗读第3句）

师：第三组的同学们，我们也不能无动于衷啊！

生：（朗读第4句）

师：让我们全班同学一起，为凡卡哀求，一起哭喊！

生：（朗读第5句）

师：（面对生1）你知道老师为什么请了越来越多的同学来帮你一起求爷爷吗？

生：因为，我写着写着，想起了很多的事，我觉得越来越痛苦，越来越想回到乡下，要越来越多的同学来帮我一起求才行！

师：是啊！你在写信，也在回忆着一件件往事。当越来越多的往事浮上心头，你多么想回到爷爷身边啊！此时此刻，你还觉得这些话啰唆吗？

生：不啰唆，凡卡实在是太痛苦了！

生：不啰唆，凡卡实在是太悲惨了！

师：是的，文章不是无情物，"情到深处才反复"啊！正是因为凡卡的生活太痛苦、太悲惨，甚至连狗都不如，所以凡卡才一次次地哀求，一次次地哭喊，因为他心中只有一个愿望，那就是——

生：（齐答）回到乡下去。

师：对，回到乡下去，回到爷爷身边，回到他唯一的亲人身边。总之，离开这儿，结束这连狗都不如的生活！（稍顿，轻声）那么，乡下的生活又是怎样的？爷爷会带凡卡回乡下去吗？这封信能改变凡卡的命运吗？我们下节课继续学习。

研究发现，音乐里的节奏能在很大程度上引导人的情感与思维。一般来说，缓慢疏松的节奏会让人平和、安静，急促密集的节奏则让人激动、兴奋。所以，孩子该睡觉了，聪明的妈妈会播放《摇篮曲》，孩子会在舒缓平和的节奏里感到安全与宁静，很快便能安然入睡。假如你要播放一曲贝多芬的《命运》，这孩子恐怕就没法睡了。

以上这一环节约8分钟。（谈论课堂教学节奏本是40分钟的事，这里囿于篇幅，只截取片段说明）8分钟里，笔者努力实现了这样的教学节奏：低徊（写话、汇报）——渐起（朗读第8自然段）——攀升（合作朗读，呼唤爷爷）——平复（问答，感悟"反复"）——悬置（课末设疑）。

可以发现，这一教学片段的节奏有张有弛，有缓有急，为的便是让学生更好地走进主人公凡卡的内心世界。在强烈的情感体验之后，深入理解文章运用"反复"的表达形式："低徊"，为的是让学生结合文本，静心想象主人公凡卡"连狗都不如"的生活遭遇；"渐起"与"攀升"是要让学生在朗读中切身体味凡卡内心的痛苦与渴望——这里感受越强烈，接下来理解"反复"的表达形式就会更深刻；"平复"阶段是要让学生在情绪的波峰浪谷之后，能静心思考这样表达的原因，并内化为一种表达的知识与能力；"悬置"则是让学生带着思考走出课堂。每一次节奏的变化，都是为满足教学的需要，不能颠倒，不可替代。学生在这种教学节奏的引导之下，对于"情到深处才反复"这一语识的理解是自然而然的，是真切可信的，也是有生命力的。

心　得

教学节奏像一根无形的指挥棒，看不见、摸不着，但并非毫无规律，全凭感觉。我们可以从以下几个角度，设计、调控教学节奏。

一是在教学流程上，注意起与伏。每一首曲子，都是在婉转起伏中让人得到美的享受，课也应如此。一节课40分钟，有起伏，学生才不累。这里的"起"是指课堂教学中教师要准确把握教学的重点与难点，并把它们安排在学生思维最活跃、情绪最亢奋、师生交流最和谐的时段；这里的"伏"是指教师要允许学生的思维与情感暂时退潮，师生在相对平和、平衡、平稳的状态下交流。一节课，起起伏伏，伏伏起起，学生不感到疲劳，兴致盎然。

二是在教学思维上，注意张与弛。歌曲有张有弛，才能突显高潮，让人回味。课堂的"张弛"说的是思维与情感。课堂上，要体验强烈情感，进入深度思维，则需"张"；有时，也要让学生轻松愉快，不妨松"弛"一下。这个道理如同拉橡皮筋，一直拉长，久了就难以恢复。课堂教学一味地"张"，则会导致学生的大脑一直处于紧张状态，极易疲劳；反之，一味地"弛"，则会使学生精神涣散，极易走神。

三是在教学内容上，注意疏与密。40分钟的课堂，教师如何在教学设计中安排教学内容，如何在课堂上密切关注学生的学习状态并及时调整教学内容，极其重要。有时应"疏可走马"，教学内容少，时间间隔长；有时应"密不透风"，教学内容多，时间间隔短。通过这种疏密变化，使学生既不至于过分紧张，又不会太过松懈，积极兴奋地参与到每一个教学环节中去。

四是在教学语言上，注意缓与急。听陈小涛演唱的歌曲《变脸》，那唱词不断变换的频率，能让你感到川剧"变脸"的神奇与精彩。

在天府之国哟	川剧中的变脸
我们四川噻	变变变变变变变看看看
有一种绝活既神奇又好看	急如风快如电快如电
活脱脱一副面孔	看看看看看看看变变变
热辣辣一丝震颤	好潇洒好浪漫……
那就是舞台上的川剧	

起先的几句，犹如讲述神话故事，可谓缓中见"奇"；后来的几句，真似变脸表演，唱词变换骤然加快，可谓急中出"彩"。甚至你即使不理会唱词唱的是什么，也能感受到歌者的情绪、歌曲的精彩。

同理，课堂上教学语言的缓与急，对教学节奏的调控效果也是立竿见影的。所以，内容浅显处不妨快一些，内容深奥处不妨慢一些。学生情绪紧张时，语言最宜快；学生情绪松懈了，你快也没用。学生希望你快些，你最好能快些；学生希望你慢些，你且放慢些……当然，有时你也可以反其道行之，以期达到调节学生注意力的奇效。

五是在教学活动上，注意动与静。大家都欣赏过小提琴协奏曲《梁山伯与祝英台》。音乐时长近半个小时，你却并不感觉时间漫长。为什么？音乐里有"动"有"静"：轻柔的小提琴震音轻轻拨响，预告乐曲即将开始，好像是在看一本长篇小说，轻轻地将书打开。接着，清脆的长笛曲调悠扬，你仿佛置身鸟语花香的春光里……偏于宁静的节奏里，展示的是"春景""相遇""共读"。再后来，粗暴的铜管乐响起，纤细的小提琴音百般相抗，这即是"抗婚"场景。音乐逐步走向高潮，到了"哭灵"部分，在悠长又并不宁静的节奏里，可以听到祝英台的思念、悲愤，还有控诉和绝望。及至"投坟"部分，则是金鼓齐鸣，眼前只觉天崩地裂、电闪雷鸣、狂风大作、飞沙走石……有动有静，动静交替，每一位听者都沉迷其中、难以自拔。多美的享受！

课堂教学里，也应有动与静。从表面观察，动是指学生动手操作、动口诵读、踊跃答题、热烈讨论等学习活动；静则指学生静心听课、深入思考或者书写、创作等活动。这种动与静相对易于调配，教师有意识地进行交替设计、执行即可。

还有一种动与静，则是指学生脑海的、心理的活动情况。它与前一种动静并不完全等同：有时课堂表面活跃，实际上学生并不"心动""神动"；有时课堂表面沉静，学生的精神世界却可能是波涛汹涌、思绪翻飞的，这即是伟大教育家苏霍姆林斯基所说的"灵敏的寂静"。要分辨并调适这种"动"与"静"，则需要教师更细致地观测，更用心地体察。

如同一首曲子，起伏、张弛、疏密、缓急、动静……它们有时是重合的，有时也可能是分离的，共同影响着课堂节奏。课堂里的教师，应该像一个乐队指挥，灵敏地觉察，有力地调控，奏出每一课的动人乐章。

五、走心的语文教学"旋律"

解　说

听人上课，大致与听歌一样。有些歌曲我们听着总感觉别扭，听了很多遍，仍是不会唱；有些歌曲我们一听便爱不释"耳"，欲罢不能，并且过耳不忘，一听即会，还能迅速传唱出去，永唱不衰。听课也是这样，有些课，没听几分钟，你就不知不觉走神了，再强迫自己集中注意力听下去，也是寡淡无味；有些课，即使你半路开始听，也可以被深深地"卷"进去，听得津津有味，陶然忘我。这其中的原因是相通的。

先说歌曲。众所周知，旋律是音乐的血肉，是反映人们内心感受、表情达意的主要艺术手段和语言。优秀的作曲家依靠1、2、3、4、5、6、7几个基本音符进行巧妙组合，有机连贯，让音符共同完成旋律。有研究认为，中国音乐的旋律主要有四种突出特征：对偶和排比结构、起承转合结构、循环结构、变奏形式。这些特征出现在旋律线条中都被认为是美的代表，形成一种经验存在于人们的头脑当中。同时，自然界以及社会中的种种事物所表现出来的有序，如周期、对称与平衡，被应用到人的社会实践，形成了一种心理体验，直接影响着人在审美中下意识寻求的"重合率"。"重合率"的大小直接关系到旋律之美的程度。

"重合率"大概是旋律的一大秘密。我们感觉它美是因为它暗合了我们内心审美的心理期待：我们希望它出现，它便出现了；我们希望它反复，它便反复了；我们希望它往高处走，它就不会往下跌……内心的期待得到越多满足，"重合率"就越高，我们就越觉得愉悦，就越喜欢它。这"重合率"用时髦的话来说，就是"走心"。

课堂，也要追求走心。一节课40分钟，怎么吸引学生们坐得住，听得进，甚至听得欢？就是要走心。我们要像作曲家一样，不断揣摩听众——学生的心理期待，或者引导学生产生心理期待，并顺应它、满足它，让学生的心常常能体验到"重合"的乐趣。

案　例

2011年4月，在全国新经典阅读与写作名师观摩教学研讨会上，笔者执教了《渔歌子》一课。在引导学生经过"字字落实""朗朗上口""历历在目""津津有味"四步朗读《渔歌子》之后，我引入了另一首诗《江雪》。这两首诗的作者同在唐代，同是被贬，同是在垂钓，但二人的心境却完全不同。我采用学法迁移策略，在学生四步朗读《江雪》之后进行发问。

师：同学们，如果时光可以倒流，如果有一天张志和与柳宗元两位诗人相遇了，那又是怎样一种情景？他们会说些什么呢？来，同学们，拿起笔来，把你们的猜想写下来吧。你可以任选一个写。

[大课件呈现：1. 张志和对柳宗元说：子厚（指柳宗元）啊，_____，你看我_____。2. 柳宗元对张志和说：张兄啊，如今我被贬官至此_____，但是，_____。]

（生写话）

师：请写了张志和对柳宗元说话的举手。（指名三位学生）

师：再请"柳宗元"举手。（指名三位学生）

师：同学们，让我们一起来聆听这跨越时空的对话。（指一生）有请"张志和"。

生：子厚啊，你我都是一样被贬，但没有关系，你看我，每天在这优美的山水之中，不照样过得悠闲自在？

师：柳宗元这样回答——

生：张兄啊，如今我被贬官至此，的确十分凄凉，但是，我不会屈服的。

师：好一个"不会屈服"！你听，张志和继续说——

生：子厚啊，天这么冷，哪能钓到什么鱼啊？你看我在西塞山这里，多美啊，鳜鱼又多又好吃，不如你也来这里，我们一起开心过日子啊！（笑声，掌声）

师："张志和"的日子就是过得滋润啊！（笑声）可是，柳宗元愿意过这种日子吗？

生：张兄啊，如今我被贬官至此，每天只能钓鱼度日，但是，我相信，只要我坚持，朝廷一定会再把我召回去的！

师：张志和继续说——

生：子厚啊，不要这么固执了，如今的朝廷，早已是贪官的天下了！你这是何苦呢？（笑声）你看我，早已不把当官的事儿放在心上了，多自在！（笑声，掌声）

（师示意另一生）

生：张兄啊，如今我被贬官至此，这里偏僻荒凉，但是，没有关系，我要为官一任，造福一方，我要让朝廷看到我的一片忠心啊！（掌声）

师：鞠躬尽瘁，死而后已啊！

师：其实不管是流连山水、乐而忘返，还是顽强执着、积极向上，都是一种人生的态度，没有对错之分。总之，也正因为不同的人生态度，才能有这样的不同风格，但同样是经典的诗词！来，我们再来读读这两首诗词。（音乐继续）

生：（齐读《渔歌子》《江雪》）

师：同样，也正因为这样不同的人生态度，才有了不同的人生。同学们，

你更喜欢谁呢？（点击课件，呈现问号）

生：（争说）柳宗元。张志和。

师：（轻声）不用说出来，把这个问题留存在心底。下课。

美的旋律，必然富于变化，富于张力，又流转自如，步步"走心"。在这个课例中，笔者不满足只用步步提升的四个环节教学生读《渔歌子》，而是引入了同样经典的《江雪》一诗。这样的引入，表面看是引导学生对学习方法现学现用，巩固这种古诗诵读方法。往深处看，更是为了让学生在积极入世的儒家与消极遁世的道家之间的模拟对话里，尝试亲近中国古代文人墨客的精神世界，获得一种朦胧的启蒙。

感受了张志和与柳宗元面对同样的仕途境遇之后的不同心境，学生的内心深处早已激荡翻腾。在他们天然未凿的心性里，自有不同的意见要表达。此时，笔者顺应这种期待，让他们有机会掏心窝，并且给予真诚的鼓励，绝不横加干涉，暗力牵引。他们化身为自己心仪的那一位作者，在与另一位作者对话的过程里，心性自然流露，找到了与生命本性的"重合"，怎不生愉悦之情？

心　得

走心的课堂旋律，是"一枝一叶总关情"，它心心相印，情情相融。好歌之所以好，是因为旋律饱含真情。课堂教学中的"重合率"是走心的关键。我们要时刻揣摩学生的内心，喜学生之所喜，忧学生之所忧，疑学生之所疑，乐学生之所乐，让他们内心的期待不断升起，又不断实现。在这升起与实现之间，不断增强课堂吸引力。

走心的课堂旋律，是"间关莺语花底滑"的，它珠圆玉润，婉转轻灵，如同歌曲一样，旋律线圆润自然。课堂教学在时间的流逝里行进，快与慢都没有关系，最紧要的是流畅与灵活。这就需要教师的教学目标十分明确，思路十分清晰，课堂上能把绝大部分注意力放在学生身上，眼观六路，耳听八方，纵横捭阖，左右逢源，灵活应对课堂生成，让课堂主旋律朝着既定方向畅达前行。

走心的课堂旋律，是"千里莺啼绿映红"的，它有声有色，异彩纷呈。动人的旋律向来离不开丰富的音调元素。语文的世界无限广阔，可以撷取的资源俯拾即是。只要是有利于语文、有利于课堂的，我们都应该设法整合，巧妙穿插，让教学从单调走向丰富，从枯燥走向有趣。

六、自然的语文教学"休止"

解　说

休止是音乐语言中一种重要的表达形式，是音乐流动中特殊的、微妙的静止。有些人说，休止符是音符的克星，只要看到休止符，其他音符都要保持静默，给人一种很奇妙的音乐享受。

我们大概都听过二胡曲《江河水》，它塑造了一位在江边号啕痛哭、用血泪控诉统治阶级滔天罪行的旧社会妇女形象，具有催人泪下的艺术感染力。这首曲子的第二段结尾处就运用了休止的表现手法。那一刻，乐曲塑造的主人公的感情已经由起初的痛哭流涕转为神情恍惚、自言自语、如泣如诉的悲伤状态，所有声音消失的那一瞬间给了我们无比辽阔的想象空间。我们恍若见到悲痛欲绝、泣不成声的女主人公形象，走进她悲怆哀怨、肝肠寸断的内心，情感世界深受感染与洗礼。

毫无疑问，这一处的艺术魅力便是来自休止。如果把这里的休止换成其他任何音符，音乐表现力一定大打折扣，甚至整首《江河水》就毁在这几个糟糕的音符上。

这就让我想起我们的语文课堂。有些教师误解了"向 40 分钟要质量""建设高效课堂"的真义，唯恐错过一分一秒，大容量、高频度地推进教学，环环紧扣，步步紧跟，话语速度像打机关枪一样，不给学生丝毫喘息的机会。哪里知道，在这貌似高效的节奏里，课堂早已淤塞臃肿，让人透不过气来。于是，高效变为低效，甚至无效、负效——不能自由呼吸的教学，岂不招学生厌恶？

课堂休止的意义何在？老子云："大音希声，大象无形。"在老子看来，相对于有声和有形，无声恰是最完美的声音，无形方是最完美的形象。白居易不也在《琵琶行》里这么说吗："冰泉冷涩弦凝绝，凝绝不通声暂歇。别有幽愁暗恨生，此时无声胜有声。"你可知道，那瞬间的无声里，其实说尽了千言万语；那短暂的休止里，其实道尽了心结千千啊！

语文，一门多有魅力的学科！语文课啊，我们何不适当停下匆匆的脚步，聆听那"希声里的大音"，享受那可能远胜有声的无声之美？

案 例

谈歌先生的小说《桥》情节跌宕起伏，扣人心弦。结尾几段，文字留白的空间非常大，尤其震撼人心。"写法决定教法"，教学这几段，笔者顺应文章情感脉络，设置了几处休止。

师：对，洪水越来越深，情势越来越急，死亡的脚步越来越近，但是，我们的老汉一直就是这么站着，站着，在我们心里永远这么站着。来，我们把这些画面连起来，连成一个故事，连成我们心中的一段永恒记忆。请第一大组读有关老汉的段落，第二大组读其他段落。老师有一个小小的请求，能把最后五段留给我吗？

师生配乐合作读文。以下是朗读最后几段的课堂场景。

生：（齐读）老汉吼道："少废话，快走。"他用力把小伙子推上木桥。突然，那木桥轰的一声塌了。小伙子被洪水吞没了。老汉似乎要喊什么，猛然间，一个浪头也吞没了他。

师：（全场静默5秒钟）一片白茫茫的世界。（继续静默5秒钟）五天以后，洪水退了。一个老太太，被人搀扶着，来这里祭奠。她来祭奠两个人。（全场静默2秒钟）她丈夫和她儿子。

（音乐继续，全场静默10秒钟）

教学这一段，笔者不否认自己像个演员，牢牢地控制着课堂的节奏和气氛。我相信，学生在那一刻一定不仅仅是个普通的听众，而且还以全部的身心参与了课堂，融入了学习。在我精心设置的4次休止里，他们的内心一定经历了急剧变化的情感狂潮：起先是桥毁人亡的极度悲怆，然后是"白茫茫的世界"里的无限空茫，再然后是结果揭晓前的紧张矛盾与百感交集，最后则是恍然大悟之后的巨大惊愕、巨大震撼、巨大伤痛、巨大感动……

4次休止，22秒钟，全场静默。我相信，学生们得到的东西，是任我说尽千言万语也无法道尽的。

心　得

以上所举案例，可能都与情感有关。其实，课堂的休止还有更多用武之地。

有时，教师在一段讲述之后进行休止，让课堂出现一种"灵敏的寂静"。此时的休止，是为学生提供一段反刍消化的时间，一个静心回味的余地。这一时刻，学生的思维非常集中，可以把教师的讲述做一番仔细的梳理、归整，以融会贯通，加深理解，为下一步学习奠定基础。

有时，可能是为学生留出时间，让他们展开联想的翅膀，激荡想象的涟漪，孕育感悟的灵光。心理学家认为"残缺、空白的东西，容易使人产生一种急于填补、充实并使之匀称、完美的倾向，从而引发一种进取、追求、充满紧张感的内驱力"。这种休止正是利用人的这一心理特征，以无示有，欲擒故纵，调动起学生进取、追求的内驱力，让学生在正确领悟教师讲解的内容的同时，进一步从教材和讲授中去发现和补充些什么，去丰富和发展些什么，举一反三联想些什么，这样，学生求知的热情会更高，探索的兴趣会更浓，学习的收获也更大。

需要指出的是，课堂的休止一定要掌握好两个原则：一是要适时。设计休止如同做菜，火候要刚刚好才行。假如教师的讲解还不够透彻，学生的思维还没能启动，课堂的温度还没到沸点，就随心所欲、不合时宜地休止，只会破坏课堂气氛，扰乱学生思路。二是要适度。音乐里的休止，是有非常严格的时长要求的。课堂教学的休止同样也要把握好长短，过短起不了作用，过长则会使"灵敏的寂静"变成"枯死的寂静"，学生无所适从，课堂陷入尴尬境地。多长是好？一要看教学内容，二要看当时的课堂氛围。一句话，当行则行，当止则止，贵在自然。

总之，休止是一种微妙的教学艺术，需要我们不断探索。

教学实录

玩味语言，"玩味"寓言

——统编版教材三下第6课《陶罐和铁罐》教学实录与点评

点评：潘庆玉　教授　博士生导师
单位：山东师范大学文学院

一、印象两罐

师：同学们，今天我们要学习的课文是——（课件呈现课题）

生：《陶罐和铁罐》。

师：请大家跟老师写课题。"罐"字的左边其实也是一个字，它读 fǒu，指的就是瓦罐子，在古代很常见，写的时候注意要窄一些。我们一起齐读课题。

生：《陶罐和铁罐》。

师：大家预习了课文，说说陶罐和铁罐留给你们什么印象？

生：铁罐很看不起人。

生：铁罐很骄傲，常常挖苦陶罐。

生：陶罐很谦虚。

师：听了你们的发言，很多同学都放下了手，看来大家的印象都差不多。我想，学完课文，大家的感受会更深。我们再读读课文，请注意把生字读正确，把句子读流畅。

二、书中两罐

（一）字词音形义

（生自由读课文）

师：同学们读书很认真，有的同学读完之后自觉读第二遍、第三遍。

（师检查生字认读情况，纠正"怒""捧"的错误读音）

师：由生字组成的词语，大家会读吗？（课件呈现：谦虚、恼怒、价值、朴素、吵嘴、消失）

（生个别读，齐读）

师：这六个词，如果请你分别送给陶罐和铁罐，你会怎么送呢？

（生思考片刻之后陆续举手）

师：请把手放下。像我一样（在板书的课题《陶罐和铁罐》中间画一道竖线），请大家在"陶罐"和"铁罐"相对应的方块上写下这些词语。注意把字写正确，写美观。

（生在课本上写词语，师请三位同学上黑板写词语）

师：我们来看黑板。送给陶罐的词语是——

生：（读）谦虚、朴素、价值。

师：送给铁罐的词语是——

生：（读）恼怒、吵嘴、消失。

师：你们的答案是这样的吗？

生：（齐）是的。

师：英雄所见略同，为什么这么写，看来不用再做说明了。请大家对照屏幕，看黑板上三位同学写的这些词语全都书写正确了吗？

（课件呈现：陶罐——谦虚　朴素　价值　铁罐——恼怒　吵嘴　消失）

（生指出"虚"有误，师带着更正）

师：我国的汉字是最具有智慧的。比如，大家看"吵嘴"这个词，都是什么旁？

生：口字旁。

师：为什么啊？

生：（抢着回答）吵嘴要用口！

师：是的，用口才能吵嘴。还有像这样形旁相同的词吗？

生：价值。

师：不错！有没有价值，是要人来评说，所以都是——

生：单人旁。

师：还有吗？

（课堂沉静片刻）

生：恼怒！

师：这个也是？

生："恼"是竖心旁，"怒"是心字底，它们都和心有关！

师：掌声为他响起！（掌声）太棒了！要想不恼怒，我们得控制自己的"心"哦！是的，汉字很有意思！大家以后多多留心。请同桌互相检查你们写在书本上的词语，有错误的立即改正。

（同桌互查并更正）

师：如果请你分别用这两组词语说几句话，能行吗？（稍顿）大家先和同桌说一说。

（同桌间试说句子）

生：陶罐很谦虚，也很朴素，后来它很有价值。

师：是的，陶罐一直有它的价值。

生：铁罐和陶罐吵嘴，铁罐很恼怒，后来，它消失了。

师：嗯，是铁罐找陶罐吵嘴。

生：铁罐很容易恼怒，还爱吵嘴，后来，它被埋在土里消失了。

师：不错。你知道它为什么消失了吗？

生：我查了资料，它是被氧化了！

师：你和大家说说，什么叫氧化啊？

生：氧化就是铁在空气中慢慢地生锈，直到最后消失。

师：了不起！遇到不懂的就自己查资料，这就叫主动学习！

（二）读句明大意

师：课文读好了吧？这篇课文比较长，老师只检查三个小片段。
[课件呈现：
①国王的御（yù）厨（chú）里有两个罐子：一个是陶的，一个是铁的。骄傲的铁罐看不起陶罐，常常奚（xī）落它。
②许多年代过去了。有一天人们来到这里，掘（jué）开厚厚的堆积物，发现了那只陶罐。
③人们立即动手，翻来覆去，把土都掘遍了。但是，连铁罐的影子也没见到。]
（指名依次读句子并正音，然后齐读句子）

师：这三个句子分别在课文中的哪个地方啊？
生：（自由应答）前面、中间、后面。
师：是的，我们把这三个片段连在一起读，大家有没有什么发现？
生：我觉得，这三个片段连起来，就好像是……（语塞）
师：读了这三个片段，我们是不是就明白了课文讲了一个怎样的故事？
生：是的，是的！
师：这就叫——
生：课文的大意！
师：真聪明！是的，有的课文可能是这样，它的大致内容可以从这些地方找到线索。咱们以后读文章也可以用这种办法来快速把握文章的大意，明白文章讲的是什么。

（三）读中练语感，读中悟语言

师：大家再看看，这几句话中间，有个词语我们不常见，它是——
生：（自由应答）奚落。
师："奚落"是什么意思？大家不妨猜猜。
生："奚落"就是挖苦。

生：我昨晚查了字典，"奚落"就是讥讽嘲笑。

师：真棒，你也会主动学习。

生："奚落"就是说一些不好听的话让别人伤心，让别人难堪。

师：是的，大家以前并不认识这个词，却都能猜出它的意思。这多亏了什么？

生：下面的文章！

师：是的，结合上下文理解词语是一种极好的学习方法。"奚落"就是说了不好听的话让别人伤心难堪。课文里，铁罐说了哪些不好听的话呢？请大家去文中找一找，用波浪线画出来。

（生读文画句子）

（生汇报句子，课件呈现：

"你敢碰我吗？陶罐子！"

"我就知道你不敢，懦弱的东西！"

"住嘴！你怎么敢和我相提并论！你等着吧，要不了几天，你就会破成碎片，我却永远在这里，什么也不怕。"

"和你在一起，我感到羞耻，你算什么东西！走着瞧吧，总有一天，我要把你碰成碎片！"）

师：（指导生把句子读通顺后）那么，陶罐伤心难堪吗？陶罐说了些什么？请画出来。

（生汇报句子，课件呈现，与铁罐的话放在一起：

"不敢，铁罐兄弟。"

"我确实不敢碰你，但并不是懦弱。我们生来就是盛东西的，并不是来互相碰撞的。说到盛东西，我不见得比你差。再说……"

"何必这样说呢？我们还是和睦相处吧，有什么可吵的呢！"）

师：对话放在一起了！请看——（课件呈现：课本剧《陶罐和铁罐》配音演员招募公告）

师：要想当好配音演员，自然要先熟悉台词。请大家先自己读一读，然后和同桌练一练。

（生自由读对话，和同桌练习）

师：来，我们先请这两位小试牛刀，读读前两句。

生："你敢碰我吗？陶罐子！"

生："不敢，铁罐兄弟。"

师：大家别小看这短短两句哦！听他们这么一读，你们听出了什么？

生：铁罐很傲慢，陶罐很谦虚。

生：铁罐非常瞧不起陶罐。

师：同学的评价证明你们读得真不错！这位同学，你从哪里听出"铁罐非常瞧不起陶罐"？

生：它称呼陶罐是"陶罐子"！

师：太棒了！加上这个"子"，多难听啊！一个称呼，你听出了铁罐对陶罐的态度。说起称呼，大家再看看，铁罐对陶罐还有什么难听的称呼吗？

生：东西！

师：是的，这个难听的称呼大家一眼就发现了！从这个"东西"，你又体会到了什么？

生：铁罐很瞧不起陶罐。

生：铁罐目中无人。

师：同学们，像"子""东西"这样的词语并不稀奇，但用在这里，我们却感觉铁罐是那么傲慢，那么目中无人。像这样极小的细节，确实能帮助我们把书读得更好。

师：大家再仔细看看这段对话，还有许多这样的小细节能让我们感觉到铁罐的傲慢，它们长着一个模样。那是什么？

生：（片刻沉静）是感叹号！对，是感叹号！（较多学生响应）

师：大家都有一双慧眼！（课件里的感叹号着色）你们读读这些带感叹号的句子。

（生读）

师：这么多的感叹号让你想到了什么？

生：我看着这些感叹号，就好像看见了铁罐欺负陶罐的样子！

师：你一定看见了铁罐那不可一世的嘴脸。

生：这么多感叹号放在一起，就像一把把刀！

师：是的，每一个感叹号都是伤人心的可怕的刀！请你邀请一个同学来读读它们的对话。

（生分角色读，掌声）

师：是啊！就是"子""东西"这样不起眼的称呼，就是这些频繁出现的"！"，让我们体会到人物的感情。其实，要演好这些对话，课文有更直接、更明显的提示，那就是——

生：提示语！

（课件：人物对话加上提示语）

师："傲慢地问""谦（qiān）虚地回答""带着更加轻蔑（miè）的神气""恼怒了"……多直接的提示！有了这些提示，我们一定能把对话读得更好！大家同桌之间练一练！

（同桌练习朗读对话）

师：我们的配音演员招募有更高的要求。大家一定发现，这些对话中，有两句没有带提示语，你能试着加一加吗？

［课件呈现：

"何必这样说呢？"陶罐（　　）说，"我们还是和睦相处吧，有什么可吵的呢！"

"和你在一起，我感到羞耻，你算什么东西！"铁罐（　　）说，"走着瞧吧，总有一天，我要把你碰成碎片！"］

生：陶罐平静地说，大度地说，诚恳地说……

生：铁罐更加愤怒地说，暴跳如雷地说，怒不可遏地说……

师：太好了！从大家加的这些提示语中，可以看出大家真正理解了文章。我们请一对同桌上台来读读。

（指名读，掌声）

师：来，评评他们读得怎么样。

生：他读陶罐的话，一直很平静，像陶罐。

生："铁罐"读得很傲慢，很看不起人。

生：我也觉得"铁罐"盛气凌人。还有就是，"铁罐"加上了自己的表情！

师：太棒了！你发现了他的一大创意！是的，我们"配音演员招募"升级了——（课件删去"配音"二字）

师：这意味着什么？

生：不仅要听声音，还要看表情。

师：除了表情，还有吗？

生：还有动作！

师：是的，表情、动作等，都是一个真正的演员需要锻炼的本领啊！高明的演员就是应该随时"来戏"。动作和表情没有对错之分，只要你觉得适合就行，我们随意发挥！请一、二大组起立，你们来做铁罐，三、四大组，咱们就做陶罐吧！

（全班学生分两组表演，读对话。表演铁罐的同学，有双手叉腰的，有单指直戳的，有脸红脖子粗的，有眉毛、眼睛、鼻子挤成一团的，甚至有跳起来说话的；表演陶罐的，坐在位置上，表情平静，语调沉稳，不卑不亢。）

（台下响起热烈的掌声）

师：铁罐就是这样无情地奚落陶罐；面对奚落，陶罐就是这样大度容忍，不卑不亢！大家的表演各有绝招、各具特色，我相信我们班将来一定会有许多出色的演员！

三、实际两罐

师：铁罐奚落陶罐"什么东西"，你们知道陶罐是什么样的东西吗？

生：陶罐可以用来装东西，很实用。

生：陶罐很值钱的！

师：是吗？请看——

（屏幕逐行呈现：

陶在中国有上万年的历史。

陶器是人类第一次利用天然物，按照自己的意志创造出来的一种崭新的东西。

陶制品细腻致密，可塑性强，烧结性能好，叩之发声清脆悦耳，体形秀丽精巧，釉质光润，装饰朴素大方，既实用，又美观。

用陶罐种植花木成活率高，吸水性强，透气性好，是美化环境最为理想的产品。

2010年10月，在英国伦敦拍卖了一件陶器……）

师：大家猜猜，这件陶器值多少钱。

生：五万！一百万！八百万！一千万……

（师点击课件：价值4300万英镑）

（生惊叹）

（师继续点击课件：4300万英镑≈人民币425321463元）

师：看了这些，再联系前边铁罐奚落陶罐的话，你有什么要说的吗？

生：不要看不起别人，也许别人很有价值。

师：是的，我们说过，自我价值不是靠自己讲出来的。价值要靠时间来评判。

生：做人不要骄傲。

生：每个人都有自己的长处。

师：是啊，不要只是看到自己的长处。大家说得不错。其实，这篇课文还有个结尾，作者黄瑞云是这么说的——

（课件呈现：用自己的强点去比人家的弱点是不应该的，人家也会有比你强的地方。——黄瑞云）

师：我们一起读读。

（生齐读）

四、解构两罐

师：同学们，这是一个寓言故事。一般来说，寓言故事就是通过讲述一个故事来说明一个道理。我们也可以尝试编寓言故事。假如，当时在国王的御厨里，是陶罐看不起铁罐，那么这个故事又会是怎样的呢？它又说明一个什么道理呢？请大家课后试着编一编，和小伙伴讲一讲。下课。

【板书】

```
    陶罐和铁罐
  谦虚 │ 恼怒
  朴素 │ 吵嘴
  价值 │ 消失
```

点　评

简明平实的设计与灵动活泼的生成

彭才华老师执教的《铁罐和陶罐》一课，简明平实而又机敏灵动，的确是一堂立意诚恳、格调朴实、生成自然而又流溢着创意色彩的好课。

寓言类课文怎么教，有现成的模式和课例供参照。但彭老师慧眼独具，避易就难，避熟就新，他要站在学生的角度解构"故事+寓意"的不二模式，还原寓言的"故事"本色和"叙事"艺术，再现故事中人物的音容笑貌，突显情节变换中的矛盾冲突，强化学生对故事寓意的情景体认和同情理解。于是，在他的课堂里，问题不是要不要抽象的"寓意"，而是怎样引导学生从生动曲折的故事情节发展中发掘寓意生成的蛛丝马迹、草蛇灰线，继而实现从感性事件到理性认识的关键一跃。一般而言，学生理解故事情节没有什么障碍，理解寓意也不会存在太大的困难，但要从辗转曲折的叙事中洞察出寓意最初的潜流暗涌和最后的喷薄而出，则需要一定的洞察力和领悟力，需要通过像彭老师这样的教学"还原"才能做到沿波讨源、披文入理。具体来看，彭老师的这堂课体现了三个特点。

第一，在常规教学中寻求创意的突破，追求语文教学的平常之美。

语文课贵在平中见奇，寓奇于正。一味平淡，固然令人生厌，但为刻意求新而背离常态，有时也不免会穿凿牵强，方枘圆凿。彭老师的这节课，尊重教学常态，而又别开新意，是一堂有创意的常态课。如，彭老师在教学"吵嘴"时利用"字旁"规律进行的引导和点拨，巧妙地融字理知识于识字教学之中，把字词掌握与文本理解有机结合，在常规教学中寻求创新和创意。再比如，把重点词语的教学与文章大意的概括结合起来，也是一种很好的教学微创意。这些创意与教学常规的结合自然圆融，没有突兀脱节之感，较好地彰显了语文教学的平常之美。

第二，教学设计系统周密，层次丰富，整体感强，有利于源源不断地释放教学势能，激发学生的学习动力。

宏观上，彭老师把整堂课围绕铁罐和陶罐的关系设计成依次递进的四个层次：阅读印象——文本理解——联系实际——思维拓展，形成了环环相扣、步步深入、层层递进的推动力量。微观上，该课在教学活动设计上的层次性更为突出鲜明，富有动感和张力。如：在"读中练语感，读中悟语言"环节，首先引导学生发现不常见的词语——奚落，鼓励大家猜测其意思，借机点拨"联系上下文理解词语"的方法，继而引导学生寻找文本中体现奚落一词意思的相关描写，引出铁罐对待陶罐的恶劣态度与陶罐谦虚自重的态度的对比。奚落一词遂成为引导学生理解文本核心情节的主线，围绕它展开的学习活动把文本内容以结构化的方式生动深刻地再现出来。再如，在学生表演课本剧《陶罐和铁罐》环节，教学设计分两步走：第一步的目标是引导学生读出对话的语气和态度，第二步的目标是引导学生进行角色扮演，不仅要读出语气态度，还要辅以相应的表情和动作。这两个阶段前后衔接，递进自然。彭老师把朗读活动设计成分两步走而不是一步到位，是出于对这个年龄阶段儿童学习特点的了解和尊重。尤为巧妙的是，彭老师不直接提出朗读要求，而采用间接的分两次"招募演员"的方式来呈现任务，从开始阶段的招募"配音演员"到第二阶段的招募"演员"，学习任务既得到了巧妙的转化，又得到了科学的分解，整个设计浑然天成，不露痕迹。从这些设计细节可以看出彭老师对教学设计系统性和层次性的自觉追求。

第三，教学设计开合有度，拓展适宜，张力深蕴。

在联系实际理解课文环节，彭老师抓住文中铁罐奚落陶罐的一句"你算什么东西"，借机拓展有关陶器的科学知识和文化价值信息，与"你算什么东西"的评价形成强烈的反差，产生巨大的思维张力，推动了故事情节从感性理解层面向理性反思层面的关键性一跃：学生在惊叹声中纷纷说出了这篇寓言故事隐含的哲理。一个好的故事需要一个令人回味无穷的结尾，结课对一堂语文课来说同样重要，它不仅是整个教学设计的落脚点，而且是整堂课的思想制高点。彭老师以"解构故事"的视角设计结尾，反弹琵琶，逆向思维，提出了一个富有挑战性的问题："当时在国王的御厨里，是陶罐看不起铁罐，那么这个故事又会是怎样的呢？"这一问对学生而言不啻石破天惊，不仅是故事情节的大逆转，更是寓意哲理的再涅槃！这一问，也把这堂课从平常之美的层次陡然间提升到了一个迈向创意写作的新高度。

不动是假动是真，静观独思扬美名
——统编版教材四上第25课《王戎不取道旁李》教学实录与点评

点评：张学伟　语文特级教师
单位：江苏省丹阳市实验小学

一、谈话导入，复习"文言文"

师：（板书：诸）同学们认识这个字吗？

生：诸。

师：能组个词吗？

生：姓诸，诸侯，诸位。

师：诸位是什么意思？

生：诸位就是各位。

师：老师用"诸位"说一句话。诸位，鄙人初来乍到，请多多关照！能听懂吗？

生：能听懂。

师：结合我们三年级学习过的知识，老师刚才说的是——

生：文言。

师：用"文言"写成的文章，叫作——

生：文言文。

师：（板书：文言文）我们以往学过什么文言文？

生：《司马光》《守株待兔》。

师：说起文言文，有本书特有名，那便是《世说新语》。

（课件呈现相关介绍：《世说新语》中有许多小故事，历经千年，依然鲜活动人。它是我国最早的一部文言志人小说集）今天，我们要了解的这个故事主公人是谁呢？

生：王戎。

师：（指名）请把"王戎"写在黑板上，同学们请留意他是否写正确了，还要注意笔顺。

（生写，观察再书空）

（师补写课题"不取道旁李"，生齐读课题）

|点评|

精彩的教学，缘于精心的设计。板书生字"诸"，再组词并以"诸位"一词用文言的方式问候学生，继而复习相关旧知并揭示课题……开课的短短几分钟，字词教学、文言知识、课题引入等蕴含其间，且衔接紧密，过渡无痕。妙哉！

二、有扶有放，读通文言文

师：一千多年前的文章，你们会读吗？

生：会读。

师：自己认为会读还不够，老师建议大家同桌之间互相检查检查，一个读，一个听，看看是不是真会读。

（生同桌合作，检查朗读）

|点评|

"一千多年前的文章"，最怕学生畏难。因此，同桌先检查，既高效地促进了每个学生的进步，又避免了学生因读得不好而有挫败感。

（指名三生朗读，相机正音。齐读）

师：同学们都读得很不错。不过，老师刚才说了，这篇文章离现在有一千多年了，我们得读出那种古色古香的味道啊！来，一起看大屏幕。（课件呈现课文及停顿线）

师：请同学们跟着老师来，老师读一句，你们读一句。

（师领生读，很有韵味）

（指名读，配乐齐读）

| 点评 |

完成了朗读正音之后，教师着力做了一件事："带读"。看上去朴素甚至笨拙，但扎实有效。课堂现场，学生的朗读进步明显。

三、猜猜读读，读懂文言文

师：读了这么多遍，你们理解这篇文章了吗？

生：理解了。

师：好！老师就检查两个词，如果这两个词能理解，大致也就没什么问题了。这个"尝"，怎么理解？

生：尝，就是"曾经"的意思。

师：何以知晓？

生：这里有注释。

师：真好！学习文言文，我们已经有了经验，一定要善于利用课本上的资源，例如注释。请大家拿起笔来，把这个注释圈起来。

（生圈画）

师：老师要再问问你们，这个"尝"，在我们现代一般指什么？

生：吃的意思。

生："尝"就是品尝。

师：你用这个意思来说一句话。

生：妈妈做了一道菜，我去尝了尝，哇，真好吃！

师：对的，小馋猫！同学们，同一个"尝"字，随着时代的变迁，它的常用意义悄悄地发生了变化。这便是咱们祖国文字的特点。这种现象，叫"古今异义"。（板书：古今异义）来，咱们继续看看这个词——竞走。这个词，什么意思？

生：争着跑过去。

师：看来，你已经养成留意注释的习惯了。这里哪个字表示"跑过去"啊？

生：走！

师：哦！那时候可以用"走"来表示跑，对吗？这样的例子，以前我们见过吗？

（生沉思）

师：我提醒一下大家，我们在三年级学的一篇文言文里曾经学过——

生：对了！《守株待兔》里有！兔走触株，折颈而死。

师：是啊！"兔走"就是兔子跑得很快！（稍顿）这样的例子还有很多，例如，篱落疏疏一径深，树头花落未成阴——

生：儿童急走追黄蝶，飞入菜花无处寻。这里的"走"就是跑！

| 点评 |

　　温故，可以知新。

师：真不错！在那个时候，"走"，就是跑；"竞走"是"争着跑过去"的意思。那么，现在呢？

生：就是一种运动。

师：是啊。不管是"尝"，还是"竞走"，在不同时代都有不同的常用意义。

| 点评 |

　　一篇文言文，可教的知识自然不少。这一课，选择了"古今异义"，非常精当。教学进行的方式则是选取了"尝"与"竞走"为范例，让学生有了感性认知之后，再学以致用，实践迁移。

师：学习文言文一定要注意这种现象。例如这三个词，你们能猜出它的意思吗？
（课件把"游""子""信"三个字标示出来）
生：我知道"游"就是指游戏。
师：是的，在这篇文章中指游戏。而我们现在说游，很多时候是在说——
生：（齐）游泳。
师：是的。那么这个"子"呢？
生：就是指李子。
师：也就是说这是李树的——
生：果实！
师：不错。这个子其实也可以加个一个米字旁，籽，就是植物的果实。而我们现在说子便是——
生：儿子。
生：我知道这个"信"在课文中指"的确"。
师：是的，注释里说了。而现在的信呢？
生：书信。
生：有时候可能是说相信。
师：真好！同学们或者联系上下文，或者通过注释，慢慢猜出了很多难点字词的意思。学习文言文，就要敢于这样去猜想，去推测。

| 点评 |

　　"好读书，不求甚解。每有会意，欣然忘食。"小学的文言文教学要让学生

敢于猜想，在猜想的过程中品尝语言的味道，在猜想的过程中接近文本的主旨，在猜想的过程中感受学习文言的乐趣。

师：现在，同学们可以试着说说全篇文章的意思了吗？（稍顿）请大家同桌之间尝试着说一说。

（生同桌练习，师指名说。指名分句试说意思，全班朗读相应文句。指名说全文大意）

生：王戎7岁的时候，曾经和几个小伙伴一块儿外出游玩，发现路边李树的枝条上结满了李子，都快把树枝压弯了。小伙伴们一个个高兴地争着跑去摘那些李子，唯有王戎站在一旁，一动也不动。有人问王戎："王戎，你为什么不摘啊？"王戎笑着回答："树长在道路旁，竟然还有这么多果实，这一定是苦的。"大家摘来一尝，果然是苦的。

师：太精彩了！精彩就在于你不但讲出了原文的基本意思，还能根据自己的理解做了加工！请同学们给他5秒钟掌声！

（热烈的掌声）

师：是的，这就叫创意，这就叫灵活。同学们，学习文言文，就是这么好玩。你们也模仿着他的说法，再和同桌说一说吧。

（生同桌二度练习）

师：看到同学们说得热火朝天，我相信大家都能说好了。不过，这次老师不指名同学说意思了。请大家看屏幕，你们能根据这个提示，结合刚才的理解，背一背这篇文章吗？（课件中镂空部分词语）谁可以？

（指名背诵）

师：难度再次升级！（课件中镂空增多）请女同学一起来！

（女生背诵）

师：我们全班一起来！

（课件只留文题，文本隐退，全班背诵）

| 点评 |

  操千曲而后晓声，观千剑而后识器。在学生记忆的黄金时期，在学生语言图式建构的黄金时期，"背下来"是学习文言文的重要一环。为了让学生顺利达成背诵目标，彭老师做了三件事：一是在背诵之前进行了形式多变的扎实的朗读，这是重要保证；二是先有理解再背诵，即先让学生说说文章大意；第三则是通过几次镂空原文，一步步提升难度，让学生在不断尝试中渐渐达成目标。

四、对比理解，悟王戎之智

师：读了这么多遍，王戎给你留下怎样的印象？

生：（自由应答）聪明，有智慧。

师：是的，英雄所见略同。他的聪明，最突出的表现就是——

生：所有的小伙伴都争着要去摘李子，只有他一动不动。

师：用文中的话说就是——

生：诸儿竞走取之，唯戎不动。

师：（板书：诸儿竞走，王戎不动）我也认同这一句。不过，你们知道吗？文言文有一大特点，那就是"惜墨如金"。但，这里分明多了两个字！你看——

（课件中课文去掉"诸""唯"二字：……小儿竞走取之，戎不动……）

师：怎么样？

生：这样好像看不出王戎有那么聪明。

生：我也觉得，这样写，好像还有几个小朋友也没动。

师：因为没有哪个字？

生：唯！

师：是啊，唯戎不动，只有王戎一个人没动，只有王戎才是最——

生：聪明的！

师：这叫没有对比就没有——

生：伤害！

师：是啊，这篇文章就是用其他所有人的表现来和王戎对比，衬托出王戎的聪明（板书：衬）。其实，这样的写法，我们以往也遇到过。

（课件呈现《司马光》原文：群儿戏于庭，一儿登瓮，足跌没水中。众皆弃去，光持石击瓮，破之，水迸，儿得活。）

师：哪一句中有对比？

生：（自由应答）众皆弃去，光持石击瓮……

师：是啊，所有人都跑了，只有司马光沉着冷静，以石击瓮。一对比，司马光的机智就更突出了。

| 点评 |

品味语言的过程，即是加深文本内容理解的过程。"没有对比就没有伤害"，"诸儿竞走"与"王戎不动"的对比，就是为了凸显王戎之智。这一环节通过还原比较的策略，再辅之以旧知《司马光》做印证，学生很快就能体悟到"对比"的妙处。

师：不过，同学们，王戎真的没"动"吗？（稍顿）我却偏偏认为只有王戎"动"了（擦去板书"不动"），反而是诸儿"不动"呢！（板书：动，不动）

（生陷入沉思）

生（恍然大悟）：我明白了！只有王戎动了脑筋！

生：还有就是只有他仔细观察了。

师：好一个动了脑筋，好一个仔细观察！面对满树的李子，只有他在静静地观察（板书：静观），并且——

生：冷静地思考。

生：独立地思考。

师：真好！不盲从，这叫独立地思考。（板书：独思）老师想问问，王戎看到这满树的李子，究竟想了些什么？

生：王戎看到树上的果子有那么多，他想，树上有这么多李子，为什人们不去摘了吃呢？那很有可能是因为李子不好吃。

师：你读懂了王戎。不过，你刚才少说了一个重要的条件。老师问你，要是这李树不在道边，比如长在果园里，能这样推理吗？

生：我明白了，李树长在道路旁边，本来每个人都可以去摘的，可是仍然有那么多果实，那就有问题了。

师：就是这个重要的"道边"！同样是看到李树上有很多果子，但王戎与其他人的不同，就是——

（课件：王戎——看道边李树多子折枝　　诸儿——看李树多子折枝）

生：王戎关注了"道边"。

师：是啊，思考问题不仅要独立，还要细致。同学们，正因为王戎用眼睛静静观察，用脑子独立思考，所以，他可以怎样说这句话？

（课件："树在道边而多子，此必苦李。"）

生：应该是胸有成竹地说！

师：请你胸有成竹地说——

生：（胸有成竹地）树在道边而多子，此必苦李。

师：你们认为还可以怎样说就怎样说。

生：沉着冷静地说"树在道边而多子，此必苦李"。

生：信心十足地说"树在道边而多子，此必苦李"。

生：慢条斯理地说"树在道边而多子，此必苦李"。

师：同学们，请带着你自己的理解说——

生：（齐）树在道边而多子，此必苦李。

| 点评 |

思维发展与提升，是语文核心素养的重要组成部分。本环节引导学生在"动"与"不动"之间进行辩证思维，深入探究王戎之智的根本原因。我们要"讲出学生感觉到又说不出来，或者以为是一望而知，其实是一无所知的东西来"（孙绍振语），如此，语文学习才更有深度，也更有乐趣。

五、尝试创作，品文言之趣

师：听到王戎这么一说，有人去摘来一尝，李子果然是苦的。那一刻，诸小儿又有怎样的反应？他们都会说些什么？或者，会做些什么呢？展开想象，写一写。

（课件：……取之，信然。诸小儿_____：一小儿_____，曰：_____；一小儿曰：_____；一小儿_____）

（生写作，师巡视指导，再汇报）

生：……取之，信然。诸小儿恍然大悟。一小儿连声赞叹，曰："戎，实在是神机妙算啊！一小儿曰："吾等实在甘拜下风！"

师：哈哈，不服不行啊！

生：……取之，信然。诸小儿禁不住啧啧称赞。一小儿上前鞠躬，曰："今日吾等算是大开眼界啊！"一小儿则像个猴子，直呼"神人，神人"！

师：此小儿，真性情也！

生：……取之，信然。诸小儿大呼神奇。一小儿赞不绝口，一小儿曰："小人愿意拜您为师！"（全场笑声）

师：爱徒，使不得，使不得啊！（全场笑声）

| 点评 |

　　小学的文言文教学，最怕的是让学生觉得它高不可攀，从此一见文言就战战兢兢，避犹不及。顺着教学情势，让学生尝试运用文言的形式进行模拟创作，不求规范，不事雕琢，学生不亦乐乎。

师：同学们，像你们这样赞王戎的，或者说受王戎启发的，还有很多人！你们看——

[课件依次呈现诗句：

道傍苦李犹垂实，城外甘棠已布阴。——（唐）许浑

知君先竭是甘井，我愿得全如苦李。——（宋）苏轼
又如道傍李，味苦不堪折。——（宋）范成大
吾辈幸味苦，得似道旁李。——（明）刘基]
（师稍作解释，引领生依次朗读）

师：（板书：扬美名）到今天，这个流传了1000多年的故事，这个7岁的王戎的智慧，已经化作了一个人们熟悉的成语——

（课件：道边苦李）

生：（齐读）道边苦李。

师：这便是神奇的智慧，这便是中华的文化。（指示板书）我们一起读——

生：（齐读）古今异义文言文，诸儿竞走衬王戎。不动是假动是真，静观独思扬美名。

师：诸位，多谢关照，后会有期。

生：老师，后会有期。

师：下课。

| 点评 |

我们不是在教语文，而是用语文来教人。7岁王戎的一句断语，经历1000多年的时光淘洗，仍然闪耀着智慧的光芒，让一代又一代的诗人念念不忘，化用不衰。这，便是文化的力量。课堂上，罗列这些诗句、成语，不在乎学生是否能当堂记下，目的在于引发学生对母语、对中华文化的认同，以及自信。

【板书】

王戎不取道旁李
古今异义文言文，
诸儿竞走衬王戎。
不动是假动是真，
静观独思扬美名。

总　评

以读为经　以思为纬　体会文言文之"趣"

文言文教学教什么？一是"言"。文言，是以先秦汉语为基础形成的一种古代汉语书面语。它和现代汉语的区别，主要在于词汇和语法方面。另外，文章的体裁，如《表》《书》《说》《记》《序》《志》等，也比白话文有更严格的区分。文言的凝练、节奏、韵律比白话文精彩得多，所以，有人说，"没有文言，我们找不到回家的路"。二是"道"。文以载道。文言名篇所包含的情感、志向、精神、情操、审美以及文化，都是应该在学生学习文言文的过程中潜移默化地受到熏染的。

小学文言文教学的任务是什么？我想，让学生熟悉文言文，亲近文言文，喜欢文言文，恐怕是摆在首位的一个任务，它比学会某一个文言知识点、背会某一篇文言篇目更加关键，也更加紧迫。

彭才华老师这一课的教学，正是这样一个范例。

以读为经

文言文教学，读，大声地朗读，是最基本也是最有效的学习方法。彭老师的读是经过精心设计的，是有层次的。

一是读通。先是自读——学生在预习中结合注释自己断句、自己朗读，获得阅读的初体验。接着，交流读，学生一读一听，发现对方朗读时的断句节奏，相互印证。最后，教师带读。这样的安排，没有一点花架子，面向全体学生，读得实用、有效。

二是读懂。在学生读过注释的基础上，教师出示了古今异义的几个字，和学生讨论交流。文言文的字词教学有"两教两不教"之说。古今同义的字不教，因为一看就懂；注释的难字不教，因为可以自学。古今异义的字要教，含义深刻的字要教，因为不教不懂，甚至会产生歧义。彭老师正是在"尝、走、游、子、信"等几个字上下力气，这正是"好钢用在刀刃上"。教学在难点和关键处着力，效果极好。这也说明彭老师的教学观念是那么正确，教学认识是那么清晰，教学操作是那么准确，难得！之后的解释意思环节，彭老师也不落俗套。学生的解释从直译到加工，彭老师提倡想象、创意、灵活，这既打开了学生的思路，也调动了学生的生活经验和语言经验，课堂现场非常出彩。最后是背诵,水到渠成。

彭老师的读是扎实的,也是高效的,更是面向每一个学生的。

以思为纬

教学中,最有价值的教学点往往会打开学生的想象,也能引爆学生的思维,会有"一石激起千层浪"的效果。

这节课上,教师抓住"不动"与"动"所做的文章,可谓一篇精妙的大文章。先是对比。拿自编的"小儿竞走取之,戎不动"与原文"诸儿竞走取之,唯戎不动"比较,让学生体会文言文词语的精确,体会到主角与众人的不同,也把目光聚焦到主角身上。再是质疑。"王戎真的是不动吗?"这个问题真妙!于无疑处生疑,于无声处听惊雷!学生一下子"动了",想象和思维被激活,原来,王戎不动的是身体,动的是脑筋;诸儿根本不动脑筋,只是傻乎乎地从众、乱动!动与不动,就这样巧妙地反转!彭老师的引导还不止于此,师生的目光又开始追溯"动与不动"的原因,大家开始聚焦到"看"上,细究深思——原来,诸儿所"看",仅仅是"李树多子折枝",眼里只有"李子"。而王戎所"看",是"李树生在道边"。所思,是"因何还能多子折枝"?所得,是"此必苦李"。因为眼里所见不同,心里所想不同,因此所为也不同。这是多么深刻的哲理,而课上的逐步演绎又是多么浅显、多么自然、多么灵动!兴致盎然之中,学生的思维和视野慢慢开阔起来。

以趣为魂

彭老师的课堂都是充满情趣的。别的不多说,只说最后的拓展。"取之,信然"之后的场景想象充满情趣。"一儿曰……一儿曰……"在学生们模拟现场的故事再现中,或惊异,或赞叹,或敬佩,或惭愧……活灵活现,至真至情。这个设计,既有情趣,也聚焦主题,更妙的是,现场学生半文半白地用古文续写,虽显得生涩幼稚,但着实可赞、可叹、可爱!

我觉得,这节简洁丰厚的文言文教学课,可以视为一节经典范例。学完之后,学生们从此爱上文言文,也是很有可能的。

溪上居安，家国情怀

——统编版教材四下第1课《清平乐·村居》教学实录与点评

点评：干国祥　全人之美课程总设计师
单位：南明教育集团

一、初读：意思与意趣——祥和的家

（板书：村居）

师：同学们，还记得《村居》这首诗吗？我们一起背一背。

生：（齐背）草长莺飞二月天，拂堤杨柳醉春烟。儿童散学归来早，忙趁东风放纸鸢。

师：今天再学习一首《村居》（板书：清平乐）。这是一首——

生：词。

师：看到这两首《村居》，谁能说一说诗和词的区别。

生：诗的每一句字数是一样的，要么是五言，要么是七言；而词的每一句字数可以不一样，有的句子是4个字，还有5个字、7个字的等。

师：是的，一般来说，诗里的句子字数是一样的，而词的句子却是有的长，有的短，所以，词又叫——

生：长短句。

师：真好！咱们四年级学过的知识都没有忘记。还有其他区别吗？

生：词有词牌名，而诗没有。

师：是啊，词是可以用来唱的。怎么唱？每一句必须是几个字？这些都

由词牌名来决定。这里的词牌名就是——

生：清平乐。

师：你们还知道哪些词牌？

生："忆江南""渔歌子""菩萨蛮""长相思"。

师：不错，这其中有的是咱们课内学习过的，有的是大家课外积累的。正如大家所列举的，也有人研究过，三个字的词牌名是最多的。

师：大家已经预习过了吧？这一首词里生字不少（课件标注本课中要掌握的生字词），不容易读好，你们是怎么预习的？

生：查字典，上百度查找，请教家长，看注释等。

师：是啊，课本里这首词的注释挺多（课件呈现原文注释），我们应该好好利用。下面，请同桌互相检查一下，看谁不借助注释也能读正确。

（生一人读，一人听，交换检查）

（指名读词语，师强调"好""媪"要读到位，"剥"应读"bāo"）

师：不知大家留意了没有，咱们祖国的语言，随着时代的发展也在悄悄地变化。例如，"亡赖"这个词，不但读音发生了变化，意思也有不同，你们愿意做古代的亡赖还是现在的亡赖啊？

生：古代的，因为古代的亡赖是指顽皮、淘气。

师：（笑）此刻的你，就是个"亡赖"。

（指名读、齐读）

师：借助注释，我们大概读准读通了这首词。不过，这还不够，我们还得琢磨一下诗词的味道。这首词，带给你的感觉大概是——

生：轻松，好玩，愉快。

师：怎么读出这种味道呢？请大家看（课件标注韵脚），跟着我来读。

（一句句带读，突出韵脚）

师：词读到此刻，我们发现这首词其实写的就是一户住在溪边的——

生：人家！

（师板书：家）

师：你觉得这是一个怎样的家？

生：祥和之家，安宁之家，幸福之家，开心之家。

师：那么，词里写了这个家里的几口人，分别是？

生：一共写了五口人，分别是翁媪、大儿、中儿、小儿。

师：作者对五口人的描写，用的笔墨一样多吗？

生：写翁媪和小儿的笔墨多一些。

师：作者对老人和孩子描写得多一些。通常，看一个家庭是否幸福、和谐，要看这家老人和孩子生活得是否舒心。从哪里看出翁媪开心呢？

生：相媚好。

师：这"相媚好"的意思是——

生：老翁和老妇互相逗趣取乐。

师：他们怎么逗趣取乐呢？请大家结合这首词和插图，联系一下生活和影视作品中看到的情景，想象一下，和同桌演一演，说一说。

（同桌分角色对话，指名汇报）

师：风景优美，孩儿孝顺，好一对开心的翁媪！那么小儿呢？他的开心从哪里可以看出来？

生：卧剥莲蓬。

师：尤其是哪个字眼看出他的开心？

生：卧，从"卧"字看出他无拘无束，很开心。

生：我也认为是"卧"。我们一般做事是规规矩矩坐着的，他可以卧着，好自在。

师：是啊！我们看，溪头"坐"剥莲蓬？溪头"立"剥莲蓬？好吗？

生：好呆板！

生：太严肃了！

生：感觉很累，一点都不自由。

师：小儿可以怎样"卧"？

生：俯卧。

生：侧卧。

生：仰卧。

生：想怎么卧就怎么卧！

师：好一个"想怎么卧就怎么卧"！请你来读这两句。

生：（笑）最喜小儿亡赖，溪头卧剥莲蓬。

师：这个溪边人家哟，虽然茅檐低小，但风景优美，孩儿孝顺，这日子多么开心，多么滋润啊！让我们带着这份感觉读这首词。

（生齐读）

师：这样的安宁惬意，这样的经典诗词，我们应该珍藏在心底。请同学们打开工作纸写下来。

（生默写，然后同桌交换检查、更正）

二、再读：意象与意境——长流的溪

师：这首词中，哪些词语让你一下就看出这是"村居"，是农村、是乡下的"家"？把这些词圈出来。

生：茅檐，溪，锄豆，鸡笼，剥莲蓬。

师：真好！正是这些词，给我们传达了农村、乡下的感觉。我们以后学诗词，就要像这样抓住一些特别的词语，去想象，去感悟。看到这些词，老师有个疑问。大家看，（板书：溪）这"溪"字用了几次？

生：三次！

师：为什么溪字用了这么多次？有人说，这首词是紧紧围绕着小溪来布置画面、展开人物活动的。三个溪让整首词结构紧凑。可是，大家要知道——（课件呈现："同辞重句，文之疣赘也。"——刘勰《文心雕龙》）诗词应该尽量避免词语重复出现啊！

（生茫然）

师：看来，我们得好好品一品这个溪字啊！同学们，你在溪边玩过吗？那溪水是怎样的？当时的感觉怎么样？

生：我曾在我乡下奶奶家那里的小溪边玩过，那溪水特别清澈，冰凉冰凉的，我们在里面捉小鱼小虾，好开心！

生：我记得我在云南旅游时，在小溪里玩过，那溪水声啊，叮叮咚咚的，特别好听！

师：那次你玩了多久？舍得离开吗？

生：我大概只玩了一个多小时，就被爸爸妈妈带走了。好遗憾！

生：有一次，我在森林公园那里看到一条小溪，我们全家打了赤脚，在小溪里慢慢走，特别舒服！

师：看来，大家都喜欢小溪，它总是带给我们宁静、轻松、舒服的感觉，是吧？其实，自古以来，就有很多人见到小溪的心情和你们差不多。大家看——

（课件呈现：晋太元中，武陵人捕鱼为业。缘溪行，忘路之远近。——《桃花源记》魏晋·陶渊明）

（生朗读）

师：这是诗人陶渊明笔下的溪。它曲曲折折，通向那个太平安逸的世外桃源。大家再看——

（课件呈现：梅子黄时日日晴，小溪泛尽却山行。——《三衢（qú）道中》宋·曾几）

（生朗读）

师：这是诗人曾几笔下的溪。阳光明媚，溪水叮咚，景色宜人，让人感觉多舒服啊！大家再看——

（课件呈现：常记溪亭日暮，沉醉不知归路，兴尽晚回舟，误入藕花深处。——《如梦令·常记溪亭日暮》宋·李清照）

（生朗读）

师：这是李清照笔下的溪。一抹晚霞，一叶小舟，三五好友，好不自在！

师：其实，这样的溪，咱们的词人辛弃疾也很喜欢啊！大家再看——

（课件呈现：一生不负溪山债！——《鹧鸪天·不寐》宋·辛弃疾）

（生朗读）

师：是的，据统计，辛词中，共出现"溪"字131次！例如，他曾写道——

（课件呈现：旧时茅店社林边，路转溪桥忽见。——《西江月·夜行黄沙道中》宋·辛弃疾）

（生朗读）

师：天空下起雨来，几个好友急步赶来，转过溪桥，就是熟悉的茅店小屋，多么开心！辛弃疾还这样写道——

（课件呈现：城中桃李愁风雨，春在溪头荠菜花。——《鹧鸪天·陌上柔桑破嫩芽》宋·辛弃疾）

（生朗读）

师：城里的桃花李花怕风怕雨，但溪头的荠菜花却开得自在、精神！辛弃疾还曾这样写道——

（课件呈现：溪边照影行，天在清溪底。——《生查子·独游雨岩》宋·辛弃疾）

（生朗读）

师：溪水清澈见底，倒映着悠闲的我，倒映着蓝蓝的天，多么安宁，多么自在！原来，小小一个溪字里头，竟然有这么大的秘密。不信，咱们换个字试试——

（课件呈现：茅檐低小，屋前青青草。醉里吴音相媚好，白发谁家翁媪？大儿锄豆山中，中儿正织鸡笼。最喜小儿亡赖，地上卧剥莲蓬。）

（生朗读）

师：什么感觉？

生：这样就不好玩了。

生：感觉他们的生活没那么有滋有味了。

生：这种生活太呆板了。

生：这种日子不滋润！（笑声）

师：大家可别笑，没了溪，日子就不滋润，这是很独特的体验。看来，这户人家缺水。（笑声）那咱们这么改——

（课件呈现：茅檐低小，河上青青草。醉里吴音相媚好，白发谁家翁媪？大儿锄豆河东，中儿正织鸡笼，最喜小儿亡赖，河边卧剥莲蓬。）

（生笑，自由读）

师：怎么样，水够多了吧？

生：水是多了，但大河汹涌，太吵了！

生：一般来说，河水是浑浊的，一点都不好玩。

生：小溪是曲曲折折、叮叮咚咚的，让人很安心；而河水是波涛翻滚的，让人害怕。

师：是的，大家结合切身体验，谈出了自己的感受。溪带给我们这种种相似的感受都是真实的，这便是溪的秘密！这首词，三处用到溪字，就是为了传达这样的感觉。你看——

（课件呈现：溪：世世代代长流不息的水）

师：是的，这便是长流的溪、清澈的溪、安宁的溪！眼前这户人家，世世代代与这溪水相伴，他们的日子祥和安宁，其乐融融！词人辛弃疾禁不住内心的喜悦，连用了三个溪字，让这一切景象完整而又清晰地呈现在我们眼前，多美的意境！让我们闭上眼睛，一起到那户溪上人家去走走吧。（配乐）青草铺溪上，锄豆在溪东，卧剥在溪头，这长流的溪水哦，曲曲折折，叮叮咚咚，一年四季，总在潺潺流淌，绵延不息。而住在这里的人家，多么祥和，多么安宁——

（生朗读）

三、深读：意蕴与意味——安定的国

师：一个小小的溪字，原来隐藏了这么多秘密。同学们，我们今后读诗词就应该像这样，好好咀嚼每个字、每个词。比如这首词：

（课件呈现：

醉里挑灯看剑，梦回吹角连营。八百里分麾下炙，五十弦翻塞外声，沙场秋点兵。马作的卢飞快，弓如霹雳弦惊。了却君王天下事，赢得生前身后名。可怜白发生。）

这是辛弃疾同一时期的作品。请大家自由读一读，猜猜这首词大概和什么有关呢？

生：战场，打仗。

师：好！你们说是战场，老师尝试着表现这种感觉。请同学们拿起笔来，圈画一下，看哪些词传达了这样的感觉？（师激情诵读）

师：来，一起交流一下，是哪些词语传达出战场的感觉？

生：挑灯看剑，吹角连营，麾下，塞外声，沙场秋点兵，马，弓……

师：果然是战场，果然在拼杀。不过，我们稍细致一点读读这首词，这是在真正的战场吗？

生：不是的，因为是"醉里"！

生：还有"梦回"。

生：最后还有"可怜白发生"，诗人已经老了！

师：一个白发的老人，为什么在梦里还想着战争呢？

（课件呈现辛弃疾简介：

辛弃疾，爱国词人，出生于被金人侵占的北方，亲眼目睹了汉人妻离子散、家破人亡。他一生为抗金而不懈努力，却不断受到排挤，被贬到江西农村达18年之久。这18年，国家仍然未能统一，许多百姓的日子仍处于水深火热之中，而这两首词都是那个时期的作品。）

（师指名读，全场肃然）

师：为什么诗人在梦里还想着战争？

生：他希望把金人赶走，让百姓过上安宁的生活。

生：辛弃疾是个爱国诗人，他希望国家早日统一。

师：不仅是在睡梦里梦到战场啊，这个一生都在梦想恢复中原的诗人，直到临终的那一刻，还含着最后一口气，奋力喊道："杀贼，杀贼……"

师：此刻，我们想象一下，当辛弃疾在江西上饶看到眼前的这一户人家，日子如此安宁祥和，其乐融融，当他提笔写下《清平乐·村居》时（呈现书法作品《清平乐·村居》），他究竟在想些什么呢？

生：想的是还在金人统治下的老百姓。

生：想的是整个国家。

（师板书：国）

师：小溪长流，则小家安宁；小家安宁，则大国安定；大国安定，小溪方能长流。如此，溪在家宁，家宁国安（板书：安）。这便是辛弃疾梦想的——国家！

（歌曲《国家》响起，歌词浮现：一玉口中国，一瓦顶成家。都说国很大，其实一个家……）

师：下课。

【板书】

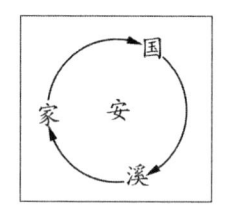

（板书图示：圆圈中心为"安"字，圆圈四周分别为"国""溪""家"）

点 评

以诗词的方式教诗词

有幸在杭州千课万人现场，听到彭才华老师的诗歌教学《清平乐·村居》，当时我同场讲座的题目是《诗歌的意象、符码和境界》，正好可与彭老师的课堂——印证。所以冒昧成文，算是"掠人之美"的同时，也为彭老师卓越的诗歌教学探索助阵。

作为公开课高手，彭老师在教学上的技艺可圈可点，课堂实录尚不足以尽显其风采。但我以为，此课最大的价值，是诗歌教学内容上的"变革"。

长久以来，我们以散文的方式朗读诗歌，以散文的方式教学诗歌，但诗歌自身的"语文知识"在学生的头脑中是极其含混的。

我曾多次以《寻隐者不遇》为例，试图说明：如果把这首诗用叙事的方式去理解，认为它是写了一个故事，那正反映出我们睽别诗歌太久，已经不认识诗歌的真面目了。以此诗为例，它是围绕一个"隐"字，用"松下""采药""云深""不知处""不遇"等意象和密码，勾勒出一个并未出场的隐者形象，或者说渲染了一种高洁的隐士文化。问题不是在松树下，或者柳树下；问题不是当时有没有云雾弥漫；问题不是最终有没有相遇；问题不是贾岛究竟是真去访问一个隐者了，还是仅仅在诗歌上虚构了一个

"寻隐者不遇"的典型场景……问题的关键在于，它用诗歌特有的意象、符码，营造了一种中国特有的境界，一种中国特有的形象。

彭才华老师教《清平乐·村居》，正是抓住了意象、符码，用"共时画面"的方式，而不是用讲述故事的方式，揭示了词的妙处，揭开了词的隐秘。

在彭老师的解读中，我们清晰地看到了"村居"正是全诗的内容提纲，而其魂魄，倒在作为词牌名的"清平乐"三字上——不妨暂时把它读成快乐之乐，孔颜之乐的乐。

而构成村居整个画面的，正如彭老师课堂中所呈现的那样，是"溪上青草"，是"白发翁媪"，是"锄豆的大儿""编笼的中儿"和"嬉乐的小儿"，再加上"低小的茅檐"，整个画面已经呼之欲出。村居的主题，中国田园诗歌的主旨，或者说由学生发现的"祥和之家，安宁之家，幸福之家，开心之家"的情意，正蕴含于这组意象，和由意象构成的整体画面中。

一堂诗歌教学课上到这里，我认为就已经相当不错了。这已经不是停留在以散文的方式教学诗歌阶段了，已经有了比较清晰的以诗歌的方式教学诗歌的意识与方法了。

但彭才华老师的课堂不止于此，他在此后所做的二度深挖，正表现出他在诗歌教学上"欲穷其林"的执着追求。

第一次深挖，是解析"溪"这个中国诗歌特有的符码，或者说文化密码。

他通过"溪"和"江河湖泊"的对比，通过与辛弃疾其他有"溪"字的词的互文印证，揭示了这首诗歌中的"清溪"并不是普通的农居之溪，而是辛弃疾心目中的"桃源之溪"。

第二次深挖，是把辛弃疾作为豪放派词人的代表作《破阵子·为陈同甫赋壮词以寄之》引入课堂，和《清平乐·村居》进行比较阅读。这个比较是主题与诗歌境界的比较，而强烈的主题反差、艺术风格反差，最后在"家国"的统一性中得到了统一，从而让一首无论怎么看都体现为"清平乐"的小词，有了一个深厚博大的时代背景和生命背景，它的美好也就更显得弥足珍贵。

综上所析，彭老师的课堂推进过程，其实恰好就是我本次诗歌教学讲座标题中的三层：意象、符码、境界。我是画饼充饥，但彭老师在一堂小小的诗歌教学课上，完整地展示了，比较完美地实现了。

当然，走到深处，也就是走到险处，作为最前沿的诗歌教学探索，会不会有过犹不及之嫌？这正是我辈所需自我警惕的。

就此词而言，我认为值得商榷的关键点就在于"村居"究竟是不是辛弃疾自身的

"理想生活"？

如果是，那么无论是溪的文化秘密，还是小家与大国的命运统一，就并不成为问题，彭老师此课堪称完美的诗歌教学探索。

但如果不是，那么这一幅安宁和乐的村居图，就是诗人勾勒出来的农人之乐，而非是诗人之志趣。

在这样的背景下，无论是作为隐逸符码的"溪"，还是"小家"与"国"的统一性，就可能需要多一番咀嚼。也就是说，不同于陶渊明的《归园田居》，诗人辛弃疾可能并不是自居为渴望清平之乐的农人，而是保家卫国、让天下百姓过上和平幸福生活的将士。彭老师的课堂当然注意到了这一点，诗歌的微妙正在这毫厘之间。

清朝的李渔在《窥词管见》中曾说："文贵高洁，诗尚清真，况于词乎？作词之料，不过情景二字。非对眼前写景，即据心上说情。说得情出，写得景明，即是好词。"

辛弃疾此词，妙在情景的高度统一，情真，意切，景（意象）完全服从于其情意和志向。而彭才华老师此课，妙在揭示了这一情景统一的诗歌游戏。唯作为讲解者，我们总是会把自己的生命背景带进理解中，而我们的志趣与情感，既是揭示诗歌的不二道路，也是过度诠释或者诠释不足的根本原因。

所以无论是解读还是教学，道路依然畅通着——尽管彭才华老师的课，已经把此诗的理解和教学，推进得如此深远。

说"奇"道"妙"

——统编版教材五下第13课《刷子李》教学实录与点评

点评：钱正权　特级教师
单位：浙江省杭州市教育局教研室

一、导入，揭题

师：今天，我们将要一起学习谁的文章？

生：冯骥才。

师：说说你对他的了解。

生：冯骥才是个大作家，也是个画家。

生：他写过许多文章，我们以前学过他写的《珍珠鸟》《花的勇气》。

师：你的记性真不错！

生：我知道他还是篮球中锋。

师：看来，你们的预习很认真。冯骥才的确是个多才多艺的人，他还做过工人、推销员、教师呢！你们知道，他最近这些年在做些什么吗？

生：我知道，他正在抢救民间文化。

师：是啊，这是一件非常了不起的大事。为了抢救那些正濒临消失的民间文化，他跑遍了大江南北，奔走呼吁，不辞辛劳。

师：说起民间文化，这也是冯骥才一生的酷爱。比如，在他众多著作中，就有这么一本，它专门介绍当年天津卫码头上的奇人奇事，书名叫——（呈现《俗世奇人》封面）。

生：《俗世奇人》。

师：今天这一篇文章便选自这一本书，题目是——

生：《刷子李》。

师：大家预习了课文，知道它是文中主人公的名号。为什么有这个名号？

生：这名号表明他是专门干粉刷的，他姓李。

师：哦，前边表示他的职业，后边是他的姓。那么，如果你们家门口那个卖包子的姓刘，你可以叫他"包子刘"吗？

生：行！（有学生表示：不行）

师：为什么有人说不行？

生：不能叫"包子刘"，除非他做的包子是一绝，别人的包子都没他的好吃。

师：哦，以一个人的职业再加上他的姓氏称呼他，不是一般人能获得的。将来，我希望你们也能成为某个行业中身怀绝技的人。

二、初读，说奇

师：相信大家一定预习了课文，是吗？谁来读读这一段话。

（课件呈现：刷子李刷浆时，必穿一身黑，干完活绝没有一个白点。曹小三第一次跟在师傅刷子李屁股后面做事，发现了一个白点，以为师傅露馅了，以为他名气有诈，但事实并非如此。）

（生朗读）

师：真不错！注意"师傅"的"傅"要读轻声，"露馅"要带上儿化的味道。跟我读。

（生跟读两遍，再齐读整段话）

师：大家已读了课文，刷子李留给你什么印象？

生：他刷墙的本领高超，简直太神了！

师：一个字，那便是——（板书：奇）

生：奇。

师：相信每一位同学都有同感！俗世奇人，果然是"奇"！课文中哪些地方表现了刷子李的奇呢？请大家快速默读课文，找一找，画一画。

（生默读，画记然后汇报句子：

他要是给您刷好一间屋子，屋里什么都不用放，单坐着，就如同升天一般美。

最让人叫绝的是，他刷浆时必穿一身黑，干完活，身上绝没有一个白点。

刷子李一举刷子，就像没有蘸浆。但刷子划过屋顶，立时匀匀实实一道白，白得透亮，白得清爽。

只见师傅的手臂悠然摆来，悠然摆去，如同伴着鼓点，和着琴音，每一摆刷，那长长的带浆的毛刷便在墙面啪地清脆一响，极是好听。

啪啪声里，一道道浆，衔接得天衣无缝，刷过去的墙面，真好比平平整整打开一面雪白的屏障。）

（师相机呈现以上句子，指导朗读，相机理解"匀匀实实""悠然"，并引领生领会这些描写分别是"效果奇""规矩奇""动作奇"）

师：但是，在我看来，只有一句是硬碰硬、实打实地写出了刷子李功夫了得！那就是——

生：最让人叫绝的是，他刷浆时必穿一身黑，干完活，身上绝没有一个白点。（课件凸显句子）

师：是哪个词语带给我们实打实、不容置疑的感觉？

生：必。

生：绝。

师：前边也有一个"绝"。意思一样吗？

生：不一样，前边的"绝"表示"绝妙"，后面的"绝"是……（语塞）

师：（指另一生）你觉得呢？

生：是指"一定"！

师：是的，一定，肯定，绝对！

（再次指名读——师范读，生再次齐读，突出刷子李之"奇"）

三、再读，论妙

师：对于这一点，假如只让我们读第一段，你信吗？

生：不信！不可能啊，用白粉刷墙怎么会不落下一个白点？太不可思议了。

师：没错，冯骥才知道咱们不信。那么，他想了些什么办法呢？

（生沉思，疑惑）

师：这篇文章本来是写刷子李的，全是写他的吗？

生：还写了曹小三。

师：为什么要写曹小三啊？

生：（恍然大悟）起初曹小三也像我们一样不相信，后来，他亲眼看了，才相信！

师：曹小三，其实就是冯骥才给我们安排的——

生：侦探！

生：卧底！

师：是啊，曹小三就是帮我们去盯梢，帮我们去印证的。作为刷子李身边最亲近的徒弟，曹小三有得天独厚的条件去看个究竟。那么一天下来，曹小三都看到些什么呢？每当看到这些，他有些什么感受呢？

师：我们先看看第四自然段，曹小三看到了什么？

生：他看到了包袱里的黑衣黑裤黑布鞋。

（呈现句子：干活前，他把随身带的一个四四方方的小包袱打开，果然一身黑衣黑裤，一双黑布鞋。）

师：这一句话里，有一个词，它不动声色地暗示了曹小三的感受，是哪个词？

生：果然！

（师板书：果然）

（结合果然，师指导朗读，读出曹小三内心的惊讶）

师：那么，后面几段呢？请大家快速浏览第五至第十段，看曹小三看到些什么？把它画下来。哪些词如"果然"这个词一样让我们得以猜想到曹小三的感受，把它圈出来并写在工作纸的横线上。

（生浏览、画记。师提示：有的段落，未必写曹小三看到的，但也有些词同样让我们知道曹小三的感受）

（师巡视，指名生上黑板板书体现曹小三感受的关键词，四分钟后，生在黑板上写下的词是：居然，竟然，悠然，奇了，发怔发傻等）

师：说说你们为什么选择这些词语。

生：刚才，您带着我们从第四段发现了"果然"这个词，我就知道了该从哪些词猜想曹小三的感受。

师：同学们真会学习！这篇文章里有很多个含"然"字的词语，都透露出曹小三的感受。我们一起来看：

（课件呈现：

干活前，他把随身带的一个四四方方的小包袱打开，果然一身黑衣黑裤，一双黑布鞋。

只见师傅的手臂悠然摆来，悠然摆去，如同伴着鼓点，和着琴音，每一摆刷，那长长的带浆的毛刷便在墙面啪地清脆一响，极是好听。

每一面墙刷完，他搜索一遍，居然连一个芝麻大小的粉点也没发现。

当刷子李刷完最后一面墙坐下来，曹小三给他点烟时，竟然看见刷子李裤子上出现一个白点，黄豆大小。

说着，刷子李手指捏着裤子轻轻往上一提，那白点即刻没了，再一松手，白点又出现，奇了！

刷子李看着曹小三发怔发傻的模样，笑道："好好学本事吧！"）

师：请大家自由读一读这些句子，体会曹小三的心情。

（生自由读句子）

师：什么感觉？他的心情是不是总在变化？

生：（惊叹地）是的！

师：那么，这些词语我们能这样排列吗？（指示刚才凌乱的板书）

（生迷惑状）

师：曹小三的心理变化究竟是怎样的？我们先得给它们排个顺序！

（师领着生给词语标上序号）

师：真不错，我们发现曹小三的心理变化顺序不能乱。假如曹小三刚开始的"半信半疑"是在这个位置（指示黑板较低的位置），那么后来，曹小三看了师傅果然穿一身黑衣黑裤，他对师傅的高超技艺是不是有些相信了？"果然"这个词应该写在哪里呢？

生：比"半信半疑"要稍高。

师：给这两个词连一条线。这就是曹小三的心理变化简图了。依此类推，你觉得后边这些词语应该分别写在什么地方？请大家在工作纸上写一写，连一连。

（生在工作纸上画图并标上相应的词语）

师：谁能上来画一画、写一写？

（指名上台，两生上台）

师：请大家看看这两幅图，谁画得更合理？

生：黄伟健画的。

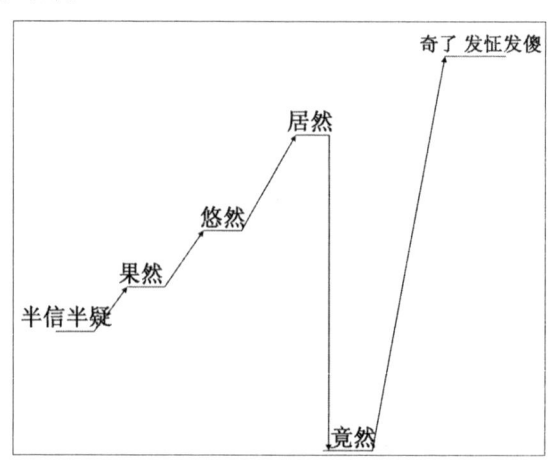

师：（请黄伟健同学上台）你为什么这样画？

生：其实这些词都暗示了曹小三的心理变化。例如他看到师傅刷墙这么悠然，一点儿都不累，他就更相信师傅真有能耐了；后来，发现了一个白点，他

对师傅的信任程度啊，比原来的"半信半疑"还要低……（台下响起掌声）

师：大家同意这种看法吗？

生：我也是这样画的！（另外一部分生）我也是！

师：掌声也为你们响起来！（掌声）

师：（对黄伟健同学说）请继续！

生：最后，曹小三简直太佩服师傅了，所以，我给"奇了"安排在这个高度。

师：果然有理有据啊！了不起！

师：这最后，要是也写一个带"然"的词语，你会写什么？

生：恍然！

师：真棒！还有吗？例如起敬啊？

生：肃然起敬！

师：真不错！那么，文章为什么要这样写？写曹小三发现一个白点，然后又告诉我们这只是个小洞。这样写有什么好处呢？（生一时语塞）

师：玩过过山车吗？如果过山车一直是平着往前开，你喜欢吗？

生：不喜欢！

师：如果过山车一直上升，然后慢慢下降，你喜欢吗？

生：不喜欢！

师：是的，写文章也是一样，也要讲究有高——

生：有低。

师：有急——

生：有缓。

师：有起——

生：有伏。

师：你看，这一天下来，曹小三的心情就像坐过山车一样，他因为看到师傅果然穿一身黑衣黑裤，暗自惊叹；他看到师傅悠然地刷墙，居然找不到一个白点，他更是暗自佩服；但他竟然发现了一个"白点"，就犹如从高处突然降落，刷子李的形象在他的心里轰然倒下；而这时，师傅刷子李忽然朝他说话，他又发现，那白点原来只是一个小洞！这下曹小三发怔发傻了，心里对师傅的佩服还是刚才那个高度吗？这叫什么？

生：（恍然大悟）一波三折！

师：（惊喜地）你怎么知道啊？

生：我爸爸上个月也给我讲过类似的故事。

师：你爸爸真了不起，你也很会学习啊！是的，这叫一波三折讲故事，这叫文似看山——

生：不喜平！

师：作者这样一波三折地讲故事，就是为了让人彻底相信——

（课件呈现：最让人叫绝的是，他刷浆时必穿一身黑，干完活，身上绝没有一个白点。）

（生齐读，读得更自然、更坚定）

四、迁移拓展

师：刷子李奇不奇？（奇！）绝不绝？（绝！）冯骥才这种写法奇不奇？（奇！）绝不绝？（绝！）是的，正是他用了这种一波三折的写法，让一个身怀绝技的奇人变得真实可信。

师：其实，一波三折，你也可以！

（课件呈现作文题目：1. 一次难忘的秋游 2. 友谊 3. 我爱弹钢琴 4. 记一场＿＿＿＿比赛。 假如让你从中选一个题目，你会怎么一波三折地写呢）

（生思考）

师：你打算一共写几段？你打算在哪个地方产生波折？请给你选择的题目列个提纲。

（生列提纲）

师：谁来说说你的写作打算。

生1：我要写《我爱弹钢琴》。大概分五段来写，首先写我听了郎朗弹钢琴，我很喜欢，兴致勃勃报了学习班；接着写我练了一个月就觉得没意思，想放弃；再写我们班同学在学校钢琴大赛上出尽风头让我很羡慕，于是，我又开始了练习；再后来，练钢琴要付出很多时间，我有点想打退堂鼓，爸爸鼓励我，我又坚持了下来；最后写在学校第四届钢琴大赛上，我拿到了亚军！

师：哇！真聪明！老师尤其欣赏你的地方是，在因羡慕同学重新练习之后，再次安排了练钢琴要付出很多时间，你打退堂鼓的情节，于是，文章就显得波澜起伏，更有意思了。祝贺你夺得大赛亚军，每一个读你这篇文章的人，也一定会记住你这份来之不易的成绩！

生2：我打算写《一次难忘的秋游》。先写老师提前一周通知下周一秋游，大家欢呼雀跃；再写星期三天气突变，天气预报还说阴雨天气会持续几天，大家灰心丧气；接着写天气有些好转，我们的秋游照常进行，但大家不能体验水中捉泥鳅了；最后写秋游基地的叔叔给我们准备了大量雨衣雨裤和雨靴，让我们可以尽兴地捉泥鳅，把我们乐坏了！（台下掌声）

师：高明！你怎么想到的？

生2：上学期我们班确实有这样一次秋游。不过，我那篇文章没这么写。

师：好啊！你这么一写，让每一个读者都和你们一样，时而高兴，时而失望，进而惊喜！这才叫"难忘"啊！

（限于篇幅，仅举两例）

师：是的，一波三折是好文章的一个秘密武器。希望大家课后把这篇文章写下来，相信一定很吸引人！有信心写好吗？

生：（齐声）有！

师：另外，在《俗世奇人》这本书里，像这样的一波三折的故事还有很多，课外你们可以找来读读。

【板书】

```
刷子李
效果奇
规矩奇                                    奇了 发怔发傻
动作奇
                            居然
                     悠然
              果然
       半信半疑
                                   竟然
```

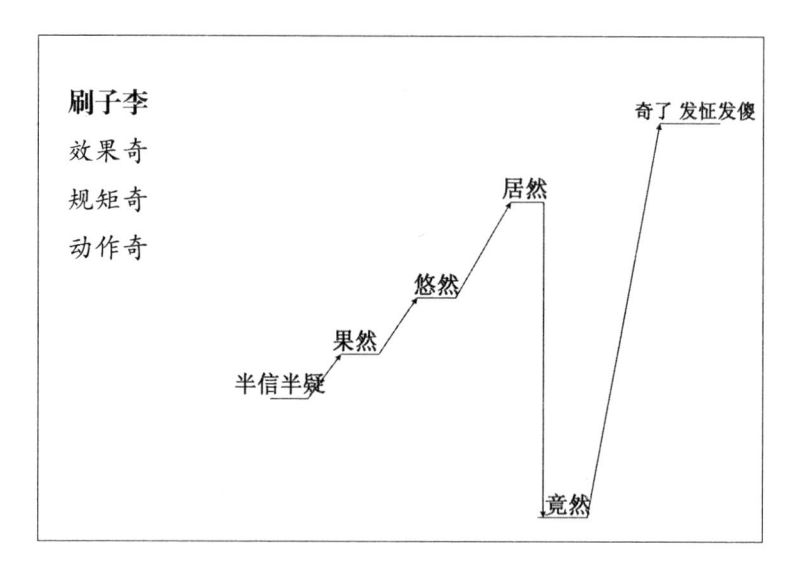

点　评

在课文中学语言学表达

这是一篇略读课文，安排在（原人教版教材）五年级下册第七组精读课文之后。这组课文教学的总要求是让学生"感受作家笔下鲜活的人物形象，体会作家描写人物形象的方法，并在习作中学习运用"。教学这篇略读课文的具体要求是"熟读课文，想想'刷子李'的技艺高超表现在哪儿，作家冯骥才又是怎样写出他技艺高超的，再把描写最精彩的句子找出来，读一读，体会一下表达的效果"。

教学从了解作者起步。从了解作者的过程中引出他的著作《俗世奇人》，《刷子李》便是其中一篇。何为"刷子李"？其名号又有何特殊意义？这样的步步导入，自然如行云流水，且信息量大，能激发学生阅读的兴趣。

"初读，说奇"这一环节，教师先呈现了一段话。学生读这段话，目标一箭双雕，既可以了解课文的主要情节，又巧妙地认读了六个生字：

刷子李刷 浆 时，必穿一身黑，干完活绝没有一个白点。曹小三第一次跟在师 傅 刷子李 屁 股后面做事，发现了一个白点，以为师 傅 露 馅 了，以为他名气有 诈 ，但事实并非如此。

然后抓住一个"奇"字。奇在哪里呢？学生在默读全文后发现了五句话是描写刷子李高超的粉刷技艺的，这是本课的教学重点之一。欣赏这些句子所采用的策略，一是指导朗读，二是品味"悠然""绝"等词语，三是把"奇"的表现做了归纳："效果奇""规矩奇""动作奇"。如此的欣赏方法，学生既得到形象感染，又获得理性认知。

"再读，论妙"，是教学思路的转换。从正面欣赏刷子李高超的粉刷技艺，转入领悟徒弟曹小三的感受。"这篇文章本来是写刷子李的，全是写他的吗？"这一设问，是这条跌宕起伏的表达思路的转折点。曹小三是师傅技艺高超的见证人，于是重点研读透露曹小三感受的六个句子。研读这六个句子，让学生抓住"果然""悠然""居然""竟然"，以及"奇了""发怔发傻"几个词语，在字里行间细细地体会曹小三的心情变化。这种心情变化从"半信半疑"开始，用一幅简图来表示，要学生写一写、连一连。通过黄伟健同学对所画简图的说明和教师的一番总结，学生"恍然大悟"，悟出"一波三折"的写作思路。值得注意的是，学生画图不局限于线条，还要写上词语；教师的总结中，强调了带"然"的词语，还另加"突然""轰然""忽然"的活用。这是一个可喜的变化，彰显了教师利用文本，让学生学语言、用语言的意识。教学要着眼于学生学。此处略欠火候、稍见瑕疵的，是未能给多个学生练习表达的机会：运用这些词语叙述故事发展的一波三折、曹小三的心情变化。在学生的叙述中，教师要及时反馈用词是否得当、句子是否通畅。如能进行这样的语言训练，还可为后面的学法迁移做铺垫。

课文只是"例子"。"迁移""拓展"是文本的活学活用，是举文本之"一"而反其"三"。学生读课文有一个"走进去"和"走出来"的过程。走进去"见得亲切"，得"意"，得"情"，得"法"；走出来"想得明白"，提升认识、学会运用。学法迁移的效果是明显的。学生的仿写无论是《我爱弹钢琴》，还是《一次难忘的秋游》，着意故事情节的曲折，有了点一波三折的意味。

教学最后，又回到冯骥才的《俗世奇人》上来，推荐学生课后阅读。

论一堂课成功与否，最基本的是看教材中提的那些略读要求，在教学中是否得到真正落实。笔者对教学过程所做的上述初步分析，给出的答案是不言而喻的，可称得上"圆满"和"丰富"。

才华老师是一位在"课改"中涌现的"新人"。他成长得很快，除各种外部因素外，主因是他总在执着地追求目标和锲而不舍地努力。他在自己站立的地方辛勤"挖掘"，"清泉"涌流的结果是自然的。

品一首诗，读一个人

——统编版教材六上第5课《七律·长征》教学实录与点评

点评：王崧舟　教授　特级教师
单位：杭州师范大学

一、一读长征——领袖的气势

（一）念领袖的名字

师：同学们好！请看屏幕。大家认识他吗？

生：毛泽东。

师：是的！我要工工整整地写出他的名字（板书：毛泽东），请你们一起恭恭敬敬地念出他的名字！

生：毛泽东。

师：你了解毛泽东吗？

生：他是新中国的主席。

生：他带领人民从黑暗走向光明。

生：他是一位领袖。

师：是啊，他是一位了不起的领袖。同学们，声音可以传递情感。（板书：声音）我们这样呼唤他的名字！（师示范，字正腔圆，饱含深情）

生：毛泽东。

| 点评 |

　　唐人有诗曰："胸中元自有丘壑,盏里何妨对圣贤。"开课的大气与庄严,正源于才华对《七律·长征》、对伟人性格的一种整体观照。一堂好课,必定是全息的,每个环节、每处细节都能直抵课最深远的"丘壑"。

(二) 了解"七律"

师:今天我们一起学习毛泽东写的——
生:《长征》。
师:不对。你们仔细看看题目。
生:《七律·长征》。
师:什么是七律?
(生茫然)
师:仔细观察诗句每一行,也许你会有所发现。
生:每一行都是七个字。
师:眼睛真亮。这叫七言!那么,"律"呢?老师告诉大家,我们国家的诗主要分两种。有一种诗只有四句,例如我们熟悉的柳宗元的《江雪》,千山鸟飞绝——
(生接背诗句)
师:这叫"绝句"。另外有一种由八句组成,每句的字数都一样,并且中间四句两两对仗,这种诗就叫"律诗"。这一首"长征"属于——
生:律诗。
师:是的,这是律诗,每句七言,合称——
生:七律!
师:有一首诗有八句,每一句有五个字,它可能就是——
生:五律。
师:真好!我们一起再读题目。
生:《七律·长征》。

| 点评 |

　　深浅有度，点到为止。与七律相关的知识，对于学生体悟《七律·长征》的意境和情感助益不大，因此，这样拿捏是颇有分寸的。

（三）读准诗句

师：所以，读诗，一个字也不能马虎。请同学们自由读读这首诗，注意读准每一字，读通每一句。

（生自由读诗）

师：看大家读得很认真，很好！谁来读？

（生读诗，"五岭"的"五"读成第二声）

师：了不起！这首诗不容易读，你基本上都读对了，并且声音响亮，真好！（稍顿）但是，有没有觉得有哪个地方听着有些不舒服？

生：五岭逶迤腾细浪。

师：是的。咱们的普通话里，两个"三声"连在一起的时候，前面那个要读——

生：第二声。

师：是的，比如"海港"，比如"水井"。请你再读这一句。

生：五岭逶迤腾细浪。

师：我们一起读。

（生齐读，再指名两位同学读）

师：我说他"了不起"，主要是因为这首诗里有些字我们是第一次见，比如这个"逶迤"。我们一起看拼音，读。

生：逶迤。

师：逶迤是什么意思？（生茫然）可见预习还要再认真些哦！现在，我们只好猜了。你们看这两个字，都是——

生：走之底。

师：是啊，两个走之底。走啊走，走啊走，（板画长长的波浪线，以示曲折绵延）能猜出来吗？

生：逶迤就是曲曲折折。

生：逶迤就是走了很远。

师：是啊，汉字最有智慧，它们悄悄向我们传递了它们的意义。你看，（呈现"逶迤山形图"）逶迤就是这样拐来拐去，曲曲折折，向远方绵延。这里说的是什么逶迤？

生：五岭逶迤。

师：既然五岭是逶迤的，那该怎么读？

（生会意，读得绵长曲折）

师：是啊，声音是可以表达意义的。再读这个词。（指示"磅礴"）

生：都是石字旁。

师：一下就发现了。猜猜这磅礴的意思。

生：磅礴是指山很雄伟，很高大。

师：是啊，这两个字不仅都是石字旁，笔画还特别多。磅字15画，礴字21画。这么多笔画堆在一起，就像两座巨大无比的石头山一样（呈现磅礴的山势图），我们一起来读这个词。

生：磅礴。（声音雄壮）

师：对嘛！你们再看这"岷山"的"岷"字。哪怕它没有注音，我们也大概能猜出它读——

生：岷（mín）。

师：哪怕没有注释，我们也大概能猜出它可能是——

生：山！

师：汉字多有意思，字形透露了意义。我们一起再读这首诗，尤其注意读出那"逶迤"和"磅礴"来！

（生齐读）

| 点评 |

不光"汉字多有意思"，本环节的教学同样很有意思。这个"意思"，乃是

对汉字"以象见意"这一诗性特征的课程表达。如此这般教"逶迤""磅礴",看似不经意,实则颇见深意,颇富诗意。值得一提的是,字形为一种"象",乃常人所熟知。而字音亦为一种"象",则所知寥寥矣。"逶迤"要读得绵长曲折,"磅礴"要读得雄壮高远,正是另一种意义上的"以象见意"。其实,读字如此,读诗又何尝不是如此?"情动于中而形于言,言之不足,故嗟叹之。嗟叹之不足,故永歌之。永歌之不足,不知手之舞之足之蹈之也。"至此,我们大约明白才华于课始板书"声音"二字的那份貌似突兀,实则直通课堂的深意了。

(四)读出气势

师:有进步,但可以读得更好!同学们,这首诗大概讲什么?

生:这首诗是说红军不怕困难。

生:红军不怕长征的辛苦。

师:(板书:不怕)既然是"不怕",既然是领袖毛泽东所写,该怎么念这首诗?读一读试试。

(生练习朗读,然后师指名读)

师:又有了进步!是的,你听!(师范读)

师:同学们,记住!(指示板书)声音传递意义!我刚才强调了哪些地方?

生:"不怕""等闲""千里雪""尽开颜"……

(指名朗读,指导提升)

师:真好,会听还要会读。我们一起来读!

(生齐读,进步明显)

| 点评 |

重要的事情至少说三遍:第一遍,"声音可以传递情感";第二遍,"声音是可以表达意义的";第三遍,"声音传递意义"。是的,诗活在声音里、活在诵读中。

二、二读长征——诗人的文章

(一) 悟"选材"

师：你们了解"长征"吗？

生：就是指红军走了很长的路。(生读"资料袋")

师：有多少同学注意到了这个"资料袋"？(部分生举手) 表扬你们！是的，我们要用好语文书，很多知识就藏在这些角落里。来，我们一起读读。

(生齐读"资料袋")

师：这些数字，我们应该好好牢记。我们一起读。

生：11个省，18座大山，24条大河，2万5千里。

师：其实，这份资料里还隐藏着另一个数字，那就是长征经历的时间，13个月零2天啊！同学们，此刻，你认为这长征的长，是指什么长？

生：时间长。

生：路程长。

师：是的，这两个是显而易见的"长"。然而，同学们，你们可知道，有人统计过，在这13个月零2天、长达2万5千里的长征路上，红军一共遭遇的战斗在400场以上。平均每3天就发生1次激烈的大战。在漫漫的2万5千里的征途中，平均每200米至少有1名红军战士牺牲！这是怎样的"长"啊?！

生：这是战争的长。(考验的长)

师：是啊，300多天的行程，天天都在赶路，天天还得与敌人周旋、战斗！路程长，时间长，考验长，斗争长……要写下这"长征"，该用多少文字啊！我们一起看！

(呈现课件：关于长征的书：

1.《红星照耀中国》 300000字

2.《长征行》 340000字

3.《地球的红飘带》 482000字

……

关于长征的影视：

1. 电影《我的长征》　95 分钟

2. 电影《四渡赤水》　155 分钟

3. 电视连续剧《长征》　24 集约 1080 分钟

……）

（生静静阅读）

师：可见要写长征，可写的东西实在很多！然而，我们的诗人毛泽东只用了多少字？

生：56 个字！

师：56 个字！诗人毛泽东究竟是怎么做到的？

生：他用了概括的方法。

师：好一个"概括"的方法！哪里有概括？

（生读第一句）

师：孩子，你很会读书！这句诗里，有个词语尤其概括了长征的难，那便是——

生：万水千山。

师：是啊，"万水千山"一个词，就包含了红军翻过的一座座大山，蹚过的一条条大河，打过的一次次战斗！我们一起读这一句。

（生齐读第一句）

师：同学们，把这一句和下面几句联系起来，你能发现这首诗结构的秘密吗？

生：这是总分的结构。

师：不错！前边"万水千山"是总，后边是分。那么，后边分别写了哪些山，哪些水呢？请大家默读诗句，动笔标记出来。

（生默读，标记）

生：（汇报）五岭，乌蒙，金沙江，大渡河，岷山。

师：是的，写"万水千山"，诗人毛泽东只写了三座山、两条河，用它们来代表"万水千山",代表红军经历的无数艰难险阻。多高明!

| 点评 |

准确地说,全诗都是一种"概括"。首联作为全诗之纲,其概括显而易见;而余下三联,以典型象征全貌,何尝不是一种概括?若非全诗雄浑、遒劲的概括,寥寥56个字何以反映近乎海量的长征历史?这里的关键不仅是概括,还在于如何概括,这就不得不说到诗歌意象的"典型"问题了。诗是语言的黄金,是文学皇冠上的明珠,这不仅是说诗歌语言的凝练,深层含义则是指诗歌取象的典型性。清人有言:"诗之至处,妙在含蓄无垠,其寄托在可言不可言之间,其指归在可解不可解之会。"而如此至妙的境界,正在于诗人所选取的意象的典型化、典型的意象化。布莱克的诗"一颗沙里看出一个世界/一朵野花里看出一座天堂/把无限放在你的手掌上/永恒在一刹那里收藏",所表达的正是这样一种基于典型意象的诗性智慧。《七律·长征》所选取的"三山两水",以其典型性象征了"万水千山";而"万水千山"同样是以其典型性象征了"长征"。这乃是"言在此而意在彼,绝议论而穷思维"的诗家秘妙。才华的这一点拨,可谓深得诗之三昧。

(二)悟"反差"

师:那么,毛泽东是怎么具体写出红军"不怕"远征难的呢?我们读读诗句,想一想,讨论讨论。

(生自由读诗句,思考讨论)

生:这里用了夸张的手法。

生:还有比喻!

师:请举例说说。

生:例如,"五岭逶迤腾细浪"这一句,是说在红军眼里,五岭山就像细小的波浪。

师:是啊,你们看(呈现"逶迤山形图"),这样逶迤的五岭,起起伏伏,曲曲折折,在红军的眼里,那只不过是细小的波浪!如果说这里夸张,这是夸大还是缩小?

生：缩小！

师：是啊，小成了这样细细的波浪（呈现"细浪图"，与上图对比）！这样两种形象，就形成了鲜明的——

生：对比。

师：构成了巨大的——

生：反差！（板书：反差）

师：反差如此巨大，怎能不让人印象深刻？我们一起读这一句。

（生齐读）

师：反差不够大啊！这一句，毛泽东想告诉我们什么？

生：五岭山这样逶迤，算不了什么。

师：那该怎么读？

生：（再读）五岭逶迤腾细浪。

师：真好！这才读出了"反差"的感觉，读出了"不怕"的意味嘛！还有这样的"反差"吗？

生："乌蒙磅礴走泥丸"这一句也有。乌蒙山很高大，有气势，可是，在红军眼里只不过像个小泥丸。

师：一语中的！是的，磅礴的乌蒙山与泥丸，又是一对"反差"。我们一起读。

生：（齐读）乌蒙磅礴走泥丸。

师：继续。

生："更喜岷山千里雪"也有，"更喜"和"千里雪"有反差！

师：千里雪多好！你们不是爱玩雪吗？

生：可是，那时红军不是玩雪啊！我前些天看了您提前布置的电影，红军爬雪山，非常辛苦。

生：是啊，那上面寒风呼啸，红军穿着又单薄。有些红军冻死在雪山上。

师：原来，这里的千里雪山，是对红军的残酷考验啊！但，在毛泽东的笔下，却说——

生：更喜！

师：不但不怕，反而"更喜"！我们一起读这样的反差——

生：更喜岷山千里雪。

师：还有这两句，看出来了吗？

生：没有。

师：你们听说过"巧渡金沙江"的故事吗？

（师讲故事过程中穿插问答：金沙江穿行在深山峡谷间，两岸山崖高耸入云，用诗中的一个词说，那就是——云崖）

师：听到红军这样渡过金沙江，你此刻的心情怎么样？

生：很开心！激动！

师：用诗中一个词说，那就是——

生：暖！

师：我们一起开心地、激动地、暖暖地读这一句。

生：金沙水拍云崖暖。

师：本来是地势险要，军情紧急，但我们可以轻松巧渡，心里暖洋洋的，这又是——

生：反差。

师：关于"大渡桥横铁索寒"的"寒"，历来有多种解释。有人说是铁索的寒凉，有人说是战斗的惊险悲壮，还有人说是敌人心惊胆寒……如果从反差的角度看，你觉得应该怎样理解？

生：（片刻沉思）应该是敌人心惊胆寒。

师：是啊，大渡桥如此惊险，但红军毫不畏惧，勇猛向前，甚至让敌人感到可怕。又是一个反差！这一个又一个巨大的反差，都在表明什么？

生：表明红军不怕困难。

师：好一个"不怕"！来，请你来读读，读出红军的"不怕"！

（指名朗读，指导提升）

师：相信我们已经能把这首诗背下来了，我们来试试。

（生背诵全诗）

| 点评 |

　　好一个"反差"！在这里，反差既是一种修辞艺术，更是一种精神气象，而修辞艺术和精神气象在《七律·长征》中又是互为表里的。作为修辞艺术的反差，它贯穿于诗的全局、全貌、全程；而作为精神气象的反差，它体现为一种整体的语境、诗境、意境。教学抓住了"反差"，也就抓住了解读此诗的"牛鼻子"，所谓"举一纲而万目张，解一卷而众篇明"。

三、三读长征——凡人的情感

　　师：（低沉地）然而，我们知道，漫漫2万5千里，平均每200米至少有1名红军战士牺牲啊！面对牺牲与伤痛，我们的红军，哪怕是我们的毛泽东，也曾落下眼泪来，他也有凡人的情感啊！不信你看！（播放毛泽东长征途中3次落泪的影视片段）

　　（生静静观看）

| 点评 |

　　好的诗，其意脉常常呈现为"起承转合"，所谓"文似看山不喜平"是也；好的课，其课脉（课堂教学的情感走势和认知趋势）也常常有"青山缭绕疑无路，忽见千帆隐映来"的气象格局。一味的"不怕"、一味的"等闲"、一味的"乐观"，乃至一味的"革命英雄主义"，绝非诗的全部真意，更非诗人的全部真情。播放毛泽东长征途中3次落泪的视频，是课脉的一次大转折，也是课境的一次质的提升。这样的教学安排，既还原了一个更真实、更立体的毛泽东，也在情感的否定之否定后，呈现出一个更伟大、更豪迈的毛泽东。

四、四读长征——伟人的精神

　　师：尽管是这样，尽管他也曾落泪，他却还是写道——（呈现诗行，"不怕""等闲"变红）这是为什么呢？

　　（全场静默）

师：来，同学们，我们一起去找找原因。（呈现《过雪山草地》。歌词：风雨侵衣骨更硬，野菜充饥志越坚）这是一句歌词。这一句，好像也运用了——

生：反差。"风雨侵衣"和"骨更硬"，"野菜充饥"和"志越坚"。

师：真好。（继续呈现歌词：官兵一致同甘苦，革命理想高于天）你们能从这句里找出一个词来解释红军的"不怕"吗？

生：理想。

师：是的，理想，革命的理想。为了新中国的革命理想，怎会有怕？我们继续看——（呈现名言：人是要有一点精神的。——毛泽东）

生：人是要有一点精神的。

师：这一句话里，你会找哪个词来解释"不怕"？

生：精神！

师：（板书"精神"，写得较大）说说你理解的"精神"。

生：不怕困难。（不怕牺牲，无所畏惧……）

师：是啊，精神也好，理想也好，为了革命，为了天下百姓，毛泽东和他领导的红军，早已把生死置之度外！所以2万5千里长征路上，不管环境有多艰难，局势有多危急，毛泽东从不曾灰心失望，永远斗志昂扬。你们看！

（逐句呈现毛泽东在长征途中写下的诗句：

踏遍青山人未老，风景这边独好。——《清平乐·会昌》

雄关漫道真如铁，而今迈步从头越。——《忆秦娥·娄山关》

今日长缨在手，何时缚住苍龙？——《清平乐·六盘山》）

（生逐句朗读，师相机简单解释）

师：这就是伟人毛泽东说的那一点"精神"。这种精神，一直在长征路上宣扬，一直像种子一样在播撒！你听——（播放电影片段，然后呈现毛泽东《七律·长征》书法作品）

（生观看，深受感染）

师：让我们一起，像红军一样，坚定地站着！我们要把"长征"刻进我们的记忆，刻进我们的生命！我们一起诵读《七律·长征》！

（生诵读全诗）

师：刻进我们记忆、刻进我们生命的，不仅仅是一首诗，更是一种叫作"长征"的精神！这种精神，来源于他——（呈现图片）为了革命理想、为了人民百姓，有大胸怀、大气魄的真正的——伟人！让我们一起呼唤他的名字！

生：（恭敬而庄严地）毛——泽——东！

（下课）

【板书】

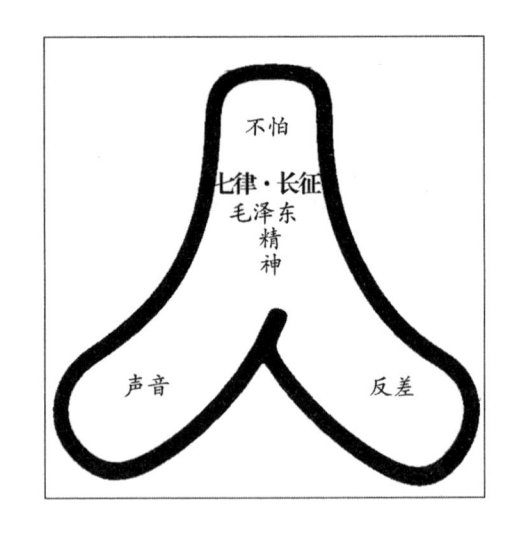

（板书图：人字形图案，上方"不怕"，中间"七律·长征 毛泽东 精神"，左下"声音"，右下"反差"）

总　评

格律诗教学的三把金钥匙

教学风格就是一个教师的人格。才华的课真的像一首歌，起承转合，节奏鲜明，有如歌式的调式、色彩，"如歌"的艺术特色非常浓厚。这是他人格的自然彰显，因为他就是这样一个人。我认为，好的教学风格就是"活出自己"。当他把自己生命当中最本真的那一份情怀，那一份追求，那一种个性，呈现在他的课堂中的时候，那就是他的风格，那就是他的品牌。

《七律·长征》是伟人的作品。今天我们看到的这一课，开合大气，纵横捭阖，游刃有余，炉火纯青。这样的课堂也反映出才华骨子里的一些东西，所以课上得大气，也上得精致；课上得灵动，也上得艺术。这正是才华自己喜欢的、一直努力追求的如歌的语文教学艺术。

才华执教《七律·长征》一课的板书，乃是解读其教学用心和课堂成就的纲目。细究起来，从中倒是可以拈出三把钥匙。第一把钥匙，叫"声音"；第二把钥匙，叫"反差"；第三把钥匙，叫"精神"。有了这三把钥匙，我们就能真正开启这首诗的教学秘妙。

一、以"声音"为经，用感性复活《七律·长征》的诗情

课始，才华即板书"声音"二字，可见他是决意要"将朗读进行到底"了。纵观全课，朗读的运用确如才华所预设的那样，成了学生触摸全诗、领悟全诗、表现全诗的最基本、最有效的策略。我一贯以为，诗活在朗读之中，是朗读保护了诗，使其免于被肢解、被抽象的厄运。我们在教学中发现，课上才华不只满足于让学生朗读，还一而再、再而三地在学生朗读之后提醒、点化他们："声音可以传递情感""声音是可以表达意义的""声音传递意义"。这就逐步让学生意识到，重要的不仅仅是"声音"（即"朗读"），重要的是"声音"背后的情感、意义。因此，要让声音传递意义，就必须赋予声音以意义；要赋予声音以意义，就必须以意义来驾驭声音。

诗言志，这个所谓的"志"，即是人的情感、情操和情怀。那么，毫无疑问，"志"才是声音所要表达、所要传递的意义。因此，诗歌教学，一方面要"因声求志"，另一方面则要"以志达声"。而这样的境界，是需要经历一个过程的，才华教授的《七律·长征》，就引领学生经历了这样一个过程。

第一阶段，用"声音"传递诗的情感基调。在学生明白这首诗大概写什么之后，才华指导学生"既然是'不怕'，既然是领袖毛泽东所写，该怎么念这首诗"，通过自由练读、个别朗读、教师范读，使学生明了朗读时强调"不怕""等闲""千里雪""尽开颜"等关键字眼，就能很好地传递整首诗乐观、豪迈的情感基调。

第二阶段，用"声音"表达诗的情感特征。我们说过，"反差"既是这首诗贯通首尾的修辞艺术，也是最具特征的精神气象。因此，在学生领会了诗的每一联"反差"之后，学生自然就能运用声音的反差去表达这样一种情感特征了。"逶迤"与"细

浪"、"磅礴"与"泥丸"、"千里雪"与"尽开颜"、"云崖"与"暖"、"铁索"与"寒",反差愈是强烈,情感的体会与表达就愈是鲜明、愈是细腻、愈是深入。

第三阶段,用"声音"实现诗的情感价值。学生一旦进入这一阶段,则自家的"声音"已经不再是用来表现他人情感的一种工具,"声音"成了其内在生命的某种确证。因此,在课的最后一环,在深深领悟了伟人精神也就是诗的精神之后,学生的朗读进入了一种"人诗合一"的境界。此时此刻,与其说是学生在朗读诗歌,不如说是诗歌在朗读学生。一方面,学生用自己的声音抵达了伟人的内心,这是以心契心;另一方面,学生用自己的声音确证了内在的声音,这是以心养心。至此,诗歌教学实现了它全部的情感价值。

如果说,第一阶段的"声音"所传递的情感还是朦胧的、混沌的,那么,第二阶段的"声音"所表达的情感则有了思考的沉淀、理性的淬炼,到了第三阶段,其"声音"所抒发的情感,则已经不外在于学生的生命,乃是一种升华、一种自我实现。

二、以"反差"为纬,用理性精思《七律·长征》的诗意

从根本上说,诗是不可解的,读诗的要义乃是"见"出一种境界。但这并不表明,读诗的任何阶段、任何层次都必须拒绝分析、拒绝理解。正好相反,在读诗的进程中,愈能深入思考、细致分析,愈能在终极时刻助益读者更好地"见"出一种境界。局部的、侧面的可解,是为了整体的、全面的不可解。

才华的《七律·长征》的教学,正是在这层意义上引领学生以理性之眼深入打量诗的气象、格局和境界的。与一般教学此诗不同的是,他并未在诗的多种修辞手法上做过多的纠缠,而是拈出"反差",聚焦"反差",以"反差"这一贯穿全诗的表现手法为抓手,不断引领学生理解和把握"反差"背后所抒写的大无畏的革命英雄主义精神。

才华的高明之处在于运用"以点带面、逐个击破"的策略,引领学生渐行渐悟,终至于对"反差"所要营造的大无畏境界豁然开朗。我们身临他的教学现场,就能发现这种善喻的教学智慧——道而弗牵、开而弗达、强而弗抑。这里尤为可圈可点的,是对"大渡桥横铁索寒"的"寒"所做的点拨。众多研究毛泽东诗词的学者,大多将此"寒"字解读为气候的寒凉、天险的可怕、战斗的惊心动魄。就一字在一句之中的语境看,这样的解读也未尝不可。但是,当解读上升到整体的语境、诗境和意境时,这样的解读就显得扞格难通了。首先,从修辞的角度看,将"寒"做如是解读,则

"反差"不复存在；其次，从意脉的角度看，若"寒"做"寒凉、寒心"解，则紧随其后的"更喜岷山千里雪"的"更喜"一意就毫无来由了；最后，从精神的角度看，这样解读"寒"，又何来"不怕"、何来"等闲"呢？领悟至此，我们回头再看才华的教学，就不能不为他"如果从反差的角度看，你觉得应该怎样理解"的点化而拍案叫绝、击节叹服了！

三、以"精神"为魂，用悟性契入《七律·长征》的诗境

长征是历史，长征更是精神。长征的精神，乃是因为人。纵观整个长征过程：四渡赤水河，巧渡金沙江，飞夺泸定桥，强渡大渡河，爬雪山，过草地……每一个战略方向的改变，每一项战斗任务的确定，每一次战术胜利的取得，无不体现了红军将士的"大无畏"的革命精神。长征途中，红军将士面对的是一条条波涛汹涌的大河，一座座巍然耸立的雪山，一片片茫无涯际的草地，前有敌军，后有追兵，可就是在这"敌军围困万千重"的逆境中，红军转战2万5千里，终于从100多万敌人中杀出一条生路，谱写出一曲曲惊天地、泣鬼神的革命英雄主义篇章。

毛泽东的《七律·长征》，抒写的就是这样的精神，讴歌的就是这样的精神，传扬的就是这样的精神。作为诗人也作为伟人的毛泽东，更是这种精神的集大成者。他既是诗之魂，也是长征之魂。

体悟到这样的魂，我们就能认同课始才华要工工整整地书写"毛泽东"，学生要恭恭敬敬地呼唤"毛泽东"。这不是情感的强加，而是由衷地感动。

体悟到这样的魂，我们就能明了才华引领学生对"长征"之"长"所做的步步深入、直抵精髓的解读。由路程之长到时间之长，由时间之长到考验之长，由考验之长到精神之长。这不是微言大义，也不是过度诠释，这是对诗之魂，也是长征之魂的超以象外，得其环中的洞察。

体悟到这样的魂，我们就能真正理解课的最后两大板块所做的超乎常理的链接和拓展。当我们登高回望，就深深明白这样的链接和拓展是必然的，也是必须的。其必然的逻辑，正在于此精神——长征精神。其必须的渊源，正在于这位伟人——毛泽东。诗如其人，知人论诗。毛泽东诗词的大境界、大气魄，正是毛泽东伟大人格最生动、最深刻的体现。袁枚说："美人之光，可以养目；诗人之诗，可以养心。"读毛泽东的《七律·长征》，不正是为了滋养学生的浩然正气、涵养学生美的情怀、培养学生为了崇高理想勇往直前的人格境界吗？

简短的话语　悠长的回忆
——统编版教材六上第24课《少年闰土》教学实录与点评

点评：林志芳　博士
单位：济南幼儿师范高等专科学校

一、品读肖像，看闰土

师：有这样一个人，他时常穿一件朴素的中式长衫，短短的头发刷子似的直竖着，浓密的胡须成一个隶书的"一"字……你知道他是谁吗？

生：鲁迅。

师：（出示鲁迅照片）看来，单元导读中这一段描述牢牢地抓住了鲁迅的肖像特点啊。鲁迅是我国现代文学史上非常重要的一位作家，今天这堂课，就让我们一起走进鲁迅先生笔下的"少年闰土"。（出示课题）都预习过课文了吧？请看大屏幕。（含生字新词的难句逐句呈现，指名读）

（1）那猹却将身一扭，反从他的胯下逃走了。

（2）他正在厨房里，紫色的圆脸，头戴一顶小毡帽，颈上套一个明晃晃的银项圈……

师："颈"是指哪里？

生：脖子。

师：这一句还有一个字也指脖子，你们知道吗？

生：项。

师：比如——

（多生：曲项向天歌、项链、项上人头）

师：大家都知道这是对闰土的肖像描写。与我们平时写人"圆圆的脑袋、高高的鼻子、长长的头发"一样吗？区区二十四个字，却能给我们留下深刻印象。写外貌，抓特点，大作家鲁迅给咱们做了榜样！

课件呈现：

（3）……要管的是獾猪，刺猬，猹。

（4）这畜生很伶俐，倒向你奔来，反从胯下窜了。

（指名朗读，师提醒注意多音字"倒、奔"）

师：这篇课文有些词语不太好理解，比如这一句：

（5）我素不知道天下有这许多新鲜事：海边有如许五色的贝壳；西瓜有这样危险的经历，我先前单知道它在水果店里出卖罢了。

（多生：素——向来，如许——如此，单——只，出卖——出售）

师：无师自通！秘诀是？

生：联系上下文。

师：是的，鲁迅的作品中像这样的用词有很多，联系上下文理解是个好办法。当然，有时候联系上下文也未必能完全弄懂，可能老师告诉你们你们也仍是不懂，没关系，很多优秀的作品是需要我们不断地重温、咀嚼才行的。

师：在预习作业中有一项是理清课文脉络，这也是课后第二道习题。有人把课文分为四部分。（板书：?—相识—?—相别）你能说说另外两个部分是什么吗？

生：相忆，相知。（师相机补充板书）

师：没错，课文就是记叙了"我"和闰土相识、相知、相别这几件事。那么，闰土给你留下什么印象呢？

生：自由谈闰土印象。（师相机板书）

二、三读对话，听闰土

师：这些印象主要是来自课文的哪一部分呢？

生：相知。

师：那么，他们俩相处时谈了几件事呢？

生：四件。

师：请大家浏览一下课文第三部分，能不能用些小标题来概括一下，是哪四件事儿？

生：雪地捕鸟，海边拾贝，看瓜刺猹，看跳鱼儿。（师适当点拨，生上台板书或做笔记）

师：猜猜，鲁迅对哪件事情印象最深刻？

生：看瓜刺猹。

（一）一读：在想象中读出情境

师：（呈现刺猹对话）请大家自由读读这个片段，待会儿看谁能像闰土一样谈谈这件事。

（生自由读对话）

师：大家读得很投入，我就检查其中两个句子吧。

（月亮地下，你听，啦啦地响了，猹在咬瓜了。你便捏了胡叉，轻轻地走去……）

（指名读）

师：同学们，读课文首先得进入情境。（板书：情境）这可是月亮地下，眼前是特别警觉的猹，该怎么读？

（生再读，声音轻柔）

师：（指导全班读后）看瓜刺猹要这么读，那么，读雪地捕鸟、海边拾贝、看跳鱼儿，感觉会一样吗？（呈现"拾贝"片段）

（生心领神会，用不同的语气读出了不同的情境）

师：没错。情境完全不一样，感觉完全不一样，读法自然不一样。

（二）二读：在体验中读出情味

师：还是这段对话，注意一下"我"的表现，会读得更好。（呈现插图）这幅图中，谁是文中的"我"，谁是闰土？

（生回答）

师：图中两人，一个在谈，一个在听。那是怎样地谈，怎样地听？

（多生：谈——眉飞色舞，滔滔不绝，绘声绘色，津津有味，如数家珍，兴高采烈；听——津津有味，如痴如醉，心驰神往）

师：这次交谈，"我"仅仅提了两个问题。"我"可是个受过很好教育的少爷哦，怎么就只能做这样的听众，插不上话呢？

生：这种事情他不熟悉。

师：课文里怎么写的？

生：啊！闰土的心里有无穷无尽的稀奇的事……只看见院子里高墙上的四角的天空。

师：是的，闰土所谈的，对"我"来说全是新鲜事、稀奇事。一起读读。

（生齐读）

师：看，庭院深深，高墙耸立，这就是四角的天空。这四角的天空，指的是什么？

（多生：我们视野很窄，没什么见识，知识面很窄，我们不自由）

师：我们想象一下：下雪了，闰土在雪地上开心地捕鸟的时候，我和往常的朋友们在干什么？

生："我"只能猫在家里背一首首诗。

师：夏天到了，阳光好灿烂，闰土在海边捡贝壳的时候，"我"——

生："我"最多只能在墙脚捉蚯蚓。

师：天地真狭窄啊！静静的夏夜里，闰土在那一望无际的瓜地里又逮着一只猹，"我"——

生：我还是在书桌上练字。

师：涨潮了，无数跳鱼儿在跳啊跳，闰土和他的伙伴在海边开心地喊叫着，而"我"——

生："我"只能仰望树上自由嬉戏的鸟儿。

师："我"只能日复一日地生活在四角的天空下，而闰土冬天能捉鸟雀，夏夜能刺猹，还捡过那么多种贝壳，看过那么多奇怪的跳鱼儿……此刻，在"我"的心目中，眼前的闰土是个怎样的男孩？

生：见多识广，聪明能干。

师：用心去体验（板书：体验），才知道闰土的生活有多么丰富，"我"又是多么向往这样丰富多彩的生活。咱们一起来合作读这一段，读出"我"听得——

生：津津有味……

师：读出闰土说得——

生：绘声绘色……

（师生合作读对话）

（三）三读：在对比中读出言语

师：同学们，依然是这一段对话，我稍稍改了一下。

（课件出示：

原文：月亮地下，你听，啦啦地响了，猹在咬瓜了。你便捏了胡叉，轻轻地走去……

改文：在月亮下面，你听到啦啦地响了，那就是猹在咬瓜了。这时候你便捏着胡叉轻轻地走过去……

原文：有胡叉呢。走到了，看见猹了，你便刺。

改文：有胡叉呢，你不用怕。你走到那里了，要是看见猹了，你便刺过去……）

师：你们对比读读（板书：对比），感觉怎么样？

（多生：没那么惊险、刺激了；不好玩了；闰土说话没那么快了；好像闰土的反应也慢了……）

师：为什么小小一改，感觉就大大不一样了呢？你们发现了什么？

生：有很多短句变成了长句。

师：（呈现标注短句的"短横线"）这就是长句和短句的区别。只有这样的短句才更突出闰土的——

生：机敏，活泼，健谈，可爱。

师：其实不仅仅是谈刺猹，闰土谈捕鸟、拾贝、看跳鱼儿，都是那么说话的。我们看。（呈现"捕鸟"片段并标注其中的短句）

师：是的，人物的语言里就透出性格。鲁迅先生不愧是响当当的大文豪。写机敏勇敢的闰土刺猹，这样的短句，必须的！对吧？

生：对！

三、美读首段，忆闰土

师：不对！（呈现首段）这里是不是写刺猹？同样是写刺猹，这些是短句吗？

生：不是。

师：同样是写刺猹，这里为什么用长句？

生：这里是作者的回忆。

师：你觉得这是怎样的回忆？

生：优美的，悠然的，令人回味的……

师：是的，描写这样优美的、"悠长的"、令人无限神往的回忆，用短句当然是不适合的。用长句还是短句，还是得看需要啊！

师：这样的回忆，美吗？谁来美美地读读这美美的回忆？

（生读——师范读——生读——教读——练习背诵）

师：鲁迅先生离开故乡二十年了，当年闰土的那番神侃，就慢慢变成这样一幅画面。

①十年过去了，我忘不掉这幅画面，忘不掉那个勇敢的少年。（刺猹图文，个别读）深蓝的天空中——

②二十年过去了，印象中那个见多识广的少年还是那么清晰明朗。（刺猹图，文有镂空，女生背）深蓝的天空中——

③三十年过去了，那个活泼可爱、聪明能干的儿时伙伴依然挥之不去。（图文隐去，引导背诵）深蓝的天空中——

师：这段美美的回忆，其实便是"我"听了闰土的这番话（课件呈现对话片段）写下来的。同学们，我们也可以尝试着根据对闰土的描述（呈现"雪地捕鸟、海边拾贝、看跳鱼儿"片段），运用长一些、节奏慢一些的语言，写写你们脑海中的画面。（生写话，交流）

生：湛蓝的天空中，挂着一轮金灿灿的太阳。下面是一望无际的碧蓝碧蓝的大海，近处是金黄金黄的沙滩，一个个形态不一的贝壳点缀在沙滩上。其间，有一个少年正弯腰拾起一个美丽的贝壳，放进背后已经鼓鼓囊囊的小包里。他边走边拾，嘴里哼着什么小曲子，身后是一个个可爱的小脚印……

生：红彤彤的夕阳温柔地照着金黄色的沙地。潮水退去后，沙地上满是可爱的跳鱼儿，它们都有青蛙似的两条腿，在沙地上一个劲儿地跳啊跳……一群少年在沙地上兴奋地奔跑着，指着跳鱼儿大声喊叫着……

……

四、延伸存疑，思闰土

师：作者就是这样，无数次回忆起当年闰土谈起的刺猹、捕鸟、拾贝、看跳鱼儿的画面，无数次回忆起这个让"我"倾慕、让"我"佩服、让"我"无比喜爱的儿时伙伴，无数次回忆起"我们"分别时两个人都在大哭的情景……

（课件中，相关图片依次叠加出现）

师：同学们，三十年后，我和闰土终于又见面了！想知道他们见面的情景吗？

生：想！

（课件音乐淡入，《故乡》片段逐字浮现：

"啊！闰土哥，——你来了？……"

我接着便有许多话，想要连珠一般涌出：角鸡，鱼儿，贝壳，猹，……但又总觉得被什么挡着似的，单在脑里面回旋，吐不出口外去。

他站住了，脸上现出欢喜和凄凉的神情；动着嘴唇，却没有作声。他的态度终于恭敬起来了，分明地叫道："老爷！"

（继而，一个个问号叠加，最后是文字"书里有答案……"，衬着《故乡》封面图。师生静静看课件，全场默然）

师：下课。

【板书】

```
           少年闰土
相忆（长）——相识——相知（短）——相别
```

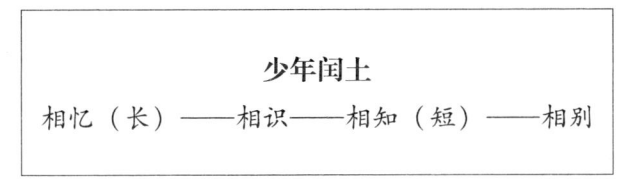

---- 点　评 ----

以诗的节奏　以理的沉静

仲秋之后，因为才华的《少年闰土》一课，我重读《故乡》。恍惚觉得先生笔下那轮金黄的圆月就在窗外亮着。

——题记

又一次翻开鲁迅先生的《故乡》。我惊讶地发现，少年时读过的这些文字竟是如此完好地留存在记忆里，准确，清晰，深刻，连细节都没有错。原来，先生彼时对精神故乡失落的惆怅，对民族前途不明的迷茫，以及这惆怅、迷茫背后的孤独与悲悯早已经沉淀在我的言语生命中，流淌在我的精神血液里。我相信，这一定不只是我自己对鲁迅、对《故乡》的阅读体验，而是我们这一代人共同的精神印记。

在这一课的教学中，才华心里装着的显然不仅仅是《少年闰土》这一篇节选的课文，而是完整的《故乡》。从整篇小说的视角去体会闰土这一形象，在他的心里，就不仅看到了那个勇敢机智、见多识广、活泼善良的少年，看到了海边沙地上深蓝的天空、金黄的圆月，还看到了那中年后"只是觉得苦，却又形容不出"的木讷、呆滞与忧伤。

当然，在课堂中才华的情感始终有所克制，有理性的沉静。他知道，作为语文教师，首先要完成自己"语文的事"。一起来看他的努力——

引导学生感受人物特点，学习人物描写的方法。执教者以清醒的课程意识看到《少年闰土》一课可以作为描写人物的范例，于是，从课堂引入开始，教师就不断地提醒学生注意：抓住特点写人物。教学中，处处引导学生关注人物形象，从肖像描写到语言描写到动作描写，教师都不忘随时引导学生体会"写外貌，抓特点""人物的语言、动作里就透出性格"。从单元教学的视角看，本单元的四篇课文都是引导学生潜心研读、感受人物形象的极好范本。而本组课文的学习重点之一也正是"继续学习描写人物的方法"。

引导学生反复朗读对话，学习品味语言的方法。鲁迅的语言不比寻常，运用联系上下文推想的方法，学生可以理解课文中有关词句的意思。之后，教师在人物语言的体会朗读上做足了文章。一读：在想象中读出情境；二读：在体验中读出情味；三读：在对比中读出言语。经过这一而再，再而三的朗读，学生一步步走进了情境，激活了体验，发现了语言。在这多样的朗读中，小说中闰土的形象已然栩栩如生，跃然纸上。至于想象、体验、对比，这些显然是可以迁移的阅读好方法。

引导学生发现言语的形式，体会长短句运用的秘妙。运用朗读对比的方法，教师引导学生发现了短句的好处。同样运用朗读对比，教师引导学生发现了长句的佳妙。无疑，这种发现是穿越了语言的密林，是从言语内容到言语形式的，是吕叔湘先生讲的"从语言出发，再回到语言"，是张志公先生叮嘱的"语文教学要走一个来回"。这种发现揭示的正是语文教学的"独当之任"，体现着当前语文教学"回家"的主张。

不难看出，执教者所专注的"语文的事"正是对"语言文字运用"由表及里、由浅入深的品味、学习与体会。难得的是，教师引领学生学习运用语言的方法，却没有止于方法，教师引领学生发现语言表达的形式，又没有止于形式，执教者在教学中始终清醒地引导学生去发现、揣摩运用这方法、运用这形式的缘故，也就是说，教学的最终落脚点指向了言语的意图。如："只有这样的短句才更突出闰土的机敏，活泼，健谈，可爱。""这样优美的、悠长的、令人无限神往的回忆，短句当然是不适合的。"

短的是话语，长的是回忆。正是因为教学指向了作者言语的意图，课堂中的方法与情感、理性与诗性、实用与艺术才始终共融共生。

也正是因为这种指向，课堂的结尾才顺理成章，丝毫不做作、不突然。

师：同学们，三十年后，"我"和闰土终于又见面了！想知道他们见面的情景吗？

生：想！

（音乐淡入，《故乡》中二十年后"我"与闰土见面的片段逐字浮现。沉默，继而，一个个问号叠加，最后，衬着《故乡》封面的图片，屏幕出现一行字："书里有答案……"）

戛然而止，意味深长。课至此，像一处留白，又像一串省略号，令所有看课的人深陷其中。我们甚至会暂时忘掉"语文的事"，觉得他之前所有的努力，都只是为了画出结尾时那一叠大大的问号。于是，待音乐缓缓响起，待二十年后"我"与闰土相见的文字一一呈现，我们与课内的师生一起静默，不肯下课。

如诗的节奏，无声胜有声。这不仅是为了课堂的艺术化追求，更因为一种悲情无以言说，只能静默。才华自己曾言："无声的里边，我以为，蕴蓄的东西实在很多。人世变幻，个中况味，无以言说，只希望能真正引领孩子去读《故乡》。"

是的，优秀的文学作品，一定是反映了时代，又有着超越时代的意义。鲁迅的文章就是如此。无论今天的语文教材给鲁迅什么样的位置，他那浸润着民族魂魄的文字，都值得我们代代重温，代代细读。

阅读的目的不是给予知识，而是唤醒思考。正是因为如此，温儒敏先生会提醒我们以"过一种完善的生活方式"的视角，重新审视阅读与阅读教学。

也许，今天的语文也面临着《故乡》般怀乡与怨乡并存的惆怅与迷茫，我们与当年的鲁迅一样，对未来惆怅又期望。感谢才华，以诗的节奏歌唱，以理的沉静回望，在这歌唱与回望之间，让我们依稀看到可能的路。

斑斓：跟着作家学写色彩
——五年级习作教学实录与点评

点评：吴忠豪　教授
　　　李政涛　教授
单位：上海师范大学
　　　华东师范大学

一、让色彩"现"出来

师：咱们先复习功课，一起看——（课件呈现：看图写话）

师：我们什么时候做过这件事啊？

生：一二年级的时候经常看图写话。

师：（课件呈现低年级《咏鹅》一课配图）就写这幅图，不要绕弯，大概一两句话就行了，开始吧。

（生写作）

生：在一个波光粼粼的池塘里，开着几朵鲜艳的荷花，有粉色的，有白里带粉的。

师：他写到了鲜艳的荷花。

生：在这片湛蓝的湖面上，有一只雪白的天鹅正在自由地游动。天鹅向天鸣叫，好像在诉说自己的开心事。

师：不错！面对同一幅图，其实有很多很多种写法。（课件呈现：蓝色的天空下飞着一只黑色的乌鸦，它嘴里叼着一只红色的柿子……）

师：有哪几个特别的词会吸引你的目光？

生：黑色的乌鸦，红色的柿子，蓝色的天空。

（课件呈现：有一种词叫颜色词，写文章的时候要多多使用，因为我们眼前的这个世界是五颜六色的……——曹文轩）

（生齐读）

师：我们眼前的这个世界是五颜六色的，在我们写作的时候，要注意去运用一些这样的颜色词。这样的例子，课文里比比皆是。

（课件呈现《翠鸟》一课中描写翠鸟样子的片段）

师：为了突出翠鸟颜色的鲜艳，作者用上了哪些颜色词？

生：红色、橄榄色、翠绿色、浅绿色、赤褐色……

师：读了这一段，我们的眼前就清晰地呈现出了这种颜色鲜艳的鸟。（课件呈现：让色彩"现"出来）所以，当我们提起笔书写这个五颜六色的世界的时候，也可以尝试一下让色彩在笔下"现"出来。（板书：现）

师：大家给自己刚才写下的文字加加工，看能不能让图画的色彩呈现出来？

（生修改写话）

生：翠绿色的荷叶映衬着盛开的粉红色莲花，在碧蓝的池塘上，有一只长着红色脚掌的白鹅正浮在水面上。

师：太棒了！来，再念念你想突出的色彩。

生：翠绿色的荷叶、粉红色莲花、碧蓝的池塘、红色脚掌。

师：听着文字，那画面就在我们眼前清晰起来，鲜明起来。

生：一潭碧水，映出了天空；一朵荷花，诉说着夏日热情的火焰；一只白鹅，红喙、黑眼，嗓子流露出高傲的气焰，打破了清晨的宁静。（掌声）

师：掌声是最好的证明！你在色彩上的运用已经比刚才成熟了许多许多。"一朵荷花，诉说着夏日热情的火焰"是什么意思？

生：夏天很热，他用荷花红红的颜色映衬夏日的美丽。

师：真好！更妙的是后边，"一只白鹅，红喙、黑眼"，寥寥几笔，白鹅在我们眼前的形象就鲜明起来。

二、让色彩"多"起来

师：其实啊，这幅图有人是这么写的。（课件呈现《咏鹅》一诗）七岁的骆宾王在写鹅的时候已经注意了它的色彩，那两句诗是——

生：白毛浮绿水，红掌拨清波。

师：10个字里边就含有了白色、绿色、红色、透明，4种色彩。像这样的文学作品还有很多很多，一起看——

师：（课件呈现《天净沙·秋》）这是大家即将学习的一首元曲，发现色彩在哪里了吗？

生：（齐读）青山绿水，白草红叶黄花。

师：有多少个字？有几种颜色？

生：10个字里有5种颜色。

师：这是色彩描写的更高的境界。也就是说，在我们的笔下，不但要让色彩"现"出来，还要让它"多"起来！（板书：多）

师：这里的10个字中有5种颜色。还有没有更多的？

（课件呈现：赤橙黄绿青蓝紫，谁持彩练当空舞？——毛泽东《菩萨蛮·大柏地》）

师：大家都熟悉毛泽东的这首词，颜色有哪些？

生：赤、橙、黄、绿、青、蓝、紫。

师：是啊，7个字全是颜色！还有没有更多的呢？（课件呈现："你这一色百家衣，舍与我吧！你不与我，我到家里去叫娘做一件青苹色，断肠色，绿杨色，比翼色，晚霞色，燕青色，酱色，天玄色，桃红色，玉色，莲肉色，青莲色，银青色，鱼肚白色，水墨色，石蓝色，芦花色，绿色，五色，锦色，荔枝色，珊瑚色，鸭头绿色，回文锦色，相思锦色的百家衣，我也不要你的一色百家衣了。"——董说《西游补》片段）

师：这个片段出自《西游补》，是号称可以跟《西游记》相媲美的一部书。我来给大家读读。你们数数有多少种颜色。（师朗读）

师：我差点喘不过气了，有多少种颜色啊？

生：25种。

师：这25种颜色都堆在一起的时候，你有什么感觉？

生：五彩缤纷，眼花缭乱。

师：是啊，怎么有这么多种颜色呢？"鱼肚白色"这样的词是怎么出来的？

生：鱼肚子下面那一抹白。

师：也就是拿一个名词加上它的颜色进行组合，就创造了一种颜色词。你们能找找其他像这样的颜色词吗？

生：鸭头绿色、水墨色、莲肉色、青苹色、绿杨色、酱色……

师：原来颜色词是可以创造的，难怪董说能写出25种颜色。来，咱们也试试。（课件呈现6种颜色图片）

师：请同学们任选两三种，尝试用一个名词加上一种颜色来形容这些图片的色彩吧。

（生自由写）

师：没有标准答案，你可以凭感觉，也要去联想这种颜色和生活中的什么东西相似呢？

（生汇报答案）

三、让色彩"活"起来

师：其实，还有很多人像我们这样创造颜色词。（课件呈现《火烧云》课文片段）这一段大家很熟悉，用这种方法创造出来的颜色词是——

生：葡萄灰、梨黄、茄子紫。

师：不错！这段话里面还有4个"一会儿"，这说明我们眼前的事物不仅是五颜六色的，而且——

生：在变化。

师：是啊，色彩一直在变化！写色彩，更高的境界是让它"活"起来！

（板书：活）

（一）让色彩"活"起来的方法一：对比

师：怎样让我们笔下的色彩活起来呢？

[课件呈现：江碧鸟逾白，山青花欲（ ）。——杜甫《绝句》]

师：在这两句诗里你们能看到哪些色彩？

生：碧、白、青。

师：这两句诗出自杜甫之手。杜甫作诗特别考究，这里很明显少了一种，对吗？括号里应该填什么呢？结合这幅图想一想，应该是什么颜色啊？

生：火红色。

师：填什么字呢？

生：红、艳、火……

师：这些答案看上去也基本合理，但是连你们自己都不太满意，是吧？再想一想，还可以填什么字？

生：燃！

师：为什么填燃字？

生：因为我觉得这火红色就像火焰在燃烧一样，所以是山青花欲燃。

师：一个是红，一个是燃，哪一个字让我们感觉花更红？

生：燃字让我感觉花更红，因为火焰燃烧以后会更加鲜艳。

师：为什么燃字会显得花这么红呢？请大家结合前一句想一想。

生：因为山是青绿色的，那花就显得更红了。

生：是的，前一句江是绿色的，反衬出鸟就更白了。

师：江碧，鸟逾白。在满山的青翠欲滴之中，那花儿自然显得更红了。这是让色彩"活"起来的第一招——（课件呈现：对比）

（二）让色彩"活"起来的方法二：渐变

师：咱们继续看。(课件呈现《春风又绿江南岸》山水画)大家能猜到这幅画的名字吗？是我们曾经学过的一个诗句。

(师逐步提示)

生：春风又绿江南岸。

师：这个名字好在哪儿呢？

生：突出了颜色。

生：把画面里没有的春风想象出来了。

生：风吹过来，江南两岸都绿了起来。

师：当春风徐徐吹来的时候，这江南两岸就越来越绿，绿的面积就越来越广，绿的程度就越来越深。这颜色一直在慢慢变化，引起我们无限的遐想。这便是让色彩"活"起来的第二招——（课件呈现：渐变）

(三) 让色彩"活"起来的方法二：动化

师：颜色词的运用还有没有更高的招呢？（古老的铜钟，挂在大青树粗壮的枝干上。凤尾竹的影子，在洁白的粉墙上摇晃……——《我们的民族小学》）

师：这里的色彩是？

生：洁白的粉墙。

师：没错。这只是个显而易见的颜色描写。再读读，这段话里是否有一种色调在动起来？

生：凤尾竹的影子在粉墙上摇晃。

师：是啊，大家闭上眼睛想一想，凤尾竹的影子投射在洁白的粉墙上。风儿轻轻一吹，这影子就在——

生：轻轻地摇晃。

生：在墙上移动。

师：是啊！有时候，我们眼前的色彩还是动态的呢！（课件呈现：动化）

四、笔下斑斓，我也能行

师：同学们，让色彩"现"出来，"多"起来，"活"起来，咱们也试试。（生自由写作，师提示：不仅要写好色彩，还要注意写作顺序）

（课件呈现：风景图）

生：乳白色的雾笼罩着青山，高大挺秀的山峦在雾中的身影若隐若现。桃粉色的小树挺直了腰板，矗立在草绿的地上。波光粼粼的湖面上，倒映着青山和木桥。湖面上的影像使得一切都是那么静谧，那么美好。

师：这一段话，色彩现出来、多起来了。那么，色彩活了吗？你们听到哪种色彩是活的？

生：桃粉色的小树挺直了腰板。

生：青山在雾中若隐若现。

师：是的，色彩让青山若隐若现，活了！

生：乳白色的雾从翠绿的山谷中漫出，白纱似的遮住了湛蓝的水面，遮住了绿茵茵的草坪，遮住了鲜艳的桃花。一切是那么朦胧，又是那么美。只有近处那一弯小桥，古铜的颜色，又有些斑驳，仿佛在诉说着这一片土地的神奇故事。（掌声）

师：闭上眼睛，仿佛就像真的来到这样的一个世界。更值得表扬的是，这段文字的色彩不仅丰富，并且还在流动，甚至有些色彩还在向我们传达一些意味。真好！

生：一江碧水，绿得无法挑剔，静静地流着；江边的草儿，随着风，努力争取属于自己的三寸之地；远处有一片茂密的桃林，微风吹过，片片粉红的桃花打着旋儿，飘飘悠悠地落在江面，顺水流去……

师：很明显，这位同学特别注意了色彩的变化和流动。比如说，这桃花就不能静静地开在枝头，得让——

生：风儿轻轻吹拂桃花，桃花飘飘悠悠地落下来。

师：是啊，微风吹过，桃树在摇曳，桃花在飘落，那一瓣一瓣的粉红桃花，使我们仿佛进入了仙境一般！

五、"斑斓之上"

师：同学们，是不是只有让色彩现出来、多起来、活起来才是最好的呢？（课件呈现：一出了关厢，马上觉出空旷，树木削瘦的立在路旁，枝上连只鸟也没有。灰色的树木，灰色的土地，灰色的房屋，都静静的立在灰黄色的天

下。从这一片灰色望过去，看见那荒寒的西山。——老舍《骆驼祥子》片段）

师：这里的色彩多吗？有几种颜色？

生：只有一种。

师：是啊，只有一种灰色！这是一个人眼里的世界，你猜猜这个人此刻的心情应该是——

生：应该是非常忧伤的。

生：可能他有点郁闷。

师：呈现在每个人眼前的世界其实是一样的。但是人的心情不一样，看到的色彩也就不一样了。我们再看——

（课件呈现：做中人的卫老婆子带她进来了，头上扎着白头绳，乌裙，蓝夹袄，月白背心，年纪大约二十六七，脸色青黄，但两颊却还是红的。——鲁迅《祝福》第一片段）

师：这段话里有哪些色彩？

生：白头绳、乌裙、蓝夹袄、月白背心、青黄、红的。

师：这是一个二十六七岁的女性形象，她可能是一个怎样的女性呢？是城里人还是乡下人？

生：乡下人。

师：好的！咱们来对比一下。（课件呈现《"凤辣子"初见林黛玉》写"凤辣子"打扮的片段）

师：这段话大家都很熟悉，她是谁？

生：凤姐。王熙凤。凤辣子。

师：这凤辣子的打扮，色彩多不多？与前面那个女性相比，她——

生：她是个富人。

生：她地位很高。

师：这两段话都是通过色彩在写人。仅凭这两段话，我们就可以看出她们的大致身份、地位。可见色彩的学问没那么简单。咱们继续看。

（课件呈现：……她仍然头上扎着白头绳，乌裙，蓝夹袄，月白背心，脸色青黄，只是两颊上已经消失了血色，顺着眼，眼角上带些泪痕，眼光也没

有先前那样精神了。——鲁迅《祝福》第二片段）

师：这里的她，就是刚才你们说的那个乡下女性。再后来，她又变成这样——

（课件呈现：……之前的花白的头发，即今已经全白，全不像四十上下的人；脸上瘦削不堪，黄中带黑，而且消尽了先前悲哀的神色，仿佛是木刻似的；只有那眼珠间或一轮，还可以表示她是一个活物。——鲁迅《祝福》第三片段）

师：几次看到这个女性，有关她的色彩一直在发生变化。你们猜猜看，这个女性的命运是怎样的，又怎么会这样呢？这个留给大家课外去找一找。

师：同学们，我们眼前的这个世界是五颜六色、色彩斑斓的。（板书：斑斓）所以有人这么说——（课件呈现：讲求色彩绝不是一项奢侈的行为，而是上天赐给我们，要我们享受的丰盛的筵席。——席慕蓉）

（生齐读）

师：这是一个作家告诉我们的。还有人这么告诉我们——（课件呈现：素描给人和物以形式；色彩则给它们生命。——狄德罗）

（生齐读）

师：是的，我们眼前的景也好，物也好，人也好，看他（它）的生命是怎样的，就赋予他（它）怎样的色彩，这才是写好色彩的最高境界。下课。

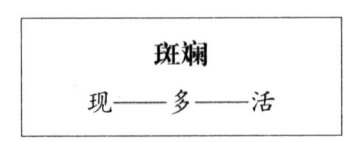

【板书】

斑斓
现——多——活

———— 点　评 ————

吴忠豪教授：

这是一堂作文知识课。彭才华老师就是把有关色彩描写的一些知识，放在这样一节课里边进行指导。

从关于色彩知识教学的环节设计来看，这堂课很有层次，同时，也有一定的深度，没有只在表面上。怎么让色彩"现"出来，"多"起来，"活"起来？这样指导学生写好色彩，我觉得是很有好处的。

这一堂课，彭才华老师的整个过程设计是先让学生动笔写，不指导，然后再通过范文的引入让学生明白怎么去写色彩，让学生去交流，再进行第二次写作。很明显，第二次写作对比第一次写作，学生的色彩描写有了很明显的进步。这说明彭才华老师的教学设计很好。我认为，学生的第一次写作，特别是在不知情的情况下写作，其实很有必要。学生的写作，是在实践中提高的。先让学生动笔写一写，内容也包含色彩，但色彩不丰富，色彩不斑斓，这是学生们的通病。之后，经过教师指导再让他们第二次动笔。这样的一个设计安排，我觉得非常好，如果还有第三次，学生们交流以后再动笔，可能会更好。学生的文章就是在不断地写作实践，不断地点评反思，不断地动笔修改的基础上提高的。

从现在的很多作文课情况来看，要注意教师的指导和学生的动笔实践之间的关系的处理。这堂课从整体情况来看，教师的指导时间还是多了一点。一堂课里，第一次写作教师给学生留有一分钟，实际上学生用了两分钟。为什么不肯花时间？我觉得花五分钟也是值得的。后面学生第二次动笔，写作时间为五分钟，交流的时间超过了五分钟。我认为，我们的语文课堂里面，阅读课承担着指导学生如何把颜色写活，如何把颜色写好这个任务，而作文课主要是让学生去运用。知识和实践之间的关系，其实是举一反三的，特别是作文指导课。在学生的动笔写作实践上，教师一定要舍得花时间，宁可把指导时间压缩，也要更多地把时间花在学生的实践上，花在学生动笔以后的交流、点拨上，花在学生交流点拨后的再次修改上。这样对提高学生写作水平是不是更加有效？学生的写作能力是在实践当中形成的。指导和实践之间，我认为实践更重要。至于指导，如果教师在学生实践以后，针对学生作文中的或者优点，或者不足，让学生去感悟、领会里面的一些写作技巧，这样的方法指导是不是能够更加节约时间，更加有效，更加有针对性？所以我想对彭才华老师提这样一个建议：作文课要加强学生的写作实践、写作修改这样一个环节。仅供参考，谢谢大家！

李政涛教授：

这堂课，我认为彭才华老师就做了一件事情——让学生学会清晰、鲜明、丰富和生动地表达颜色。清晰鲜明就是"现"，丰富就是"多"，生动就是"活"。这个思路是很清楚的。

下面，我想提两个问题：第一个问题，今天教学的是五年级学生，如果这个课放在中年段，教法上和五年级有什么不同？我想听听你的想法；第二个问题，刚才何捷老师在教学当中有一个很好的做法，就是通过万能写作图，给学生们提供了一个写作的支架，这个能力的形成与方法是有支架的，那么你觉得今天让学生们学会表达，让颜色斑斓起来，给他们提供的写作支架是什么？也请你做一个说明。谢谢！

彭才华老师回应：

谢谢吴教授！谢谢李教授！

李教授提了两个问题。第一个问题是，如果把这一节课放在三、四年级上会怎么样。这节课确实是我自己开发的，教材里面没有。那么，在选择给哪个年级上这节课的时候，我是认真思考过的。我认为，一个学生对于色彩的感知在三、五年级，可能没有太大区别，但是，就"现出来""多起来""活起来"这三个层次来看，我认为中年级最多能达到第二层次，也就是让色彩"现出来""多起来"而已，而想让色彩"活起来"、生动起来，可能要到五年级的时候。这个时候，学生的阅历更广，接触的有关文字范例也更多，学生可以慢慢接受这种引导、这种熏陶，慢慢学会去注意我们生活中的色彩。这个世界的色彩确实不是一成不变的，也不仅仅是丰富的，还是在"动"的。这是我回答的第一个问题。

第二个问题是，关于这堂课的写作支架。很明显，我的这堂课跟何捷老师刚才的那堂课有区别，无论是写作内容，还是教学指向的目标，都存在比较大的差异。何捷老师是着眼于一篇文章的"构思"，写在黑板上的也是一个大大的"构思"。他是从引导学生怎样去"构思"的角度来指导学生写一篇发言稿的。

而我的着眼点仅仅是一个小小的色彩。说实话，我没有过多考虑关于支架的问题，而是希望通过这节课，让学生们在面对丰富多彩的世界、面对五彩斑斓的文字时，能够有敏感度，能够注意到这个世界的色彩，能够注意到作家笔下的色彩。我希望从这堂课以后，他们对世界万物色彩的感知，对有关色彩的文字的发现、理解和运用，比没有上过这堂课的学生要灵敏一些、敏锐一些。如果课堂达到了这样的目的，我就可以在心里安慰自己：这节课我已经成功了。

请二位教授指正！请大家指正！谢谢！

反复的力量

——五年级习作教学实录与点评

点评：周一贯　特级教师
单位：浙江省绍兴县教师进修学校

一、小试牛刀

师：同学们，今天的习作课，我们先不忙着写作文，来听写几句话好吗？

生：好。

师：请拿起笔来。嗯，有的同学速度很快，表现出非常好的学习习惯。

师：在纸上的序号1后面写——①走进公园，满眼都是绿……（连带标点符号一并念出）

（生写句子）

师：同学们平时写句子、写文章，不要忘记标点符号，它们是句子的眼睛。（稍顿）有的同学瞪大眼睛看着我，对不起哦，老师只念一遍，五年级的学生应该有这个水平。

师：请写第二句——②下雨天，我最开心。我喜欢……（不念标点符号）

（生写句子）

师：这一句的标点，请你们自己思考，看加什么标点，在哪儿加。

师：请写第三句——③这里遭受了百年一遇的大旱……整个世界仿佛都干枯了。

（生写句子）

师：请对照一下大屏幕，你们都写对了吗？如果你写的和大屏幕上的不一样，可以改一改。当然，标点符号不一定非得这样，只要你能讲出自己的道理就可以。

（生对照大屏幕修正句子）

师：同学们一起来读这三句话。

（生齐读句子）

二、认识"反复"

（一）揭示反复，一读力量

师：下面我们仍然不着急写作文，来读读书吧。咱们先读这段文字。（课件呈现片段1：常常在我专心写稿的时候，她忽然出现了。

"给我两张纸！"她说。

"去跟妈妈要去。"

"我不要，我要跟你要！"

"你没看到我没工夫？"

"给我两张纸！"

"你到客厅去玩好不好？"

"给我两张纸！"

"你到底想干什么？"

"给我两张纸！"她说。

我不得不打开抽屉，很不耐烦地递给她两张白纸："好，现在回到你的书桌上去。"——《寂寞的球》）

师：这是一个作家父亲跟他四岁女儿的对话，你一定会发现，对话当中有个句子出现的次数特别多，是哪一句？

生："给我两张纸"。

师：显而易见，是吧！咱们合作一起来读读。你们读前面的，我读红色部分。（师生合作读《寂寞的球》片段1）

师：你们感觉这个女儿怎么样？

生：我感觉这个女儿特别任性。

生：我感觉这个女儿非常固执。

生：这个女儿特别倔强。

生：她很无聊。

师：我们继续看——（课件呈现片段2：

"樱樱！"

"哎。"

"樱樱！我昨天晚上做了一个梦。"

"哎。"

"你知道我梦到什么了吗？"

"哎。"

"你猜。"

"哎。"

"我梦见一张纸。"

"哎。"

"樱樱。"

"哎。"——《寂寞的球》）

师：仍然是这个四岁的女儿，这一次是跟她的樱樱姐姐的对话。仍然有个词出现的次数很多，是哪个词？

生（齐声）：哎！

师：我们仍然合作来读读。这次我先读，你们再读。

（师生合作读《寂寞的球》片段2）

师：读完两姐妹的对话，你们感觉这个姐姐怎么样？

生：我感觉这个姐姐对妹妹特别不耐烦。

生：我觉得这个姐姐对妹妹很死板。

师：死板这个词不一定很合适。

生：这个姐姐只会说"哎"。

师：姐姐为什么要这样对待妹妹？
生：因为这个妹妹偏要和她说昨晚做的梦。
师：说明这个妹妹特别地——
生：无聊！
师：是啊，有没有人跟她玩啊？
生：没有。
师：她爸爸愿意搭理她吗？
生：不愿意。
师：她姐姐愿意搭理她吗？
生：不愿意。
师：是啊，没人愿意搭理她！那么，你们能猜猜，这个作家父亲会给她起个什么名字吗？
生：寂寞！
师（惊喜）：她的名字叫"寂寞"？！这位同学，你叫什么名字？
生：云童。
师：云童。我记住你了！好一个"寂寞"！同学们，我们一起来看看。在他们家，她叫什么呢？

（课件呈现短文题目——《……球》）

师：为什么叫"球"呢？有三个字，形容被人推过来推过去，这叫被人——
生：踢皮球。
师（走到云童同学身边）：云童，你刚才说这个孩子叫什么？
生：寂寞。
师（点击课件，呈现"寂寞的"三字）：你太厉害了！你就仅仅读了这么两个小小的片段，没有上下文，竟然能猜出它的题目来，猜出这个小女儿如此寂寞、无聊，这是因为——
生：因为家人都不想搭理她。
生：因为家人的反应和她心里想得到的不一样。

生：家人反复说的就是那句话。

师：好一个"反复说的就是那句话"！（师板书"反复"）前边是爸爸不搭理她，她就反复说——

生：给我两张纸！

师：后面是姐姐不搭理她，反复说的就是——

生：哎。

师：面对爸爸的敷衍，她反复说"给我两张纸"；面对她的纠缠，姐姐又反复说"哎"。由这话语的反复，我们看出了大人对她的不耐烦，也看出了小姑娘的寂寞。于是，我们也就猜出了题目——

生：《寂寞的球》。

师：什么是反复呢？同学们一起读。（课件呈现：反复是为了强调某种意思，突出某种情感，特意重复使用某些词语、句子或者段落等）

（生齐读）

师：特意重复使用某些词语或句子。第一片段里哪个句子在反复？

生：给我两张纸。

师：这一句突出了——

生：小姑娘的无聊。

生：小姑娘的寂寞。

师：第二个片段中重复的句子则是——

生：哎。

师：这个"哎"又表现出了——

生：姐姐在敷衍她。

生：姐姐有些烦她！

师：这就是反复所具有的神奇的力量。（师板书"有力量"）我们一起读（师指示板书）——

生（齐读板书）：反复，有力量！

（二）再识反复，二读力量

师：我们继续看。（课件呈现片段3：星期天答应带老二去看一场《流浪一匹狼》。她也答应让我把书房的门锁上,赶快把稿子写完再出门,不来吵我。

10 分钟以后,她来敲门:"爸爸,还剩几行?"我告诉她还剩 80 行。

再过 5 分钟,她又来了:"还剩几行?"为了表示有个进度,我只好告诉她:"还剩 60 行。"

接着,"还剩几行?""50 行。"

"还剩几行?""20 行。"

"还剩几行?""9 行。"

"还剩几行?""1 行。"

"1 行写完了没有?""写完了。"

"走吧!""走!"

路上,她称赞我写稿子很快。我却在计划晚上等她睡了再动手写那篇稿子。——《家里的诗》)

师:这段话仍然是刚才那个作家爸爸在写自己的家庭。大家静静地看,又有一句话在反复出现,它是——

生:还剩几行。

师:就是这个"还剩几行",你感觉这个女儿特别——

生:烦!

师:这个"烦"太笼统了。

生:急!

师:心急,是不是?是啊,这个女儿很着急。同时,我们可以看出这个父亲怎么样?

生:他特别疼爱他的女儿。

师:他很无奈,但又爱自己的女儿。

师:就是这么一小段话,就是这句"还剩几行",我们读出了女儿的急不可耐,也读出了父亲的无奈和慈爱!这真是——(师指示板书)

生(齐读):反复,有力量!

(三) 三识反复，三读力量

师：我们继续。同学们浏览一下这段话，有一个词会很快"跳出来"。（课件呈现片段4：清晨6点钟闹钟叫的时候，她们像机器人应声而起，像火车走轨道一样的按一定路线走进洗澡间，在一定的地方抓漱口杯和牙刷，按一定的分量挤牙膏，按一定的方式刷牙，按一定的顺序轮流洗脸，坐一定的位子，吃一定的早餐，带一定的饭盒，在一定的时间出门，到一定的地方等准时到达的校车。在学校按一定的功课表上课，在一定的时间搭校车回家，坐在一定的书桌前面做一定的功课，在一定的时间做完，在一定的时间洗澡，然后换一定的睡衣到一定的小床去睡觉。——《"大"》）

师：哪个词跳出来了？

生：一定。

师：请推荐你们班读书水平最高的同学来读读这段话。

（被推荐的学生朗读文段）

师：果然不负众望，一段陌生的文字，读得如此流畅，不简单！

师：读完这段文字，你们有什么感觉？

生：这两姐妹的生活就像机器人一样被规定了。

师：像机器人一样被规定，全都是因为哪个词？

生：一定。

师：是的。大家数了有多少个一定吗？老师告诉大家，一共有18个，可以进反复的"吉尼斯记录"了！是的，这篇文章的题目是《"大"》，说的是三个孩子的生活像机器人一样被规定，一成不变，机械乏味，所以，她们只好在大便方面找出路。

（生笑）

师：因为只有在那个时候她们比较——

生：比较自由。

师：是的。不过，文段里可没说孩子们的生活没有变化，缺少自由啊。为什么我们很快就能猜到这一点？还是因为——

生（齐读）：反复，有力量！

师：到现在，这句话我们说了几遍？

生：三遍！

师：哈哈，这就是——

生（恍然大悟）：重要的事情说三遍！

（四）课文印证，感悟力量

师：是的，重要的事情说三遍，说的就是反复这种特别的表达形式。话说三遍就是为了强调它的重要性。其实，对于反复，我们并不陌生。同学们看（课件出示课文《小熊住山洞》），这是同学们在一年级时学过的内容。你们发现反复了吗？

生："小熊舍不得砍"。

师：也包括前面的——

生："他们走进森林。"

师：是的。我们甚至可以说，这中间四个自然段都在反复。联系刚才读过的几个片段，我们可以发现，反复这种表达形式，可以是词语的反复，可以是句子的反复，还可以是段落的反复。由《小熊住山洞》这几段的反复，我们可以发现小熊很——

生：小熊很善良。

师：还有不同的表达吗？

生：小熊很爱植物。

生：小熊很环保。

师：是的，小熊很爱大自然，很爱这些树，它舍不得砍。

师：我们接着看，（课件出示课文《和我们一样享受春天》）你一眼就看到了反复，那便是——

生："这究竟是为什么？"

师：没错。这一次属于什么反复？

生：句子的反复。

师：是的，这句话反复了四次，你们感觉到这里面蕴含着怎样的情感？

生：作者很抵触战争。

师：没错！每一声质疑都是对战争的控诉，对和平的呼吁。同学们继续看，（课件出示课文《慈母情深》片段）这里的反复是——

生："我的母亲"。

师：没错，就是"我的母亲"这个词，其实用一次就够了呀，作者反复了三次，这意味着什么？

生：意味着作者对母亲的爱。

生：还有对母亲的歉意。

师：是啊，作者看到日渐苍老的母亲工作如此辛劳，很心疼啊！于是，他忍不住用了三次"我的母亲"。（师深情朗读这段话，生鼓掌）

师：这反复果然是——

生（齐声）：有力量。

三、学以致用

师：好的，同学们，既然反复如此有力量，我们可以尝试着使用反复吗？请拿出刚才我们听写的三句话，大家任选一句，用上"反复"给句子加加工，注意想清楚你要强调哪种意思，或突出哪种情感。当然，你也可以新写一个小片段，好吗？开始吧。

（生静心写作12分钟）

师（小声提示有困难的学生）：你其实可以把省略号变一下，想想，省略号可以变成什么呢？

师：好的，我看到有的同学已经加工了两句，甚至三句，有的同学完全另起炉灶，新写了一个片段。来，同学们，暂时把笔放下，分享一下我们笔下的反复。愿意分享的请举手。（师随机邀请5名学生上台）

生：走进公园，满眼都是绿：树叶绿了，小草绿了，小河绿了，青苔绿了，一切都被染绿了。

师：感觉到绿了没有？

生：绿了！

师：给他掌声！

（生鼓掌）

师：来，请下一位同学继续分享。

生：走进公园，满眼都是绿；走进公园，满眼都是花花草草；走进公园，满耳都是小朋友的欢声笑语；走进公园，满是春意盎然、生机勃勃的景象。

师：哦，与前边那位同学不一样。这段话中出现了几次"走进公园"？

生：四次。

师：这样就突出了？

生：只有走进公园，才能见到这样的绿，听到欢声笑语，感到春天的生机。

师：是啊，可见他对公园有绝对好感。（生笑）请下一位同学继续。

生：下雨天，我最开心。我喜欢闻小草的芬芳，我喜欢感受泥土的湿润，我喜欢在雨中奔跑，感受那冰凉的雨珠。（台下掌声热烈）

师：老师们的掌声是最好的证明，你的反复使用成功了，它成功地表现了你对雨天深深的喜爱。

生：下雨天，我最开心：我喜欢雨水在地上舞蹈，我喜欢各式各样雨伞的笑脸，我喜欢雨鞋和雨水的兴奋交谈，我喜欢孩子们与雨声的合唱……（台下掌声热烈）

师（兴奋地）：你不仅运用了反复，你还是个诗人啊！我相信，你真的很喜欢下雨天。在你的笔下，雨天里有这么多诗意的事情！其实，关于下雨天，刚才这个作家也写了这样的片段。（课件呈现：我喜欢在下雨天打伞出去买东西；我喜欢听雨声像听音乐，看雨景像看一幅新画的水彩；我喜欢在雨天看书，因为雨中的大地显得格外宁静。——《雨和我》）

（生齐读文段）

生：我酷爱阅读：排队时我要阅读，坐车时我要阅读，上厕所时我也要阅读。（笑声）

师：哈哈，了不起，小书迷！古时候有个叫欧阳修的大文学家，他就说自己的文章多在"三上"——马上，枕上，厕上。他其实也是运用了——

生：反复。

师：是的，这种表达也有反复的意味。你不仅学了他在厕上阅读，也学到了大文学家当年的反复啊！

四、反复之外

（一）关于反复的理解纠偏

师：听说反复有力量，于是一个同学写了篇作文，是这样写的。（课件呈现：我家离那里很远，那天我们走啊走，走啊走，走啊走，走啊走，走啊走，走啊走，走啊走，走啊走，走啊走，走啊走，走啊走，走啊走，走啊走，走啊走，走啊走，走啊走，走啊走，走啊走……终于走到了。

——某同学 400 字作文）

（生浏览，笑）

师：这是不是反复？

生：是的。

生：但这种反复不好！

师：不好？你是说用得太多？可是，凭什么《"大"》里的"一定"可以用 18 个，我的"走啊走"就不能用？

生：因为他反复的字是一样的，刚才那个作家在反复之间还有其他的句子。

生：他就是在凑字数。

生：全部用"走啊走"太单调了，没有其他内容来渲染这篇作文。

生：我感觉这篇文章太干了。假如这篇作文是一个人的话，它就没有血和肉。（台下掌声热烈）

师：好一个"没有血和肉"啊！这是你的感觉。

生：这篇文章用这么多"走啊走"，特别枯燥，使读者没有看下去的兴趣。

师：是的，没有看下去的兴趣，它太干了，没有血肉。反复得有血肉啊，那血肉是什么呢？

（二）关于反复的深层秘密

师（稍顿）：我们来看一篇文章吧，这同样是那个作家父亲写的。（课件呈现：我十九岁那年，跟随父母亲由老家厦门逃难到福建的漳州。表姑丈在邻县当科长，写信叫我到他那边去，愿意帮我在县政府里找一个抄写工作。

我从小没离开过家，但是为了减轻父亲的负担，就给表姑丈写了回信，答应立刻动身。我一个人，带着一件行李、一床棉被和十几本书，独自搭小木船，从九龙江的支流逆水上行，到那个叫"山城"的偏僻小县城去就职。

小木船要去一日一夜。夜里，小木船停泊在江边，有个同船的客人拉着胡琴唱小调，歌声吐露忧伤的心情。我开始想家。

第二天中午，小木船抵达山城。我找到表姑丈的宿舍，才知道他出差到外县去了。陪伴我的是一个十七岁的男孩子，他是表姑丈雇佣的工人。

头一天还好，我只在江边的沙滩上散步，勉励自己应该学习独立，不要老是想家。第二天，我就开始写信给父亲。第一封信，告诉父亲我要回家。第二封信，告诉父亲我已经下决心留下来。第三封信，告诉父亲我还是想回家。第四封信，告诉父亲我想了想还是留下来的好。我在一天里寄出了四封信。

我一连写了五天的信。第五天，父亲的回信到了。他说："回家吧，不要太为难自己。" ——《想家》）

师：字有点小，我为大家读读吧。（师配乐朗读，生静心聆听，深受感染）

师：你们一定发现了这个短文里的反复，在哪里？

生：在倒数第二段写信的那个片段。

师：是啊，这位同学，刚才是你说反复得有血肉吧？我想请你说说这里的血肉是什么？

生："我"有时候告诉父亲"我"想回家，有时候又觉得还是留下来好。

生：其实，作者是很想家的。

师：是的，有时候想要回去，有时候又下决心要留下来。正是在这反反复复里面，我们看出了作者对家的无限思念。

(三) 亲近文学，酿造生活

师：仍然是这个作家父亲，他还写过这样一段话。(课件呈现：一部最出色的文学作品，是由他所认识的字描绘他所能体会的生活而成的，只是那里头"酿造"出某些意味深长的东西……)

(生默读)

师：你觉得这段话里边，哪些字眼特别重要？

生：体会。

生：酿造。

师：是啊，要去体会，要去酿造！只有认真体会生活，把生活里的东西酿造成某些意味深长的东西，再来反复，才有——

生：才有力量。

师：否则就没有血肉，否则就让人读不下去，对吗？(生点头) 同学们，想不想认识这位作家父亲？

生：想！

师：他的名字叫——(课件出示作家林良资料)

生：林良。

师：今年多少岁？

生：92岁。

师：是的，92岁。让我们跟随着林良，去读他的一本又一本书。(课件呈现林良作品封面：《爸爸的16封信》《回到童年》《小太阳》《林良爷爷的30封信》等) 也跟随他，像他那样去体会生活，酿造生活。下课。

【板书】

> 反复，有力量！

点 评

"写作技巧"的力量来自"思想"

《义务教育语文课程标准（2011年版）》（以下简称"课标"）强调："写作教学应贴近学生实际，让学生易于动笔、乐于表达，应引导学生关注现实，热爱生活，积极向上，表达真情实感。""减少对学生写作的束缚，鼓励自由表达和有创意的表达。"于是，人们好奇为什么"课标"不提在传统作文教学中十分重视的"写作知识"和"写作技巧"的要求了呢？"课标"对这一点有所涉及吗？好像也有，但只是主张"应抓住取材、构思、起草、加工等环节，指导学生在写作实践中学会写作"。显然，"取材、构思、起草、加工"只是大的写作环节，不能完全等同于写作知识与技巧。何况，更关键之处还在于强调了"在写作实践中学会写作"，不强调教学写作知识与技巧，以防止束缚学生的自由表达与真情交流，防止学生因写作知识与技巧的壁障而害怕作文。

于是，在小学作文教学的实践中，要不要讲或怎么讲写作知识与技巧，就成了一个有争议的热点话题。

确实，写作的第一价值是真实、自由地表达思想，而不是什么写作技巧。有人曾经问大作家巴金："你写得那么好，有什么写作技巧可以和我们说说吗？"不料，巴金却回答："我的'写作技巧'是'无技巧'。"这也说明了写作源于思想，而不是源于技巧的道理。但对初学作文的小学生来说，能否在指导"取材、构思、起草、加工"等大环节中领悟一点写作知识与技巧，使他们的自由表达有更好的效果呢？这应当是可以的，甚至是必要的。教坛青年才俊彭才华的这一课例就是一个比较成功的范例。在他的课堂里，实证了"思想是写作技巧的力量所在"这一点，从而实现了思想表达与写作技巧融为一体的境界。笔者认为，以下一些方面，尤其值得我们借鉴。

一、"有术"与"无术"：源于"表达效果"这一根本点

写作的思想与技巧的关系，从本质上说，也是"道"与"术"的关系。"道"要"可道"，就要有一定的"术"。在这里，"术"是为"道"服务的，"道"处于"本"的地位。但是，"道"的存在与传播也需要一定的"术"。由此论及作文，作文当然要

以表达真实、自由的思想为核心。有没有思想、有怎样的思想,决定了怎样去表达、用什么方式或技巧去表达。所以,思想的表达不仅要有内容,还要有相应的形式,这就需要有好的表达技巧。本案的题目就很有意思,叫《反复的力量》。反复,是一种修辞方法,但彭才华老师在这里强调的是它不是一种纯技巧,而是思想表达的技巧。反复这一技巧的力量是什么?就是思想,是思想的力量、思想表达的力量。这就把写作知识或技巧的立足点找准了,也是为了更有力地表达自由思想。于是,课例以《反复的力量》为题,不是解决了要不要教写作知识与技巧的问题,而是解决了应当如何教写作知识与技巧的问题。

二、力量与思想:思想表达与技巧运用应该是统一的

彭才华老师这堂课的亮点,就在于告诉人们作为写作技巧之一的反复,其力量在于背后作者要表达的思想。只有当写作技巧的运用体现为可以把思想表得更有力量时,这样的写作技巧才是值得修炼的。作为这样一堂课的教学重点,彭才华老师把"反复的力量"细分为三步推进:第一步是通过"给我两张纸"的一段对话,让学生体会小女儿因为孤独、无聊、不被重视而固执地坚持四次说起"给我两张纸"。从小女儿的反复要求中,让学生初步认识到反复的力量。第二步是爸爸答应小女儿去看一场电影,但得先把稿子写完。于是,小女儿一次又一次地去问爸爸"还剩几行",竟反复了六次,这反复的表达形式,不只是表现了小女儿的急不可耐,还表现了父亲的无奈和慈爱,自然就更有力量了。第三步,在一篇《"大"》的文章里,竟反复使用了18个"一定"。三姐妹本该拥有自由自在、丰富多彩的生活,却像机器人一样"被规定",只有在大便的时候,才可以宽松自由一些。这样的反复,自然就更见力量了。这三步的层层推进,都一步深一步地表现出作者想要表达的思想的力量。不运用这样的反复技巧,文章的思想表达就会大打折扣。于是,写作技巧的运用,完全是为了思想表达的需要,两者合为一体而难以分割。这正是这堂写作指导课最为成功也最为出色的根本点。

三、阅读与写作:读写一体的相得益彰

教师适度讲一点写作知识或表达技巧时,要力避抽象说教。这也是彭才华老师这堂课可圈可点的另一面。彭才华老师采用了读写一体的推进策略,无疑是特别令人叹服的。为了说明反复的力量,他选择了两篇优秀作品——《寂寞的球》和《"大"》的

几个片段，十分有力地印证了反复的力量所在，让学生准确地认识到反复不是为技巧而技巧地扮酷，而是为了表达思想的力量而自然地呈现。在此基础上，为了深化学生的认知，彭才华老师又让学生回顾了学过的《小熊住山洞》《和我们一样享受春天》《慈母情深》等课文的反复片段，这是又一种读写一体。读与写的对应比较，极大地开拓了学生认识反复的力量的宽度与深度，也进一步强化了学生读写一体的学习意识。

四、守正与辨异：在比较识别中深化

在学生充分认识到反复是思想表达的力量体现的同时，彭才华老师也不忘让学生正确认识到脱离了思想表达需要的那些反复的副作用。确切地说，这样的反复不叫反复，而是"重复"。重复是作文身上的"肿瘤"，是应当坚决切除的，因为它不仅不能体现思想表达的力量，而且还是思想表达的障碍物。有比较才能有鉴别，有鉴别才能更好地守正与祛弊。所以，彭才华老师在课堂上的这一招，不仅不是多余的，反而是十分有必要的。因为此乃"学以致用"时不可不防的误区。

五、无用与有用：提高教学环节的多能效应

还不可不评说的一点是这堂课的整体设计策略别具匠心的另一面：关注教学环节之间的有机联系。这就是开头的听写：①走进公园，满眼都是绿……②下雨天，我最开心。我喜欢……③这里遭受了百年一遇的大旱……整个世界仿佛都干枯了。当时，听课教师一定会认为这大概只是一般的练笔吧，甚至觉得此环节可有可无。及至结课前，彭才华老师让学生拿出听写的导学单，任选一句，用上反复给句子加加工，让想要表达的思想更见力量时，听课教师这才明白，前面的听写不是无用的环节，乃是"无用"中之"大用"。这几个听写的句子，都已表达了明确的思想，但还缺少力量，如何才能以反复的写作技巧使其更有力量呢？这才是学生要付诸写作实践的目标所在。

小学作文课当然要以学生的写作实践为基础，从作文中学会作文。但学生的自由写作又必须与教师的规则指导相结合，力求在充满生命活力的童真意态后面，渗透出规范写作、善于表达的功力。因此，适度的、有用的写作知识和技巧的学习指点，正是规范写作、让学生善于表达的不可缺失的内容，这无疑也是教师的责任所在。

泪光里的妈妈
——五年级习作教学实录与点评

点评：陈德兵

单位：广东省深圳市深圳小学

一、以往，我们这样写母爱

师：远道而来，没带什么礼物给大家，送大家一首歌曲，好吗？

生（热烈鼓掌）：好！

（师深情演唱《母亲》）

师：此处应该有掌声吧。（生热烈鼓掌）谢谢！歌曲的名字叫——

生：《母亲》。

| 点评 |

　　一曲动人的《母亲》，把我们深深吸引，同学们听得入迷，连鼓掌也忘记了。彭才华老师唱这首歌，不是在炫技，而是在营造一个场，一个充满温情的场，一个为教学服务的场。

师：大家都有一双会发现的眼睛。提起母亲，我们总感觉特别温暖，因为母亲一直给予我们深深的爱。（师板书"母爱"）同学们写过关于母爱的习作吗？

生：写过。

师：什么时候写过？

生：我记得三年级的时候有一个单元的习作要求是写妈妈对我们的爱。

师：是的，（师呈现三年级单元习作要求）我们都曾写过母爱。还记得是怎么写的吗？当时写的是什么事情？

生：生病的时候，妈妈很着急的事情。

生：我写的是有一次我骨折了，妈妈细心地照顾我的事情。

生：我写的是有一次我感冒了，妈妈送我去医院的事情。

师：生病的时候，骨折的时候，感冒的时候……是啊，妈妈总是无微不至地照顾我们，关爱我们。写你生病时，妈妈心疼你、照顾你的事情的同学，请举手。（约四分之三的学生举手）

师：好的，请放下手。曾经有一个同学这样写母爱，给我留下了深刻印象。我们一起看看，好吗？（师呈现例文1）

妈妈的爱

亲爱的妈妈，谢谢您多年来给我的爱。您关心我的那一幕幕情景，会永远留在我心里。

记得那是一个深冬的夜晚，寒风呼啸，又下着倾盆大雨。得了重感冒的我躺在床上不断地咳嗽。此时，您放下手里的活儿，端来一杯热气腾腾的糖水让我喝，又轻轻地把我搂进怀里。一个多小时以后，我仍然没有好转。您又给我披上棉大衣，急匆匆抱着我往医院跑。一路上，您只顾着给我遮风挡雨，自己全身上下都湿透了，冷得直打喷嚏。我看了医生，第二天就好了，而您却感冒了。

妈妈，是您用那伟大的母爱养育了我。长大了，我一定要报答您！

（师指名三生轮流读例文）

师：面对一篇陌生的文章，你们读得挺流利。这篇习作写的是什么事情？

生：写他感冒了，妈妈送他去医院的事情。

师：没错！（课件标注"重感冒、咳嗽"）时间是？

生：深冬的夜晚。

师：好的。（课件标注"深冬的夜晚"）当时的天气怎么样？

生：寒风呼啸，又下着倾盆大雨。（课件标注"寒风呼啸，倾盆大雨"）

师：同学们，你们看，在这样的时节，这样的天气里，妈妈还要送"我"去医院，多感人！不错吧？咱们继续！（师出示内容相似的例文2，师引导生发现此文叙述的事件、时间、地点等，并标注相应文字；再呈现同类例文3、例文4，让学生发现雷同的事件、天气、情节等）

师：还想继续读下去吗？

生：不想！老师，这些文章都差不多的，没意思！

生：是啊，怎么那么巧，都是写自己生病了？

生：我看，有些可能是假的。

师：你们不想看了？老师得看啊，一个班的作文收上来，第一篇，有人生病了，妈妈如何爱他；第二篇，有人感冒了，妈妈送他上医院；第三篇，第四篇……当你连着看到那么多篇文章都这么写母爱，你会有什么感觉？你心里会想些什么？

（生沉默）

| 点评 |

集中欣赏几篇有代表性的歌颂母爱的习作。真是不看不知道，一看吓一跳。我们不怀疑这里面有表达真情实感的心血之作，但是，千篇一律的习作同时呈现在我们眼前时，我们应当深思：我们的习作指导是不是出现了问题？

二、古人笔下的母爱

师：同学们，母爱难道只是在你生病的时候才有的吗？现在，我们五年级了，当母爱两个字写在黑板上，当我们摊开作文纸的时候，想起的只有我们生病时所享受的母爱吗？母亲只有在我们生病的时候才爱我们吗？

（生沉默）

师：来，同学们，我们一起来看一下别人是怎么写母爱的，好吗？

生（期待地）：好！

师：我们先看一下古人是怎么写母爱的。（师呈现《游子吟》）熟悉吧？同学们一起来深情地吟诵出来。

生：慈母手中线，游子身上衣。临行密密缝，意恐迟迟归。谁言寸草心，报得三春晖。

师：1992年，香港一家出版公司在网络上做了这样一项调查，让网友们在成千上万首古诗中评选出最喜爱的10首。最后，名次出来了，你们知道《游子吟》在其中排第几位吗？

生：第十。

师：不对，不是第十位啊，而是第一位。《游子吟》一诗只有30个字而已，却成为网友们最喜爱的诗。你们能说说这其中的原因吗？

生：这首诗是写母爱的。

师：写母爱的古诗，一定不止这一首。这首诗能够胜出，只是因为这其中有一个非常非常小的动作、一个非常非常小的细节打动了网友们，打动了所有读者。

生："缝"字，"密密缝"的"缝"字。

师：没错！就是这样一个简简单单的动作、一个貌不惊人的细节打动了我们！（师板书"密密缝"）《游子吟》里的母爱是生病时的吗？

生（自由应答）：不是。

| 点评 |

经过前面一个环节的学习，同学们感到有些沮丧，因为部分同学就曾写过类似的作文。这时候，他们渴望得到"搭救"，如果不这样写母爱，该怎样去写呢？此时此刻的同学们，达到了不愤不启、不悱不发的状态。彭才华老师的高明就在这里，先抑后扬，在同学们最需要帮助的时候，给了他们宝贵的东西——"渔"。于是，有了这样的教学环节：发现古人笔下的母爱，发现今人笔下的母爱。

三、今人笔下的母爱

（一）歌词里的母爱

师：咱们继续看。（师呈现《母亲》歌词）同学们对这段文字感觉熟悉吧？

生：就是刚才您唱的歌的歌词。

师：是的，这就是刚才我唱的《母亲》这首歌的歌词。请同学们到这首歌的歌词里面找一找母爱的细节。

生："你委屈的泪花，有人给你擦。"

师：第一个细节。（师板书"擦泪花"）你受委屈时，母亲的怀抱最温暖，母爱的双手最温柔。

生："你入学的新书包，有人给你拿。"

师：是呀。（师板书"拿书包"）同学们还记得一年级开学时的情景吗？你蹦蹦跳跳地走在前头，妈妈拿着书包笑盈盈地跟在后边。同学们继续往下说。

生："你雨中的花折伞，有人给你打。"

师：这样的情景多熟悉。（师板书"打雨伞"）滂沱大雨里，小小花折伞下，你干干爽爽，母亲却全身湿透。

生："你爱吃的三鲜馅，有人给你包。"

师：是呀。你饿了，回到家，大声嚷嚷着"我饿了"！妈妈笑盈盈地给你端出一盘饺子来。（师板书"包饺子"）

师（指示板书）：这些全都是母爱的细节！一个又一个被作词人写进了歌词里，被歌唱家唱到了舞台上，感动了无数人。他们是这样写母亲的。（稍顿）写母亲，写母爱，非得写生病的时候吗？

生（自由应答）：不是。

| 点评 |

　　为了让学生们体会到别人笔下的母爱之所以能打动他们的秘密，连同下一环节的漫画，彭才华老师一共选择了三个材料，这三个材料都指向了同一个秘密：细节！三个材料的排列也非常讲究，一个比一个感人，一个比一个生动！听到这里，我们知道彭才华老师为什么开课就要唱那支歌了。多么巧妙的伏笔呀！从这个意义上说，一节好课，就是一篇好文。

（二）漫画里的母爱

师：咱们继续看，有人用漫画的形式，表达了他对母亲的理解、对母爱的理解以及对他母亲深深的怀念。（音乐响起，《来一斤母爱》多幅漫画次第呈现）

（《来一斤母爱》简介：这是一组漫画作品，作者孙宇是南京航空航天大学艺术学院的一名大二学生。他花了一个月时间完成了这组作品，献给已去世两年的母亲。作品主要是表现孙宇母亲对他的爱以及孙宇对自己当时不理解、不珍惜母爱的忏悔。孙宇一边流泪一边画，画到结尾因为过于伤感，曾几度画不下去。漫画一经面世，打动了无数网友）

（生静静地看，深受感动）

师（漫画渐隐，音乐继续）：母爱仅仅是在你生病的时候才会出现吗？仔细检索一下你的记忆，你所享受的母爱只有这么多吗？

（全场师生较长时间保持沉默）

| 点评 |

　　听到这里，我的泪水再也忍不住了。我听见了同学们在低声啜泣，也看见了教师红红的眼圈。这段朴素的视频竟有如此感人的力量！这段视频唤起学生们心中多少美好的回忆啊！在感动之余，我为彭才华老师精心的选材暗暗叫绝！这是一位多么用心的教师啊！

四、今天，我们再写母爱

（一）动情抒写

师：来，同学们，打开你们带来的照片。拿起妈妈的照片，你看着她，细细地端详，慢慢地回忆，那些往事一桩桩、一件件就全都会浮现在你眼前。你看着照片，也许那是一次开心的郊游，你跟妈妈在登山，是妈妈拿起手帕，蹲下身子帮你擦去满头大汗；也许是观看一次演出，妈妈把你高高地举过头顶，让你的目光穿越无数人群；也许是你在外面踢完足球回来，妈妈马上端来你最爱吃的饺子，你却不知道，妈妈也是劳累了一天，回到家就一直在厨房里忙……让我们拿起笔来，打开稿纸，把眼泪擦干，看着照片把你印象最深刻的那件往事写下来。你可以这样开头——记得那一次……

（生在《烛光里的妈妈》轻轻的乐声中写作，师巡视）

师（十五分钟后）：好，同学们，我知道，此刻你们可能不愿意停下来。不过，咱们先把笔放下，先听听别的同学的习作，好吗？也许你听了之后会受到新的启发。

| 点评 |

这个环节是我对这节课唯一觉得不太满意的地方。我当时的感受是，学生们已经充分动情了，那就让学生们赶紧写吧！学生们记忆的闸门已经被打开，学生们需要立刻诉述，需要自由地诉述。我相信，此时此刻的表达已经不再需要启发和提示了，应该让学生们尽情地投入到写作中去。

（二）现场评讲

师：咱们一起先来看一下这一篇。（投影学生习作）请作者上来好吗？

师：来，先听一下这位同学的。

生：（念习作）记得那一次，我去书店看书回来，一进家门就对妈妈说：

"妈妈我回来了，有水喝吗？"妈妈立刻就给我递上了一杯水，我接过来咕咚咕咚喝起来，妈妈在一旁唠叨："不要喝那么快，小心呛着，慢慢喝，慢慢喝，小心点！"话还没说完，我就被水呛着了，一直咳，妈妈赶紧给我拍后背："都叫你慢点了，你看，呛着了吧！下次喝水要小心点。"说完，又去给我重新倒水。

师：同学们，这是生病时候的母爱吗？事情有多么惊天动地吗？（生摇头）是的，这位同学写的事情小得不能再小：妈妈在他渴了的时候递上一杯水，叮咛一句话，如此而已，这是不是母爱？（生点头）非常好！我特别欣赏这位同学注意到了突出细节。大家看一下这句话："不要喝那么快，小心呛着，慢慢喝，慢慢喝，小心点！""慢慢喝"用了几次啊？

生：两次。

师：你的妈妈在家里说话是不是这样说的？一定是这样的。这就是最普通、最琐碎又最真实、最动人的母爱。

师：咱们看第二位。先看投影照片，你们在玩什么？

生：海盗船。

师：哦，好的。（师投影生习作）前边那位同学的书写不够好，你的就更不好看了。得好好练字啊！不过，你的文章我很欣赏，我来替你念吧！"记得那一次，我和妈妈到了游乐场。我看着各种各样的游乐设施，不知玩什么好。妈妈问我：'玩那个好不好？'我朝那儿一看，是海盗船！我连忙回答：'好！'可是，我又有点害怕，怕海盗船从高空掉下来。妈妈好像看出了我的心思，她把我抱住说：'别怕，你看，我都不怕呢！'妈妈的拥抱很有力，我的身上好像突然有了一股神奇的力量，所有的害怕全都消失了。海盗船开始摇了起来，一开始慢慢地，然后，越升越高，高得可怕！我们不禁一起恐慌地大叫……"这件事显然还没写完。是真事吗？

生：是的。

师：是真事。你妈妈是"女汉子"？

生（笑）：不是。

师：妈妈有没有胆小的时候？

生：其实，妈妈的胆子并不大，她有时候看到一条毛毛虫也要大叫起来。

师：嗯！没错，妈妈并没有那么勇敢，那么强大。你现在觉得，在玩海盗船的那一刻，妈妈是真不怕还是假不怕？

生：肯定是假的。

师：没错。你看，今天你是真正读懂了妈妈。妈妈不是"女汉子"，但在那一刻，为了消除你的害怕情绪，她用她并不强壮的臂膀搂住你，这便是母爱。写母爱，非得写生病的时候吗？一件平凡的小事，一件真实的往事，如此感人！

师（师投影第三篇习作）：前面那两位同学瞧瞧，在书写方面，这位同学是你们的榜样。这位同学的作文我先不念，大家先看一下题目。这位同学啊，你叫什么名字？

生：朱晓彤。

师：朱晓彤同学，你将来可以靠笔杆吃饭！你可以当一名作家！你对文字有很好的感觉。《那些年，那些母爱》，真好！待会儿，你们也得想想你们的作文题目。来，我们一起看看。"记得那一次，我的校服不见了。你比我还着急，你在衣柜里找不到，在椅子上也找不到。"这一句话跟"你比我还急，到处找不到"这句话有区别吗？都是写"到处找不到"。同学们，你觉得"在衣柜里找不到，在椅子上找不到"好一点儿，还是"到处找不到"好一点儿？

生："在衣柜里找不到，在椅子上找不到"好一点儿。

师：理由呢？不都是"到处"吗？

生：说"到处"，不详细。

生：这样就写出了细节。

师：是啊，"到处"太笼统，没有细节。大家想想看，当你们听到朱晓彤同学的作文中"衣柜里找不到"这一句时，你们的脑海里有没有出现她妈妈在衣柜里找衣服的画面？

生：有。

师："在椅子上找不到"，你们的脑海里有没有画面？（生点头）比较一下，"到处找不到"多空洞啊！什么叫"到处"啊？你们的脑海里没有一个很具体的画面。所以，大家记住，好文章往往可以给人画面感。好，我们继续看。"竟然急得冒着狂风暴雨到外面去买。""狂风暴雨"这个词出来得太早了。我们继续往下，"当时已经很晚了，天下着大暴雨，可是你还是到外面一家店一家店地问。原本专卖校服的那家店关门了，你就在门外等，还到处问人哪里有校服卖。一直到晚上十一点多……"我想问一下，这件事情是不是真的？

生：是真的，在幼儿园的时候。

师：好。幼儿园的记忆可能出现了点偏差，可能没那么晚，但是这件事情我相信真的会发生，对不对？你们想想，朱晓彤同学的这篇文章好在哪里？

生：本来衣服是她丢的，可是母亲比她还着急。这里就可以看出，母亲很爱她！

生：天气这么糟糕，她妈妈还要去为她买校服，很感人。

生：前面还有。校服不见了，妈妈这里找，那里找，可是翻箱倒柜也没找到，也是母爱的表现。

师：真好。可见朱晓彤同学描述的画面被你们记住了。还有吗？

生：还有，因为时间很晚了，买不到衣服，于是她妈妈一家店一家店地问。这里也可以看出她妈妈很爱她。

师：是啊，那样一个时间，那样一种天气，妈妈不容易啊！同学们读着她的文章，能真正去体察、去思考，真好！朱晓彤同学，我为什么说你将来可以当作家？是因为你有一颗很敏感、很细腻的心。我相信，继续往下写，你会写得非常好。

师：同学们，这件事与生病有关系吗？

生：没有。

师：是啊，平凡的日子里，母爱无处不在啊！老师非常欣慰，刚才巡视大家的习作，发现绝大多数同学都打开了思路，回忆了那些虽然细微但很打动人的真实细节，真好！课后，相信大家会继续认真地修改自己的文章，把那些最细微又最真切的爱表达出来。

| 点评 |

  三个学生，三篇短文，足以证明彭才华老师这节习作指导课的巨大成功！三篇即兴挥就的短文，内容完全不一样，但都具备感人的力量，因为，作者都抓住了母爱的细节，知道了用这些细节来表现妈妈对自己的爱！因为，他们深深地体会到了：母爱无处不在！母爱就在细节处！彭才华老师凭借敏锐的洞察力，准确地捕捉到了一些契机，并对学生们进行了恰到好处的引导，而且，不止一次地强化本次习作指导的重点：抓住细节！

师：是的，写作就应该这样，用心体验，细心发现，让文字从内心深处流淌出来。这节课，我们对母爱一定有了许多新的发现和体会。（《母亲》歌声响起，多图依次呈现）同学们啊，只有真正发现了母爱，才算是读懂了母亲；只有读懂了母亲，才算真正长大！

| 点评 |

  《母爱》再次响起，这首歌仿佛一根看不见的红线，贯穿了全课。

【板书】

```
┌─────────────────────────────┐
│  发现母爱                    │
│   擦泪花                     │
│   拿书包    ┌──────────┐    │
│   打雨伞    │学生写素材区域│    │
│   包饺子    └──────────┘    │
│   ……                        │
└─────────────────────────────┘
```

总 评

情动而辞发，水到而渠成

听完彭才华老师的这节作文课，心情久久不能平静。毫无疑问，这是一节难得一见的好课。好的阅读课常见，但好的习作课很少见！反复欣赏彭才华老师这节课的录像，我心里不停地在追问：这节课好在哪里呢？对我们广大的一线教师又有怎样的启发呢？

经过一番梳理，我认为，这节课好很好地解决了四个问题。

一、解决了"写什么"的问题

这节课上，学生们要写什么？写母爱！习作的素材哪里来？如果我们告诉学生：母爱无处不在，妈妈无微不至地照顾你，给你吃的、给你穿的、给你用的，同学们知道写什么了吗？如果我们启发学生：生活中，你从哪些事情当中感受到妈妈对你的爱？同学们也许能七嘴八舌地说上一气。但是，同学们真的知道写什么了吗？答案不言而喻。如果说，同学们真的知道写什么了，那么极有可能写出来的就是这节课开头我们"欣赏"到的那些习作。可以说，这样帮助学生其实无异于做无用功，压根儿就没有解决任何问题。那么，彭才华老师是怎么做的？唤醒！唤醒同学们内心最真实的感受！唤醒同学们心中最美好的回忆！同学们自己脑海里冒出的那一段段往事，那一个个场景就是他们独特的素材了，这都源于同学们自己的发现。于是，写什么，迎刃而解！

二、解决了"怎么写"的问题

"怎么写"就是写作方法的问题。我们平常是怎么教给学生方法的？同学们，写人物要抓住人物的语言、动作、神态来写；同学们，开头、结尾要注意前后照应；同学们，大家要在习作中恰当运用一些修辞手法、说明方法；同学们，大家要多使用一些优美的词句；同学们，结尾的时候要表达一下自己的感受；同学们，……这样的"指导"，是否经常在你我的课堂上出现？这样的"指导"，大家是否觉得效果明显？那么，彭才华老师又是怎么做的？他这节课就教了一个方法——抓住细节。你的习作，能让大家想象到画面，就说明你抓住了细节。同学们掌握了吗？实践证明，不用教师啰唆，同学们就知道了用两次"慢慢喝"，知道了写"在衣柜里找不到，在椅子上找不到",知道了用对比写出妈妈的勇敢……这样的方法指导不着痕迹,却又事半功倍!

三、解决了"为何写"的问题

同学们为何要写作文?如果你想听真话,那一定是:老师布置我们写的!怎样改变同学们被动写作的局面?我们应该好好研究研究写作动机的问题。任务驱动固然是一种办法,但绝不是最好的办法。真正的写作动机,应该来自每个学生内心表达的需要。当同学们有话要说,如鲠在喉,不吐不快的时候,写作还是一件痛苦的事情吗?我觉得,彭才华老师经过引导把学生们带到了这样一个境界。当每个学生被深深打动的时候,他们一定想起了自己的妈妈为自己所做的点点滴滴,他们一定为自己忽略了妈妈的爱而内疚,他们一定急于用笔倾诉自己对妈妈的感激之情。此时,习作已经由"要我写"变成了"我要写",学生的写作动机问题已经得到彻底解决。我想,如果学生的每次习作训练,都能达到这样的境地,我们的习作教学会呈现出一番怎样的景象呢?

四、解决了"怎么教"的问题

有的教师头脑中一直存在这样的疑问:小学生习作到底要不要教?那是因为,大家从很多习作课上看到的"教",实际上是对学生们思想的束缚,是对学生们表达的限制,于是自然得出一个结论:与其这样教,倒不如不教!但我想说,这只能说我们中有部分教师不会教,而不是学生们不需要学!教师们尤其需要像彭才华老师这样非常艺术地教!他的核心理念就是引导学生去发现,而我们只要细心一点,也可以发现彭才华老师高超的教学技巧。

1. 造境。这节课,师生始终沉浸在彭才华老师营造的温馨氛围中,这样的学习之境,利于学生们敞开心扉,感受细节。一支歌、一首诗、一段视频,加上教师诗意的语言,这个真实的情境就营造出来了。

2. 对比。彭才华老师细心收集了同学们诸多千篇一律的习作,精心挑选了表达母爱的诗词、歌曲、短文,在课堂上对比呈现,学生们认识到自己以往习作的不足,领悟到细节的魅力。

3. 激情。刘勰在《文心雕龙》中说:"夫缀文者,情动而辞发。"彭才华老师深谙此道,经过层层铺垫后,他抛出一段微视频,那一张张真实可感的画面,那一句句真诚朴素的话语,那一个个伤感揪心的音符,击中每个学生的泪点。尤其是彭才华老师让学生们拿出预先准备好的妈妈的照片，学生们的感情如火山一般喷发，不可遏止！

4. 反复。在感受细节中的母爱时，彭才华老师一次又一次地追问："母亲只有在我们生病的时候才爱我们吗？""《游子吟》里的母爱，是生病时的吗？""（欣赏完歌词）写母亲，写母爱非得写生病的时候吗？"（看完《来一斤母爱》视频）"母爱仅仅是在你生病的时候才会出现吗？"在欣赏学生们的现场作品时，彭才华老师也时时不忘："同学们，这是生病时候的母爱吗？""我很欣赏的就是，这位同学真正地注意到黑板上的两个字——细节。""这就是最普通、最琐碎又最真实、最动人的母爱。""母爱，非得写生病的时候吗？""一件平凡的小事，一件真实的往事，如此感人。""朱晓彤同学，我为什么说你将来可以当作家？是因为你有一颗很敏感、很细腻的心。"彭老师就是通过这一次次反复，不断地强化一个东西：细节！你能说，学生们在今后的习作中不会特别注意细节吗？

5. 示范。在彭才华老师的这节课上，我们感觉到诗意盎然，除去彭才华老师诗意的教学手段之外，更与彭才华老师自身的语言修养密切相关，他的每一句话几乎都饱含深情、饱含诗意。这对学生们而言，难道不是一种熏陶和感染吗？著名特级教师陈日亮先生说："我即语文！"我也分明觉得，彭才华老师就是语文！在示范这方面，彭才华老师做得好的是对学生习作片段中细节的捕捉。彭才华老师用他的教学行为极好地阐释了什么是"发现"！

彭才华老师的这节习作指导课，我翻来覆去听了好多遍，每一遍都被深深感动！一节课能有这样的吸引力，足见其成功！

当童心遇上唐诗
——六年级习作教学实录与点评

点评：王立春　儿童文学作家　《跟在李白身后》作者

一、童心悟诗

（一）感悟《寻隐者不遇》

师：（课件呈现余光中《寻隐者不遇》）同学们，这是一首现代诗（师板书"诗"），谁来读读？（师指名读诗）

寻隐者不遇

那童子笑笑说
师父一早就上山去了
他身子一向好
也不全为了采药
要是我陪您去找
只怕我们先迷了路
师父却一个人回来

云，实在太深了
连樵夫也不想出门
不如且坐在这松树下等
让我去扫些松针来
给您煮茶

师：我看到有些同学听着听着就笑了。这首诗让你想起了——

生：我想起了《寻隐者不遇》！

师（课件呈现贾岛的《寻隐者不遇》）：不错！我们一起读。

（生齐读唐诗《寻隐者不遇》）

师：这首诗的题目也叫《寻隐者不遇》。他的作者是当代著名诗人余光中。这首现代诗正是余光中根据贾岛的诗写出来的。两首诗，一首出自唐代，一首则是当代，是不是让你有一种"穿越"的感觉？说说你是怎么将两首诗联系到一起的？

生：诗里出现了"童子""采药""云深"这样的词。

师：是的，很多原诗的语言、元素依然还在，似乎是没有太大变化。（师板书"不变"）那么，有变化了的地方吗？

生：这首诗里说"要是我陪您去找 \ 只怕我们先迷了路 \ 师父却一个人回来"，这是贾岛的诗里没有的。

师：嗯，没错！这样的变化，你们感觉如何？

生：挺有意思的。其实，也的确可能是这样的。

师：是啊，云深不知处嘛。还有吗？

生：这首诗还说"不如且坐在这松树下等/让我去扫些松针来/给您煮茶"。我觉得挺好玩儿的。

师：是啊，你们喝过松针茶吗？

生：没有。

师（笑）：我也没喝过。不过，味道一定很特别。这样的创意改变，你们觉得怎么样？

生：我觉得这样一改唐诗就不那么深奥了。

生：我觉得这样的变化很有趣。

师：是的，由唐诗变为现代诗，会有些新的解读、新的创意、新的变化（师板书"变化"），这些变化总令人会心一笑，或者暗暗称妙！像这样，提取一些重要的诗词语言、元素，再加上一些创意，在变与不变之间，创作出与古诗遥相呼应的现代诗，这种写法，余光中把它叫作"唐诗神游"。（课件

呈现：唐诗神游)

（二）感悟《不能怪风》

师：像这样"神游唐诗"的诗还有很多。比如，这一首——（课件呈现唐代李峤的《风》）我们一起读。

（生齐读唐诗《风》）

师：我们都清楚，这首诗是个谜语诗，句句写的都是风，三秋叶、二月花、千尺浪、万竿斜，都与风有关。那么，怎么"神游"这首诗呢？（课件呈现《不能怪风》）

不能怪风

不，这不是风干的，
是秋天解下了树的叶子；
不，这不是风干的，
是春天让花开在了二月。

江水是自己想翻腾
才卷出了浪花，
怎么能怪风？
细高的竹自己想歪着站，
怎么能怪风？

不能把所有的账
都算在风身上。

怪不得风脾气古怪，
怪不得风四季无常。
世上的风有多少，
误解就有多少。

风总是卧在冬天的大雪之夜
号哭，
风的委屈有多大，
哭声就有多大。

师：同学们快速读一读，（生自由读）你们能猜猜这首诗的题目吗？

生：《不是风干的》。

生：《委屈的风》。

生：《误解》。

生：《不能怪风》。

师：哈哈！你"中奖"了！（课件呈现诗题《不能怪风》）说说，你怎么猜到这个题目的？

生：我看到诗里两次写到"怎么能怪风"。

生：是的，还有两次"不，这不是风干的"。

师：看来，诗里运用了反复的手法，把一些想要强调的意思写出来了。而这个是原诗的意思吗？

生：不是的，这首诗正好和原来那首在唱反调！

师：哈哈，好一个唱反调！这便是现代诗根据唐诗做出的——

生：变化。

师：是啊！当然，虽说是在唱反调，但是，我们却依然能很清晰地看到两首诗在遥相呼应，对吧？这一点集中体现在第几小节？

生：第一小节。

师：真好！由唐诗到现代诗，有的在变，有的依然在诗里。看来大家都摸清了不少规律。这首诗的作者是当代儿童文学作家王立春。她把这种写法叫作"古诗重述"。（课件呈现：古诗重述）

（三）感悟《缝》

师：我们再看看她的另一首诗。（课件呈现《缝》）

缝

母亲手中的线，
不仅是
缝补你衣服上的破洞，
不仅是
让这个破洞，
灌不进冬天的风。

母亲没白天没黑夜地缝着，
她想用那根线，
把你的心和她的心，
缝到一起。

从此，你走到哪里，
都连着母亲，

和她的心疼。

母亲只想用那根线，
将你离去的长路

和家缝在一起。
当你迷了方向，
沿着这根线，
就能回家。

师：看得出这首诗来自——

生：《游子吟》！

师：是的。正是这首诗！它曾经排在"最受中国人欢迎的十首唐诗"中的首位。你们迅速地猜出是《游子吟》，线索是——

生：母亲手中的线！

师：是啊，千百年来，正是这一个最常见、最平凡的小细节打动了无数人！那么，你们能结合这些诗句，猜猜这首诗的题目吗？

生：《线》。

生：《母亲手中的线》。

生：《缝》。

师：是的，就是这个《缝》。这首诗中真正与原诗意思相近的，其实也就是前面几行。你们一定发现了，后面的诗句都是围绕"缝"这个关键字展开的。例如——

生：把心和心缝到一起！

生：把路和家缝在一起！

师：是啊，这样的表达，你们平时见到过吗？

生：没有。这种表达很特别，不过，我们能理解。

师：是啊，虽然不多见，但是我们完全理解，并且还觉得这样的表达特别好，对吧？

生：真的很有意思。

师：是的。这便是诗的语言！含蓄又巧妙，说到我们心里去了。来，咱们一起读一读。

（生齐读《缝》）

师：好的诗歌还需要好的诵读。大家这样读不行。诗，有一个很突出的特点，就是它是分行呈现的。来，咱们配上音乐，（播放音乐）注意诗的分行，注意语言的节奏。

（生配乐齐读《缝》）

师：是的，这才读出了"临行密密缝"的深情，这才读出了"意恐迟迟归"的挂念！

二、童心写诗

师：同学们，这样的写法好玩儿吧？敢不敢试试？

生：好啊！

师：来，咱们看这一首。

（课件呈现《送元二使安西》）

师：大家都很熟悉这首诗吧？我们来重述这首诗，哪些是不能变的？

生：送元二出使安西这件事不能变。

生：王维在劝元二喝酒也不能变。

生：地点是渭城的一家客舍。

生：天气是雨后。

生：是有柳树的。

师：真好！同学们已经学会提取古诗中重要的元素了。其实，根据刚才的经验，我们也正好可以顺着这些元素，选择一个角度，或者说突出一种创意。例如，我们可以用"再喝一杯吧"这句话为题目写出王维的不舍，或者，还可以有怎样的题目或创意？

生：我想到一个字，那就是《酒》！

师：真好！看来你对刚才那首《缝》印象深刻。还有呢？

生：我想到一个题目，《渭城雨后》。

师：太好了，一下子把我们带到了画面里。

生：我想到的是《柳色》。

师：有诗意。大家听说过吗？古人说"柳"，其实就是想说——

生：留！

师：太棒了！柳就是留！以《柳色》为题，有创意！我们就此打住，因为，每个人都可以有不同的创意！我们继续看这一首——（课件呈现《小儿垂钓》）

师：这首诗，大家同样很熟悉。一个头发乱蓬蓬的小男孩正坐在青苔上钓鱼，茂盛的青草掩映着他的身子。有路人来问路了，男孩远远地招手示意——别打扰他钓鱼。你想到了怎样的创意？

生：可以像《寻隐者不遇》那样，写出问路人的话或心思。

师：活学活用，好！还有吗？

生：我想到的是一个字，"嘘——"。

师：哈哈，好一个"嘘——"，大家都明白吧？继续！

生：我也想到一个字，"哎——"！

师：有创意！好的，我们就此打住。大家拿起笔来，选择一首诗，开始写吧。注意，哪些是"不变"的，哪些是可以巧妙"变化"的。

（生创作，师巡视指导）

［指名生朗读自己的作品，师相机点评（后附学生作品）］

三、致歉唐诗

师：太棒了，老师惊喜于你们的灵感和表达！你们知道吗？作家王立春把小学生必背古诗75首全都进行了重述，集结成一本书，名叫《跟在李白身后》。但是，她又说——［课件呈现：其实，我也没能找到李白，甚至没能真正找到任何诗人……（我）深深地致歉，向藏在古诗深处的伟大的诗魂致歉……不知道自己的解读能否得到些许认同］

（生默读，若有所思）

师：我们还能这样写吗？（稍顿）不过，王立春后来又说——（课件呈现：一首真正的好诗，是要读者和作者共同来完成的……）

师：什么意思？其实，唐诗神游也好，古诗重述也好，无非是读读写写，写写读读，都是一种诗意在古代与今天之间的"穿越"。用这种方式，我们既表达了对古诗的理解，又丰富了古诗的内涵。不知不觉中，我们的心也与那位诗人的心更近了，而我们笔下的语言也悄悄变得别致，变得典雅，是吗？

生：是的。

师：这正如著名作家、文学评论家谢有顺先生所说——（课件呈现："不学诗，无以言。"学习诗歌可以让我们的语言表达更优雅、更精到）我们一起读。

（生朗读）

四、致敬童心

师：何止是语言有变化，更重要的是，有人说——（课件呈现：童心有诗意，诗意见童心。——谢冕）

师：这是著名诗人、作家谢冕先生说的。我们一起读。

（生朗读）

师：是啊，最可贵的是我们有一颗童心，只要有童心，就会有诗意。（师指示板书）我们今天变化的是诗的形态，但是，请大家永远记住，这颗心，永远不要变！（师板书"心"，再加两个"的"，最终形成板书"变化的诗，不变的心！"）

师：只要童心不变，诗意就永远不变；童心不变，诗意也将永远"依旧"！（师播放陈小奇根据《枫桥夜泊》这首诗作词的歌曲《涛声依旧》）这首歌的歌词让你们想到了哪首诗？

生：《枫桥夜泊》。

师：同学们，有童心，今天的你我，都可以重复昨天的故事；有童心，这一张旧船票，依然能登上往日的客船。下课！

【板书】

变化的诗，不变的心

附学生作品：

童心重述《送元二使安西》

1. 酒

白雨桐

渭城的雨，
拂去了街上的尘埃。
客舍的柳，
焕发了它以往的神采。
元二啊元二，再喝一杯吧，
你将远去。
走出了这阳关，
就再也
喝不到这样的好酒；

走出了这阳关，
就再也
见不到我这样的老友。

喝酒，
喝酒……
别走，
别走……

2. 渭城的雨哦

宗轩彬

看！渭城下雨啦！
看！风把悲伤像灰尘一样吹走了。
哦！经雨冲洗过的柳树，
正在展示轻柔的身姿！
呀！雨在劝风多喝一杯。
"向西飞去，就没有我这么好的雨喽！"
哎呀！雨和风都醉了，
快！快！快！抬进客房！

3. 渭城的雨
刘子瞳

渭城的雨，
又下了，
伴着青青的柳色，
向你送别。

渭城的雨，
又下了。
只想和你再喝一杯，

一杯滴满泪水的酒。

渭城的雨，
又下了。
你往阳关走，
这么大的渭城，
只剩我
一个人。

童心重述《小儿垂钓》

1. 这不能怪我
朱芊羽

这能怪我吗？
那位过路的人使鱼儿跑了，
这不能怪我。

这能怪我吗？
河边的青草摇摇摆摆，惊动了鱼儿，
这不能怪我。

这能怪我吗？

风儿把水面吹出层层波纹，吓跑了鱼儿，
这不能怪我。

这能怪我吗？
我只是一根鱼竿。
路人、青草、风儿，都是它们干的。
我只是一根鱼竿。
这全都不能怪我。

2. 嘘——
莫莉

一个小男孩，	"小朋友，小朋友！"
戴着一顶草帽，	"嘘——"
坐在河边，	他远远地招了招手。
绿草衬托着他，	"小朋友，在钓鱼吗?"
他在钓鱼。	"嘘——"
	他生怕惊跑了鱼儿。

3. 唉，惨了！
佚名

一个小孩儿，	"那个，路在哪?"
坐在河边。	我压低声问。
嗨——	他不理我，钓他的鱼。
我向他打招呼。	
	我生气了，
嘘——	高声喊："路怎么走?"
他埋怨地，	唉——惨了！
瞪了我一眼。	他的鱼跑了！

---- 点　评 ----

跨越时空的相遇

当接到彭才华老师的《当童心遇上唐诗》这节课时，我微笑着一口气看完了，然后忍不住问彭才华老师：有现场版吗？彭才华老师说暂时没有。我有一丝丝失落，我真的很想看到这节有一千多人观摩的课堂现场呢。

应学校和出版社的邀请，我也讲过以《跟在李白身后》这本书为背景的课，但跟身居南国的彭才华老师的课一比，我有一种"忽然闭口立"的感觉。我觉得我的课没有彭才华老师的独特和出色。或许是我作为一个写者有一种"只缘身在此山中"的自缚；或许因为自己的随性，达不到一个传道授业者的精到和讲究。总之，彭才华老师的课让我感慨不已。我忽然想到了一个词：相遇之美。

我在《跟在李白身后》这本书的后记里写到了"相遇"："我好像跟许多朝代的许多诗人都有了一次相遇，在江南江北岸，在春风秋雨中，或举杯相邀，或踏地而歌，爱着他们的爱，怨着他们的怨，抚着他们抚过的篱笆，拍着他们拍过的栏杆。时而感受着那雷击电掣般的刹那，时而体会到那稍纵即逝的永恒。"

今天，当我"读"着这节课，竟也想到了"相遇"两个字。或许这是另一种相遇吧。古诗相遇童诗，写诗的我相遇教诗的教师。完成一场相遇要穿越多长时间？从千年到现在，实现一种相遇要跨过多大空间？从北方到南国。

现在，让时间停留在彭才华老师的这节课上。

彭才华老师用余光中的诗《寻隐者不遇》和陈小奇的歌《涛声依旧》做开头和结尾，这种浪漫多姿的形式让我感到新奇和妙趣。这诗和这歌就如同给这节课镶上了一个既复古又现代的边框，变得好看又耐看了。我不熟悉彭才华老师，但是从微信朋友圈略微了解，发现他是一位能把课讲得丰富多彩的教师，独具匠心的设计和独辟蹊径的引领使他的课堂充满生机和意趣。他精心选择了诗集里的两首诗《不能怪风》和《缝》，含有一种"自在娇莺恰恰啼"的怡然和默契。从学生们的反映和创作的作品看，彭才华老师的这节课很成功。

彭才华老师以猜诗名的教学方式贯穿整节课，这又让我感到意外和惊喜。意外的是，给一首诗起个好题目一直是我苦苦追求的。有时候，一个题目出来了，一首诗就出来了，比如《草精灵》《缝》和《大雪封刀》等。诗人必介于神灵与自然的中间地带，神灵是被想象力捉住的。我常常觉得，得到了一个好题目就像捉到了神灵的翅膀。彭才华老师竟发现了我的发现，捉到了我的捉到。他只在题目上轻轻一点就具有了四两拨千斤的力量。这让我感到惊喜！好创意！

当然，和彭才华老师一样，我们都在课堂上教学生们用童诗写古诗。学生们的想象力是无边的，创造力是无穷的，只要稍稍一点拨，满课堂都是闪闪发光的金子。彭才华老师这一点做得比我更细密、更精致。用彭才华老师课堂上的话说就是"只要有童心，就会有诗意"。当教师在灿烂的古诗里"唤醒"了童心，"牧养"了童心，学生们的诗意自然会喷薄而出。因为，学生生来就富有诗性，而诗歌本来就是天真者的倾诉，诗和学生本质上是暗合的，是浑然天成的。确实，学生们的作品就像彭才华老师附在课后展现的作品一样，充满了天然的诗意。

作为一个写者，我倍感欣慰。《当唐诗遇见童心》，用童诗重塑古诗，异曲同工。这是一条崭新的路，我试着投石问路，有教师和学生沿路而来。感谢爱诗的教师，也感谢写诗的学生们。

但愿有更多的教师喜欢以这样的方式引导学生。教师是上天派来的使者，一个人会引领一群人。自己一个人是神的样貌，一群人便具有神的韵致。

但愿有更多的学生喜欢以这样的方式读诗和写诗。与先贤文流，向古典致敬，这是一种最优雅的成长方式。

以梦为马，我们必会恣肆地狂奔；以诗为马，我们必会相遇在一条熟悉的小径。

这个世界很大也很小。也许，有一天，我会与南国的彭才华老师不期而遇，彼此说着浓重的方言，却能会心一笑。我相信，这样的相遇一定是美的。因为，我们不仅相遇在生命的旅途，还相逢在花团锦簇的古诗小径，更相遇在灵犀相通的一刹。

教学设计

风景这边"读"好

——统编版教材一年级上册课文第3课《江南》教学设计

【教学目标】

1. 认识"江、莲"等9个生字；会写"可、东、西"3个字并学写竖钩等笔画。

2. 正确、流利、有感情地朗读课文，背诵课文。

3. 在情境朗读中理解"江南""田田"及诗句意思，感受江南的美景、采莲的欢乐。

【教学过程】

一、读词入题，不知转入此中来

1. 教师板书"江"，过程中提示"三点水旁"的写法。"三点水旁"的字都和什么有关？（水）出示图画与汉字（江、河、湖、海、溪），它们都与水有关，所以都是三点水旁。引导组词或说一句话。（如：江水、江边、江上、长江、江岸）

2. 呈现中国地图，指示长江位置：同学们看，地图上这条蓝蓝的带子，就是咱们国家最长的河流，她的名字叫长江。我们一起亲切地呼唤——长江。

3. （指示地图）长江中下游以南的地方，美丽又富饶，被人们称为"鱼米之乡"或美丽的江南。（板书"南"）我们一起亲切地呼唤——江南。

4. 在江南啊，到处都种着美丽的荷花，一到夏天，人们都会划着小船去采摘荷花的果实（呈现莲子的图片），那就是——莲。

（1）指名读"莲"，提醒读前鼻音。开火车读。

（2）这个字，你有什么好办法记住它？（"草字头"加上"连"）

（3）拓展：这个部首叫"草字头"，我们还学过哪些"草字头"的字？（草、花）你还认识其他"草字头"的字吗？我们发现"草字头"的字一般都与植物有关，比如莲花就是一种植物。

（4）课件出示图片与词语：莲花、莲叶、莲蓬、莲子。指名认读。

5. 呈现"采莲"图，再出示篆体"采"字，指名猜认。"采"就是"摘"的意思。再引导组词或说一句话。（如：采摘、采花、采蜜、采莲）

6. 有一首诗歌描写了这美丽的江南和人们采莲的情景，那就是《江南》。一起读这首诗歌的题目。

| 设计意图 |

教学要重视整合，重视教学内容的序列化、系统化。这一环节，由"江"谈到"江南"，再引出"江南的莲""采莲"，最后引出诗歌题目《江南》。其间结合一年级学生实际，穿插了字词认读、部首拓展、词义理解等活动，衔接紧密，收放自如。相信学生能学得既扎实又灵活。

二、读通诗歌，万丈高楼平地起

1. 教师配乐范读。学生闭眼聆听、想象。

2. 学生谈感觉。

3. 学生自由练习朗读课文。提醒学生结合拼音把生字读准，把诗句读通。

4. 同桌互相检查生字读音。

5.（呈现生字：可、鱼、东、西、北）指名认读，当小老师带读，开火车读，去掉拼音读。

（1）教学"可"：组词——可以、可是、可爱等。

（2）教学"鱼"：引导多角度组词。（小鱼、金鱼、鲤鱼、鱼头、鱼片、吃鱼、打鱼）

（3）教学"东""西"：表示方向该怎么读？还有其他读法吗？在诗歌里怎么读？

6. 生字回到诗歌里。数数诗歌一共有几句，学生同桌交替读，互相说说读得怎么样。

7. 指名朗读，重点考查读得是否正确、流利。齐读。

| 设计意图 |

"基础不牢，地动山摇。"让学生能正确、流利地朗读课文，是打基础的工程，马虎不得。此环节，教师范读，既是做出样子，也是激发学生的想象、提升学生的兴趣。发挥同桌的力量，既培养学生合作的习惯与能力，同时也能高效地解决一些简单的问题。

三、美读诗歌，景美鱼乐人也欢

（一）读出景色之美

1. 你最喜欢哪一句？说说为什么。

2. 指名读"莲叶何田田"。范读。

3. 江南的莲叶什么样？指名用"啊，江南的莲叶真（　　）！"的句式造句。（提示从莲叶的颜色、样子、大小、数量等方面）相机让学生读句子。

4. 江南是个好地方，你看那无边的荷塘啊，莲叶一大片一大片地连在一起，层层叠叠的，多么茂盛，多么美丽，这就是"莲叶何田田"。谁来夸夸这莲叶？指导读出夸赞的语气。

5. 这莲叶有多么茂盛啊，我们一起看！（呈现画面）学生说说自己的感觉，再带着感觉读。

6. 引读：夏天到了，莲叶一大片一大片地连在一起，碧绿碧绿的，多么美丽啊！这个时节，也正是采莲的好时候啊——（相机出现诗句）

生：江南可采莲。

茂盛又美丽的莲叶吸引了采莲的人们，他们撑着小船来到了荷塘，只见——（相机出现诗句）

生：莲叶何田田。

此时，景色这样美，莲子这么多，人们的心情是多么愉快啊——（相机出现诗句）

生：江南可采莲，莲叶何田田。

（二）读出鱼儿之乐

1. 在这首诗里，你还看到了怎样的画面？（鱼儿们在莲叶间欢快地游来游去）

2. 哪里写了鱼儿欢快地游来游去？呈现后面五句。

3. 指名朗读，每个学生读一句。

师：鱼儿鱼儿我问你，你的心情怎么样？为什么？

（预设：整天做游戏，开心；在茂盛的荷叶下面捉迷藏，好玩儿；荷花有清香；景色很美；水很清凉；人们抓不到鱼儿；可以吃莲子……）

4. 齐读：鱼戏莲叶间。然后随机指名读——鱼儿鱼儿我问你，你的方向是哪里？

5. 你们这些鱼儿啊，在这个"美丽的荷塘"（指示教室），游的方向都不一样，但我知道，你们游得都一样欢！那么，我们就"游"起来吧！我读——鱼戏莲叶间，你们边"游"边读，这整个"荷塘"都是你们的！

6. 你们一会儿游到了这儿，一会儿又游到了那儿，说不清究竟是在东边，还是在西边，还是在南边，还是在北边。你们这样游，累不累啊？（不累）所以，后面四句，一句也不能少！让我们一起再来读！齐读。

（三）读出人之欢

1. 同学们，除了鱼儿，还有谁也这么快乐？为什么？

2. 是啊，这里的风景这么美丽，鱼儿这么欢快，还有，那么多莲子也成熟了，人们怎会不快乐啊？带着这份快乐，我们一起读。

3. 播放歌曲《江南》，学生聆听。

4. 全班合作读。(前三句一起读，后四句由班级分为"东西南北"四大组合作朗读，形成一种有呼应、有起伏的唱和)

| 设计意图 |

诗，在诵读的声音里复活。此环节抓住"田田"一词读出荷叶之茂盛、景色之美丽，诵读的声音里含着学生对词语意义的理解、意境的想象；抓住"东西南北"四个方向，诵读中既复现了生字，又表现了鱼儿自由自在的快乐；最后则在全班有呼应、有起伏的诵读唱和中，让学生"感受"这首汉乐府"相和歌辞"的特点——这一点是不宜"告诉"一年级学生的。

遵循一年级学生的年龄特点和古诗教学规律，三个诵读环节都重视情境的创设：或以教师导语调动学生的想象，丰富情境；或引导学生角色置换，把自己当成鱼儿，在忘我表演中自创情境；或以音乐渲染，在全班合作的唱和中放大情境……层层推进，反复晕染，让学生脑海的江南画面越来越丰富，越来越清晰。

四、读读写写，"可"背"可"写"可"语文

1. 镂空诗句，指名试读：

江南可（　　），
莲叶何（　　），
鱼戏（　　）间。
鱼戏莲叶（　　），
鱼戏莲叶（　　），
鱼戏莲叶（　　），
鱼戏莲叶（　　）。

2. 全班尝试背诵。

3. 在江南，有茂盛的莲叶可赏，有欢快的鱼儿做伴，也有新鲜的莲子成熟，去这样的地方采莲，最合适不过了！同学们，我们一起来写一写"可"字吧！

（1）观察。提醒学生注意新笔画"竖勾"，注意竖要直，竖勾摆放的位

置在竖中线的右边,勾要尖。

(2)笔顺:"可"字先写"横",最后一笔是"竖勾"。

(3)书写。

(4)范写:一横直又长,口字放中央,竖勾挺得直,"可"字就漂亮。

(5)学生书写,点评纠正。

| 设计意图 |

　　因为是一年级,所以背诵也可以搭个阶梯,先镂空背,再放手背;因为是一年级,书写的能力、习惯尤其要重视,所以,从观察到书写到练习,必须有板有眼,步步落实。

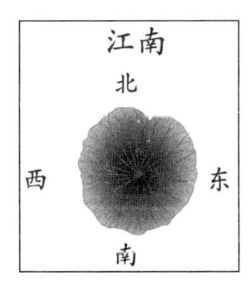

【板书】

江南

北

西　东

南

细品慢读，敏化语感

——统编版教材二年级上册第 16 课《朱德的扁担》教学设计

【教学目标】

1. 会认 15 个生字，会写 8 个字，积累词语。
2. 品读关键字词，体会朱德同志以身作则、与群众同甘共苦的高尚品质。
3. 正确、流利、有感情地朗读课文，激发学生对革命先辈的敬爱之情。

【教学过程】

一、一步一步引课题

1. 猜谜语：生在树上，落在肩上，干活躺下，休息靠墙。（打一物）
2. 揭晓答案：扁担。（配图）板书：扁担。（提示学生跟着老师书写，把字写漂亮："扁"字下面部分只有一横，"担"字左右两部分注意穿插）
3. 读好"扁担"，注意轻声。
4. 再板书：朱德。指名说说课前搜集到的关于朱德的资料，教师小结。
5. 板书：的。齐读课题：《朱德的扁担》。

| 设计意图 |

  课题中，"朱德""扁担"四个字都是本课要求认识的生字，其中"扁""担"两个字是要求会写的字。课题呈现分步进行，并且字不离词，注意音、形、义结合，有利于学生在第一时间产生深刻印象。

二、一词一句打基础

1. 学生自由读课文，要求读准字音，圈出不认识的字，遇到不懂的词句和问题做记号。

2. 同桌互读、互查、互教生字读音，尝试解决疑难问题。

3. 检查字词，全班交流。

（1）分组出示本课词语，指名认读。（带拼音）

第一组：毛泽东　朱德　队伍　敌人　战士

第二组：井冈山　根据地　茅坪

第三组：会师　巩固　粉碎　打仗

第四组：山高路陡　非常难走　挑粮爬山　整夜整夜

第五组：心疼　敬爱

（2）去掉拼音，随机检查。（主要针对本课新学的或易错的字词）

（3）随机指名，当小老师领读。

（4）交流：猜猜为什么这样分组。

4. 把词语放到句子当中，指名读。

句子一：红军在山上，山下不远处就是敌人。

句子二：从井冈山到茅坪，来回有五六十里，山高路陡，非常难走。

句子三：大家看了心疼，就把他那根扁担藏了起来。

5. 指名轮流读课文，相机指导读通顺。

| 设计意图 |

低年级阅读教学，要舍得花时间把课文读好。这一环节，由个人自学到同桌合作再到全班交流，由词语到句子再到全文，一步一个台阶，扎实推进。其中，词语的分组呈现则暗藏玄机，学习更高效。

三、一"藏"一"找"见深情

（一）聚焦"心疼"，读懂"藏"的情意

1. 再读句子：大家看了心疼，就把他那根扁担藏了起来。提问：战士们为什么心疼朱德爷爷?

2. 听老师读课文,一边听,一边想一想战士们心疼朱德爷爷的原因,找出相关的词句。

3. 同桌交流自己找到的词句,互相谈谈看法。

4. 汇报交流。

交流要点:

句子一:他穿着草鞋,戴着斗笠,挑起粮食,跟大家一块儿爬山。白天挑粮爬山,晚上,还要整夜整夜地研究怎样跟敌人打仗。

(1) 朱德爷爷穿着草鞋,肩上挑着满满一担粮食,山路又那么长那么难走,实在让人心疼。

(2) 由"整夜整夜"这个词,仿佛看到了朱德爷爷在怎样地工作?想一想,劳累一夜的朱德最需要的是什么?

句子二:红军在山上,山下不远处就是敌人。

从"不远"这个词看出敌人离井冈山很近,到山下挑粮可能会遇到危险。

句子三:从井冈山到茅坪,来回有五六十里,山高路陡,非常难走。

(1) 想想"五六十里"是多远?要走多长时间?

(2) 想象一下,"山高路陡"是怎样的情形?挑着粮食在这样的山路上走,又会遇到怎样的困难?(相机呈现相关图片,学生看图想象挑粮爬山的困难)

5. 呈现句子:1928年,朱德同志带领队伍到井冈山,跟毛泽东同志带领的队伍会师了。从这个"带领"中你读懂了什么?

6. 补充介绍:朱德爷爷出生于1886年,到1928年时已是40多岁了,差不多是一般小战士年纪的两倍。这么大的年纪,晚上整夜整夜地工作,白天仍然和小战士们一起去挑粮食。你们有怎样的感受?

7. 如果你是一名小红军战士,你会对朱德同志说什么?(相机板书:心疼)

8. 指导朗读:朱德同志也跟战士们一块儿去挑粮。他穿着草鞋,戴着斗笠,挑起粮食,跟大家一块儿爬山。白天挑粮爬山,晚上整夜整夜地研究怎样跟敌人打仗。大家看了心疼,就把他那根扁担藏了起来。

9. 板书:藏。一个"藏"字,让你体会到了什么呢?教师小结。

（二）聚焦"一块儿"，读懂"找"的品质

1. 呈现句子：不料，朱德同志又找来一根扁担，写上"朱德的扁担"五个字。指名朗读。板书：找。

2. 这个"找"字，能换成"拿"或者"借"吗？由这个"找"你读懂了什么？（朱德爷爷自己"找"来一根扁担，并且写上"朱德的扁担"，可以看出他以身作则、与战士同甘共苦的决心）

3. 朱德爷爷执意要和战士们一块儿劳动，你还能找出其他细节吗？引导发现两个"一块儿"。

（1）朱德同志也跟战士们一块儿去挑粮。

（2）他穿着草鞋，戴着斗笠，挑起粮食，跟大家一块儿爬山。

板书：一块儿。

抓住两个"一块儿"指导朗读。

4. （呈现图片）补充介绍：大家看，1958年，已是72岁高龄的朱德同志还亲临十三陵水库劳动，和大家一起挑土筑坝呢。

5. 小结：一块儿劳动，一块儿战斗，永远和大家在"一块儿"！这就是我们敬爱的朱德爷爷！这就是我们以身作则、和群众同甘共苦的朱德爷爷。

再读句子：朱德同志又找来一根扁担，写上"朱德的扁担"五个字。

| 设计意图 |

表面上看，二年级学生要读懂这篇课文应该没有问题，但是，懂得深不深、透不透则还要打个问号。低年级语文教学应该着力于引导学生往语言文字的细处去琢磨，逐步培养对语言的敏感。这一环节，聚焦"心疼""藏""一块儿""找"等词语，教师带领学生深入字里行间去感悟、品味，辅之以情境想象、换字对比、补充介绍等方法，让学生的理解越来越深刻、越来越细腻。学生的语感就在这种反复的磨炼中得到提升。

四、一歌一字再拓展

1. 呈现儿歌。

山高路（陡）险又长，

（朱）（德）（扁）（担）来挑粮。

红（军）（战）（士）心（疼）他，

找来（扁）（担）还要上。

（1）学生自读，指名读。（提示：括号里的字是本课生字）

（2）教师范读，强调节奏。

（3）学生齐读。

2. 指导写字。

（1）（课件：儿歌里的生字变大）学生观察生字写法并汇报。

（2）教师范写，学生练习。

（3）利用投影展示学生写字情况，师生共同评议。

3. 再读儿歌，争取背诵。

4. 布置作业：课后把这个故事讲给爸爸妈妈听，搜集关于朱德爷爷的其他故事。

| 设计意图 |

　　一首儿歌，概述了课文内容，又包含了多个生字，学生在诵读中有双重收获。由儿歌进入生字书写，过渡自然。

【板书】

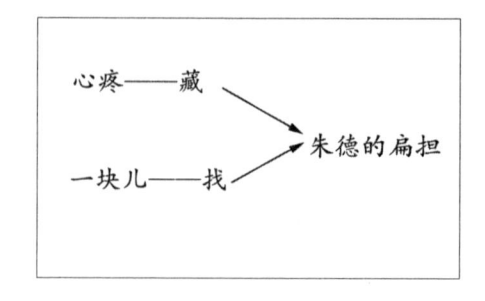

心疼——藏　　↘
　　　　　　　　朱德的扁担
一块儿——找　↗

初学文言，有滋有味
——统编版教材三年级上册第24课《司马光》教学设计

【教学目标】

1. 学会本课"司、庭"等7个生字。
2. 正确地朗读课文，初步感受文言文的特点。
3. 借助注释理解课文，用自己的话讲故事。
4. 感受司马光的临危不乱、见义勇为。

【教学过程】

一、谈话导入，引出文言文

1. 课堂小游戏：师生对说《三字经》。

人之初，（性本善）。性相近，（习相远）。

苟不教，（性乃迁）。教之道，（贵以专）。

2. 教师小结：我们把这样的语言称为"文言"，用这样的语言写成的文章，叫作文言文。（板书：文言文）

3. 教师用现代文说释意，学生用自己知道的文言文对答。（如：有志者，事竟成；人心齐，泰山移）

4. 教师带领学生书写课题，注意"司"的写法。

5. 联系一年级下册所学的《姓氏歌》，了解"司马"是复姓。齐读课题。

| 设计意图 |

　　这是出现在小学语文课本中的第一篇文言文。如何让三年级的学生不感到陌生，不感到畏惧，是教师首先要考虑的问题。以学生熟知的《三字经》导入新课，让学生背诵，再根据教师的提示，说一说自己知道的谚语。"不知转入此中来"，只为让学生找到"文言文并不神秘、并不遥远"的感觉。

二、关注基础，感知文言文

1. 过渡：说起司马光，有一个流传很广的故事呢，我们一起看看吧。

2. 学生观看无声无字的动画片《司马光》，用自己的话说说自己看懂了什么。

3. 课件呈现没有注音、注释、插图的课文，教师范读，学生说说感想。

教师小结：这样有趣的故事，文言文可以用极少的语言来表现。这便是文言文"言简义丰"的最大特点。

4. 学生打开课本，自主发现可以帮助读懂文言文的方法。

教师小结方法：注音注释来帮助，插图文字相结合。

5. 学生自主朗读课文，争取把字音读准，把文章读通顺。

6. 检查生字读音：司、跌、皆、弃、持。

7. 指导书写生字：庭、跌、众、弃、持。

指导过程中，穿插理解字词意思。

庭：庭院。　跌：由"足""失"两字组成，失足即为跌倒。

众：大家。与文中的"一儿"相对。

弃：丢下。　持：拿。

8. 齐读课文。

| 设计意图 |

　　直面三年级学生学习文言文的实际困难，教师还是要切实提供必要的帮助：无声无字的动画片不仅增加了趣味性，也降低了文言文的理解难度；注释与插图两种资源，便于理解课文，这种方法需要教师引导学生发现、习得；对难点字词的读音、字形，教师的提醒也很有必要。

三、自学共悟，读懂文言文

1. 提问：为什么文言文比现代文的字数少，却能把一个故事说完整呢？
2. 发现文言文"单字成词"的特点。如：群——一群；儿——儿童；戏——游戏。
3. 学生尝试运用。
一群孩子在庭院里做游戏——群儿戏于庭；
一群孩子在树林里做游戏——群儿戏于（　　）；
一群孩子在院子里做游戏——群儿戏于（　　）；
一群孩子在亭子里做游戏——（　　）戏于（　　）。
4. 借助注释，尝试理解句子的意思，然后和同桌说一说。
5. 汇报交流，教师指导要点。
（1）足跌没水中：注意"足"为"失足"；"没"为"淹没"，注意读音。
（2）众皆弃去："众"与上文的"群儿"有什么关系？
（3）光持石击瓮破之：注意"瓮"为口小肚大的陶器（正因口小，从上方施救很难，更可以看出司马光危急之中的办法之妙）；"破之"，打破它，注意"之"指的是"瓮"。
（4）水迸：为什么不说"水流"？
6. 学生用自己的话完整地讲一讲这个故事。

| 设计意图 |

　　以"群儿戏于庭"一句的理解、改编为开始，让学生认识文言文"单字成词"的特点，然后同桌互助，再全班汇报交流，教师进行有针对性的点拨，最后让学生用自己的话说说整个故事。这一环节体现教学的"由扶到放"，因为"教是为了不教"。

四、层层推进，读好文言文

1. 师带生读，读出节奏。
朗读指导要领：放慢速度，注意词句间的停顿，读出文言文特有的节奏。
2. 指名朗读，读出变化。
朗读指导要领：
（1）"群儿戏于庭"的悠闲与快乐，"足跌没水中"的危急，"儿得活"的舒缓与喜悦。
（2）"众皆弃去"与司马光沉着冷静的对比。
教师相机板书：临危不乱。
（3）"光持石击瓮破之"一句，可结合动作：持石、击瓮、破之，读得果敢、坚定、力度较强，表现司马光的沉着与智慧。
教师相机板书：持、击、破。
3. 师说生读，融会贯通。
师说：一群孩子在庭院里嬉戏玩耍，多开心啊！
生读：群儿戏于庭。
师说：你看，有一个孩子竟爬到了大水缸上，真是个淘气鬼！
生读：一儿登瓮。
师说：啊，不好！那孩子脚一滑，"扑通"一声，掉进了水缸里了！缸里的水那么深，一下子没过了他的头顶。这可怎么办啊！
生读：足跌没水中。
师说：其他孩子都吓傻了，一下子慌慌张张地跑掉了！
生读：众皆弃去。

师说：只有司马光镇定自若。他迅速拿起石头，用尽气力对着大缸砸去！
生读：光持石击瓮破之。
师说：水缸里的水哗啦啦地涌了出来，淘气的小孩子也得救了！
生读：水迸，儿得活。
4. 变式朗读，加深记忆。
（1）去掉标点，指名朗读。
（2）竖行排列，分组朗读。
（3）竖行繁体，边猜边读。
5. 配乐配图，熟读成诵。
群儿戏于（　），一儿（　）（　），足（　）（　）水中。（　）皆（　）去，光（　）石（　）瓮（　）之，水（　），儿（　）（　）。

| 设计意图 |

姚鼐在《与陈硕士札》一文中说："大抵学文者，必放声疾读，又缓读，只久之自悟。若但能默看，即终身作外行也。"在这一环节，变化方法进行朗读，只求一"熟"字。当然，这里的朗读，仍然要注意循序渐进，逐步提升。

五、拓展延伸，读厚文言文

1. 想象说话：被救的"一儿"事后会对司马光说些什么？众人又会说些什么？司马光会怎样回应？

2. 播放儿歌《司马光砸缸》，呈现歌词：聪明机智的小儿郎，见义勇为的好榜样。学生结合课义谈谈对"见义勇为"的理解。

3. 呈现补充的文言文，引领学生朗读，大致感悟。

光生七岁，凛然如成人，闻讲《左氏春秋》，爱之，退为家人讲，即了其大旨。自是手不释书，至不知饥渴寒暑。

光孝友忠信，恭俭正直，居处有法，动作有礼。

——《宋史·司马光传》

| 设计意图 |

　　司马光砸缸救人，除了他沉着冷静、临危不乱的性格特点外，应该还有其他可贵之处。所以，让学生想象说话，既是一次积极的言语实践活动，也是为了引领学生更深地走进人物内心；借用诗人的歌词，引发学生对"见义勇为"的思考；补充的两段文言文，既可以锻炼学生文言文的学习能力，也可为学生打开一扇"读文知人"的窗户。

【板书】

```
           24. 司马光
  众：皆弃去              文言文
  光：持、击、破           注释
  （临危不乱，见义勇为）    插图
```

一心留意，五官观察
——统编版教材三年级上册第15课《搭船的鸟》教学设计

【教学目标】

1. 正确、流利、有感情地朗读课文。

2. 找出描写翠鸟的语句，感受作者观察的细致，学习作者动用多种感官观察事物的方法。

3. 结合课文，在模拟的生活情境中，体会用心留意周围事物的重要性。

4. 感受人与动物和谐共处的美好境界，培养亲近自然、热爱自然的积极情感。

【教具准备】

准备一个观察对象，课前悄悄放置在教室里。（如装有小鸟的鸟笼、会动的玩具等）

【教学过程】

一、整体感知，学习字词

1. 齐读课题：《搭船的鸟》。关注"搭"字，指导读出鸟儿"搭船"的自在。

2. 呈现本课生词，检查学生是否能读准字音。

3. 初读课文，完成填空。

课文主要写了"我"在去外祖父家的船上，听到了（　　），看到了翠鸟的（　　）和（　　）。

4. 说一说，你喜欢这只翠鸟吗？引导学生利用文中的语句回答，相机检查课文朗读情况。

| 设计意图 |

从三年级上册到六年级下册，统编版语文教材围绕观察、想象、写事、写景、写物、写人、围绕中心意思写、表达真情实感等习作关键要素共编排了八个习作单元。教学习作单元的课文，既要有别于传统教材中的精读课文教学，也要防止过于功利地灌输习作技法。所以，检查字词、朗读语句、整体感知课文，仍是需要认真落实的教学环节。教师让学生说说喜欢翠鸟的原因，则是为下一环节做好铺垫。

二、走近作者，发现"五官"

1. 作者为什么可以写得这么细致呢？我们来了解作者。

郭风：作家，把自己毕生的精力献给了散文、散文诗和儿童文学的创作事业。有人这样评价他：一位白发苍苍的儿童，一位充满幻想的诗人，一位"五官开放"的旅行者，一位使用问号最多的散文家，一位一辈子为孩子们精心制作"点心"的厨师……

2. 引导理解"'五官开放'的旅行者"。

3. 朗读课文，自主发现：课文中，作者动用了哪些感官去观察事物？

| 设计意图 |

教学，要善于寻找着力点。"'五官开放'的旅行者"，是作家章武先生在《我心目中的郭风先生》一文中对本文作者郭风先生的评价。这一点，在本文得到了具体、生动的印证。借用这一个评价，展开本课最核心的教学内容，是自然而然的。让学生寻找作者写作时动用了哪些感官，学生自会乐意，也必有收获。

三、细致有法，五官观察

（一）汇报交流：作者动用了哪些感官去观察事物？

1. 用耳听雨声。

句子：天下着大雨，雨点打在船篷上，沙啦、沙啦地响。

（1）指导朗读，体会作者留心观察。

（2）边读边想象其他的声音：船夫披着蓑衣在船后用力地摇着橹。

2. 用眼观外形。

句子：我看见一只彩色的小鸟站在船头，多么美丽啊！它的羽毛是翠绿的，翅膀带有一些蓝色，比鹦鹉还漂亮。它还有一张红色的长嘴。

（1）读一读句子，然后合上书说一说：如果把它的样子画下来，你会用什么颜色？

（2）圈注关键词，体会翠鸟色彩之美。（羽毛：翠绿；翅膀：蓝色；长嘴：红色）

（3）对比课文的描写（清晰）和我们的印象（模糊），感受作者观察的细致。

3. 用眼观动态。

句子：它一下子冲进水里，不见了。可是，没一会儿，它飞起来了，红色的长嘴衔着一条小鱼。它站在船头，一口把小鱼吞了下去。

（1）播放翠鸟捕鱼视频，试着说说翠鸟是怎样捕鱼的。

（2）朗读语句，然后填充句中的动词，感受作者用词的精准。

（3）指导朗读，读出翠鸟动作的敏捷。

（4）小结：翠鸟捕鱼的动作实在太敏捷，然而，一切都逃不过作者的眼睛。

（5）说话练习：教师做连续动作，学生观察后说一说观察所得。（句式：只见老师……接着……然后……）

4. 用心想去来。

教师引导发现：作为一个"'五官开放'的旅行者"，郭风不仅用耳听了，用眼看了，并且，他还用心想了。

句子：它什么时候飞来的呢？它静悄悄地停在船头不知有多久了。它站在那里做什么呢？难道它要和我们一起坐船到外祖父家里去吗？

（1）读读句子，数数有几个问号，聊聊这些问题。

（2）回看作者介绍——"一位使用问号最多的散文家"。

（3）小结：五官开放，还需要我们展开联想和想象。

（二）总结板书："五官观察"，教师引读全文。

| 设计意图 |

紧紧围绕"'五官开放'的旅行者"这一个核心，教师在这个环节扎实地引领学生学习作者留心观察的具体方法。在自主发现、师生讨论的过程中，学生能够深刻体会到留心观察的好处，推动他们在今后的生活中逐步养成开放多种感官去观察的好习惯。

四、情境模拟，一心留意

1. 这节课，我们学习了"五官观察法"，现在我们利用这种方法来写一种鸟（玩具），好吗？（稍顿）这只鸟（玩具）我摆在教室可是有些时间了，为什么你们还感觉难写啊？引导学生思考"留心"的重要性。

2. 汇报交流，教师小结：要知道，郭风笔下的这只翠鸟停留在船上的时间也可能是很短的啊！正因为他用心留意了这只翠鸟，才能写得这么细致、精彩。（板书：一心留意）

3. 把事先准备好的鸟笼（玩具）再次呈现在讲台上，限时观察，然后让学生写作。

4. 汇报交流，教师着重从"五官观察"的角度予以点评、指导。

5. 课堂总结：
生活当中美丽多，留心观察不放过；
用好五官来发现，边看边听多琢磨。

| 设计意图 |

  关于观察，方法其实并不是第一位的。也就是说，习作单元的"观察"，首先要解决的是积极的情感活动，那便是要唤醒学生观察的意识，激发学生观察的兴趣，影响学生观察的灵性，使他们能时刻用心热爱生活、留意生活、体察生活。

  在这一环节，教师欲擒故纵，把学生置于一种模拟的环境中，让他们感受到不留心观察导致的写作困难，继而在"失而复得"的机会面前懂得珍惜，细细留心观察，并尝到由此带来的写作成功的甜头。相信这样的一次经历能给学生带来深远的影响。

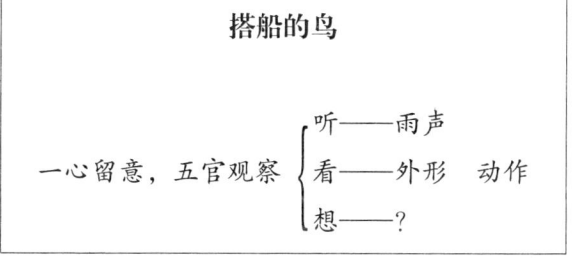

【板书】

```
                搭船的鸟

                     ┌ 听——雨声
    一心留意，五官观察 ┤ 看——外形  动作
                     └ 想——？
```

慢品语言，解读英雄之"心"

——统编版教材四年级上册第14课《普罗米修斯》教学设计

【教学目标】

1. 学习生字词，体会"死死地锁""风吹雨淋"等词语在表情达意方面的作用。

2. 感受西方神话故事的魅力，尝试利用人物关系把握西方神话内容。

3. 通过品味语言、融情想象、诵读相关资料等方法，感受神话人物的内心和品质。

【教学过程】

一、吟诵诗歌，唤起阅读期待

1. 呈现著名诗人雪莱的诗歌片段《普罗米修斯赞歌》。

是谁？让漫漫黑夜跳跃希望的火苗？

是谁？让蛮荒时代沐浴文明的曙光？

是谁？甘愿触犯天条也要救人类于水火？

是谁？深受酷刑却又无怨无悔？

啊！巨人，是你给人类带来火种。

送来光和热，

送来人类文明的新纪元！

2. 教师诵读，学生聆听，猜想诗中的巨人是谁。
3. 板书课题。

| 设计意图 |

明代谢榛在《四溟诗话》中说："起句当如爆竹，骤响易彻；结句当如撞钟，清音有余。"这说的是作文之法，其实也可以借鉴到课堂教学中来。借用雪莱的诗句开头，既定下了课堂基调，也唤起了学习期待。

一、分组学词，概括文章大意

1. 分组检查字词朗读情况，并引导发现规律。
第一组（生字词）：领袖　惩罚　饶恕　鹫鹰
第二组（四字词）：驱寒取暖　气急败坏　风吹雨淋
第三组（多音字）：尽管　肝脏　动弹
第四组（人物名）：普罗米修斯　阿波罗　宙斯　火神　赫拉克勒斯
2. 说说文中的人物关系。
3. 依托人物关系，适当利用以上词语，说说故事的主要内容。
4. 小结：西方神话故事中往往人物众多，人物关系较为复杂。针对这类故事，我们可以尝试借助主要人物之间的关系来把握故事内容。

| 设计意图 |

这一环节的主要教学任务有两个：一是学习词语，二是理清故事梗概。针对词语本身的特点，根据学生学习中可能遇到的困难，对词语进行分组呈现，大大提升学习效率；检查一组"神话人物"的词语，顺势引导理清人物关系、概括故事内容，自然、流畅，减缓了学习坡度。

三、细品词句,感受英雄的心

(一)什么是"英雄"

1. 找一找,文中对普罗米修斯有哪两个称呼?分别出自哪个句子?

句子一:(天神)有一位名叫普罗米修斯的天神来到了人间。

句子二:(英雄)普罗米修斯——这位敢于从天上拿取火种的英雄,终于获得了自由。

提问:为什么起初称普罗米修斯为天神,到后来又称英雄呢?有人说:"英雄的强大并非因为体魄强壮、武器强大,而是因为他有一颗不同寻常的'心'。"如果说普罗米修斯是英雄,那么你觉得他有一颗怎样的心?

2. 学生根据预习和初读,交流人物印象。

(二)英雄的心声

1. 常言道,言为心声。请到课文中找找表现英雄心声的语言。

为人类造福,有什么错?我可以忍受各种痛苦,但决不会承认错误,更不会归还火种!

2. 说说普罗米修斯的心声。

他要为人类造福;他宁愿忍受痛苦,也决不归还火种!

3. 讨论:"决不会"与"更不会"能调换位置吗?为什么?

4. 关注标点,指导朗读,读出普罗米修斯内心的坚定。

(三)透过盗火行为,感受英雄博爱、勇敢之心

过渡:火种,对人类究竟意味着什么?

1. 呈现课文第一句话,学生自读自悟。

很久很久以前,地面上没有火,人们只好吃生的东西,在无边的黑暗中度过一个又一个长夜。

2. 学生谈感受。教师引导。

(1)"未有火化,食草木之食,鸟兽之肉,饮其血,茹其毛……"是一种怎样的生活?又会带来怎样的后果?

(2)无边的黑暗,还意味着什么?

学生想象说话：没有火的人间，不仅是无边的黑暗，也是无边的（　　）。

3. 引导学生有感情地朗读。

4. 教师接读："就在这时候，有一位名叫普罗米修斯的天神来到了人间，看到人类没有火的悲惨情景，决心冒着生命危险，到太阳神阿波罗那里去拿取火种。"强调"天神""人间"等词语，引发思考——人类的悲惨，与作为天神的普罗米修斯有什么关系吗？进而感受到普罗米修斯的博爱、无私、勇敢。

5. 对比朗读：自从有了火，人类就开始用它烧熟食物、驱寒取暖，并用火来驱赶危害人类安全的猛兽……

（四）读懂所受折磨，感受英雄的博爱、坚强之心

1. 呈现句子：为人类造福，有什么错？我可以忍受各种痛苦，但决不会承认错误，更不会归还火种！

设问：有人说，忍，是"如刀刺心"（《长笺》）。普罗米修斯忍受了怎样"如刀刺心"的痛苦？找出那些最令你为普罗米修斯感到心疼的词语和句子，做批注。

2. 汇报交流。

（1）"普罗米修斯的双手和双脚戴着铁环，被死死地锁在高高的悬崖上"中的"死死地锁"。

（2）"他既不能动弹，也不能睡觉，日夜遭受着风吹雨淋的痛苦"中的"既不能……也不能""风吹雨淋"。

（3）"狠心的宙斯又派了一只凶恶的鹫鹰，每天站在普罗米修斯的双膝上，用它尖利的嘴巴，啄食他的肝脏。白天，他的肝脏被吃光了，可是一到晚上，肝脏又重新长了起来"之"啄食肝脏"。

（4）"许多年来，普罗米修斯一直被锁在那个可怕的悬崖上"之"许多年来"。

3. 走进英雄内心，想象写话。

普罗米修斯被锁在高高的悬崖上，他俯视人间，他看到了＿＿＿＿＿＿，听到了＿＿＿＿＿＿＿＿，他想＿＿＿＿＿＿＿＿＿＿＿＿。

4. 激情引读，升华情感。

沉重的铁镣，紧锁着他的手脚，他摇摇头，坚定地回答——"为人类造福，有什么错？我可以忍受各种痛苦，但决不会承认错误，更不会归还火种！"

凛冽的寒风，刺痛他的脸庞，他还是摇摇头，坚定地回答——"为人类造福，有什么错？我可以忍受各种痛苦，但决不会承认错误，更不会归还火种！"

嗜血的鹫鹰，啄食着他的肝脏，他依然摇摇头，坚定地回答——"为人类造福，有什么错？我可以忍受各种痛苦，但决不会承认错误，更不会归还火种！"

无尽的刑期，考验着他的生命，他毅然摇摇头，坚定地回答——"为人类造福，有什么错？我可以忍受各种痛苦，但决不会承认错误，更不会归还火种！"

5. 师引生小结：这是坚定不移的回答！这是斩钉截铁的回答！这是坚强不屈的回答！这回答的背后，是博爱、勇敢、顽强、无私的一颗心。

| 设计意图 |

普罗米修斯的伟大，在于他管了本来完全可以不管的"闲事"，在于他明知盗火可能给自己带来祸患却毅然行动，在于他面对三万多年无休无止的痛苦依然不妥协退让、不改变初衷。他如此博爱，如此勇敢，如此坚强，他是真正的英雄。本环节的教学便是紧紧围绕"英雄"二字，层层"剥笋"，步步深入，渐渐走进普罗米修斯的内心。这个过程中，不能离开对语言文字的品味、咀嚼，而想象补白、融情诵读则丰富了文本内涵，增进了学生对人物的理解，锻炼了他们的思维与表达。

四、拓展延伸，崇敬英雄的心

1. 再说强者之心，回扣英雄。

呈现：忍，显示着一种力量，是内心充实、无所畏惧的表现，忍是一种强者才具有的精神品质。（摘自《忍学》）

对照这句话，请学生说说普罗米修斯内心是怎样的充实。

小结：普罗米修斯就是这样的强者，这样的真正的英雄。

2. 照应开头，呈现诗歌。

高山险峻，铁链加身，烈日如火，暴雨如注……
但沉重的铁链只能锁住你的躯体，
却怎能锁住那颗坦荡无私的心！
难道仅仅是物质的火种吗？
不，你给予我们的，
是生生不息的精神火种！
勇敢、坚强、博爱、无私，
这就是你——普罗米修斯！

学生诵读。小结。下课。

| 设计意图 |

  画龙还须点睛。这一环节，借用《忍学》名句，升华普罗米修斯的形象。再次引用雪莱诗句，既可以照应课堂起始，令学生心领神会，也是作为课文的一种互文出现，以求学生对课文主旨有更鲜明、更集中的理解与体悟。

【板书】

> 普罗米修斯——心——英雄
>
> 决不会……更不会……

品一品语言的味道

——统编版教材四年级下册第 2 课《乡下人家》教学设计

【教学目标】

1. 识字学词，理解词义。
2. 了解顺序，学习用小标题概括乡村风景。
3. 精读文中拟人句，体会拟人化的手法对表达感情的好处并学以致用。

【教学过程】

一、开门见山，揭题导入

1. 出示"乡下人家"图片，说说图片中自己最关注的部分，谈谈自己对乡下人家的印象和感觉。
2. 板书课题，齐读。

| 设计意图 |

视觉刺激，引起回忆，激起兴趣，让学生快速进入课堂，进入课文学习。

二、检查预习，识字学词

1. 结合中年级特点，提出预习要求：一读、二画、三抄、四问（一读，读课文三遍以上；二画，画记课文段落、生字词、自己欣赏的词句；三抄，抄写生字词；四问，一是要思考课后的练习题，二是要提出自己的问题并做标记）。检查预习要求落实的情况。

2. 检查词语：检查学生字词认读的情况，相机渗透识字方法。

重点关注学生易读错的字词：装饰　鸡冠花　觅食　瞧见　高耸　归巢

3. 指名轮流读课文，重点考查是否读得正确、流利。

| 设计意图 |

教是为了不教，学生自学能力的养成至关重要。到了中年级，应重视预习习惯的养成。这一切必须有课堂的检查和反馈。如此，时间久了，学生才能真正养成习惯，形成能力。

三、盘点风景，捋清顺序

1. 结合课文特点，指导学生用小标题的方式概括课文描写了哪几幅乡村风景画。

（1）指名读第一段，学生尝试概括文段内容。教师点评，引导学生关注这一段描写的基本内容，找到关键词进行组合、概括。

（2）学生运用以上方法，快速默读第二至第六自然段，拟小标题。

（3）汇报交流，相机指导，引领学生根据小标题整理成小诗：

　　　　屋前瓜攀花开放，屋后竹阴春笋探，
　　　　房前屋后鸡觅食，河中桥旁鸭戏水，
　　　　夏日晚餐天地宽，秋夜虫鸣伴入眠。

2. 根据这首小诗，理清课文的写作顺序。如：房前屋后的空间顺序、春夏秋的季节顺序、白天傍晚夜间的时间顺序。

| 设计意图 |

拟小标题有利于发展学生提取关键词、概括段落内容的能力，为学生进入高年级的学习打基础。由概括内容再到理清课文的写作顺序，要求步步提高，效果

水到渠成。这是尊重学情的结果。因为毕竟学生只是在四年级，要在这种比较复杂的课文中理清顺序，应该提供必要的"梯子"，让学生感受到成功的乐趣。

四、感受风情，细品语言

1. 同桌合作学习。先用自己的语言和同桌说说自己最喜欢、最想去欣赏的一处风景，再把该文段读给同桌听，互相交流。

2. 指导学习拟人。

（1）呈现文段：还有些人家，在屋后种几十枝竹，绿的叶，青的竿，投下一片绿绿的浓荫。几场春雨过后，到那里走走，常常会看见许多鲜嫩的笋，成群地从土里探出头来。

（2）指名读文，相机正音，关注"场"的读音。

（3）感受"探"字之妙。

"探"可以换成什么字？（伸，长，钻，生，冒……）

用这"探"字，感觉笋变成了什么？（淘气的小孩子）

指名学生演一演。采访一下，探出头来后的心情如何？想干什么？

（4）作者这样表达，传达了一种怎样的心情？让我们受到了怎样的感染？

（5）有感情地朗读。

3. 自主学习拟人。

（1）学生在文中发现其他的拟人句。

从他们的房前屋后走过，肯定会瞧见一只母鸡，率领一群小鸡，在竹林中觅食；或是瞧见竖着尾巴的雄鸡，在场地上大踏步地走来走去。

月明人静的夜里，它们便唱起歌来："织，织，织，织呀！织，织，织，织呀！"

（2）学生汇报，相机点评。

4. 小结：拟人的妙处。

| 设计意图 |

对于四年级的学生来说，辨识拟人句并不难，难在要品味出拟人之妙，品味出拟人手法背后作者内心的情感。在一字一词里，探寻篇章的味道，探寻作者的心情，这正是"语言有温度，字词知冷暖"。语文的学习，应该像这样有情有趣有温度，有理有法有语言。

五、读写结合，学以致用

出示 4 张"乡下人家"的图片（包含动、植物），学生仿照作者的写法，运用拟人化手法写一段话。

| 设计意图 |

语文教学，要牢牢抓住"学习语言文字运用"不放松。由读到写，由学到创，在游泳中学习游泳，在写拟人句的过程中学习拟人手法，才能让语言在学生心中扎根。另一方面，本节课由关于乡下的图片开始，至关于乡下的图片结束，给学生无尽的回味。

【板书】

```
              乡下人家
          屋前瓜攀花开放，
独特      屋后竹阴春笋探， 顺序交叉
迷人      房前屋后鸡觅食， 拟人含情
          河中桥旁鸭戏水，
          夏日晚餐天地宽，
          秋夜虫鸣伴入眠。
```

听听，诗人的心声

——统编版教材五年级上册第11课《古诗三首》教学设计

【教学目标】

1. 引导学生通过查找资料、借助注释进行自主学习，正确、流利、有感情地朗读三首古诗并理解大意。

2. 在反复诵读与默读的过程中，咀嚼语言，想象画面，体悟古诗情绪，受到爱国情感的熏陶与感染。

3. 在对比阅读中，发现诗与诗的内在联系，感受诗作不同的表达手法。

【教学过程】

第一课时

一、读懂诗题，把握背景

1. （板书诗题：《示儿》《题临安邸》）指名朗读诗题。

2. 结合课前搜集到的资料，并借助注释，理解诗题。

（1）《示儿》是什么意思？

（2）结合四年级上册所学的《题西林壁》，理解《题临安邸》中的"题"。

（3）结合预习，说说自己了解到的"南宋"与"临安"。

（4）"示儿"是"给儿子看"，那么，"题临安邸"是给谁看？

3. 说说自己了解到的诗人陆游和林升。结合南宋历史，了解创作背景。

（1）1210年，85岁的陆游一病不起，在临终前，留下了这一首《示儿》。

（2）《题临安邸》是南宋诗人林升所作，写在南宋都城临安的一家旅舍墙壁上，是一首"墙头诗"。

（3）相关史实：南宋君工贪图安逸，屈膝求和，不思收复失地。

| 设计意图 |

本课共有古诗三首，设计在两课时内完成。第一课时需完成前两首的教学任务。在本节课上课伊始就把前两首古诗和盘托出，为的是在整合中提高效率。整合的策略是聚焦诗题。这两首诗题字数虽不多，但蕴含的信息却十分丰富。把握了诗题，就如同找准了这两首古诗的"牛鼻子"。另外，本单元的"语文要素"之一是"结合查找的资料，体会课文表达的思想感情"，这既是学生需要提升的重要能力，也是教学本课的重要基础。所谓"知人论诗"，了解创作背景对于学习古诗有重大意义。因此，本环节既有借助注释、链接旧知的方法提示，更有对课前搜集资料的检查反馈。这既是能力的检验，也可为下面的教学打好扎实的基础。

二、读通诗句，读懂诗意

1. 学生自由朗读两首古诗，要求读正确、读通顺。

2. 分别指名学生朗读古诗，检查是否正确、通顺。相机正音、指导。

3. 借助课文注释，结合课前所查阅的资料，与同桌尝试说说两首古诗的大概意思。

4. 指名学生交流汇报诗句意思。教师相机提问。

（1）"九州"指的是什么？（古代中国分为九州，所以常用九州代指中国）"中原"指哪里？（淮河以北被金人侵占的地区）"九州"与"中原"有什么关系？

（2）"临安""杭州""西湖"分别指的是什么？"汴州"指哪里？"汴州"与《示儿》这首诗中的"中原"有什么关系？

（3）"乃翁"是什么意思？在诗中指的是谁？

（4）"王师"是指什么？与《题临安邸》中的"游人"有什么关系？

5. 全班齐读两首古诗，强调读出节奏与韵律。

| 设计意图 |

  古诗教学的基础不可忽视。把握两首古诗的基本意思，则是绕不开的"基础"。教师在本环节仍采用整合策略，聚焦的内容则选取了两首古诗中出现频率颇高的地名与人物：弄清了地方与人物的关系，基本意思也就没什么问题了。这样做，更深一层的目的则是为后面进行的两首古诗对比阅读提供有力支撑。

三、分步解读，读出诗情

（一）学习《示儿》

1. 指名朗读《示儿》。

2. 静心读读诗句，不放过任何一个字眼。想一想，哪个细节最打动人。

汇报交流，预设要点：

（1）"万事空"是指什么？为什么一个人已经知道"万事空"还有所"悲"？

（2）既然知道"万事空"，为什么还要嘱咐孩子"家祭无忘告乃翁"？

3. 学生齐读《示儿》。

教师指导：我们读得很整齐、很流畅，然而，缺了些感觉。问题出在哪儿呢？那就是我们对这个"死"字还缺少体会。（板书：死）想象一下，一个85岁的老人，已经奄奄一息了，他会怎么对自己的孩子说话？

学生再读。

4. 这个老人，就像一盏油灯一样，灯盏里的油已经烧干了，那微弱的灯火眼看就要熄灭了。为什么到了这个时候，他还惦记着国家的事？这并非偶然。我们看，陆游年轻的时候，曾这样写道——

（1）课件呈现，学生朗读：

夜视太白收光芒，报国欲死无战场！——《陇头水》

教师解说：南宋朝廷主张与金"和亲"，以求苟安，这就好比那象征着战争的太白星收起了光芒一样。陆游知道，这样一来，他以身报国的志向不可能实现了。这多么令人悲愤啊！

（2）课件呈现，学生朗读：

壮心未与年俱老，死去犹能作鬼雄。——《书愤》

教师解说：陆游越来越老了。但是，他的雄心壮志并没有随着年纪的增长而减少，他说死了以后还可以做鬼中的强者，继续和敌人搏斗。这是怎样一种豪情！

（3）课件呈现，学生朗读：

砥柱河流仙掌日，死前恨不见中原。——《太息》

教师解说：这个时候，陆游已经是74岁的老人了。他知道，自己的日子可能不多了。这年秋天，他说，自己这一辈子唯一的憾事，是死前看不到祖国的统一了！

（4）课件呈现，学生朗读：

死去元知万事空，但悲不见九州同。——《示儿》

教师解说：此刻，是这个老人生命的最后一刻。尽管他清楚，人死了就和这世间的一切没有关系了，但是，他仍然要用尽最后一口气，说出他心底深处的愿望。

5. 当这几句诗呈现在一起时，我们发现每一句中陆游都写到一个"死"字，我们能读懂这个老人临终的心声了吗？（忧国忧民、期盼收复失地、平定中原）其实，何止是这几句啊！陆游的心声在这一生创作的九千多首诗里——

课件呈现：

（1）言恢复者十之五六。——赵翼《瓯北诗话》

（2）爱国的情绪饱和在陆游的整个生命里，洋溢在他的全部作品里。他看到一幅画马，碰到几朵鲜花，听了一声雁唳，喝几杯酒，写几行草书，都会惹起报国仇、雪国耻的心事，血液沸腾起来……　　——钱锺书

6. 是的，我们知道，这前面几次"死"，是陆游在表达一种志向，表明一种决心。然而，当"死"真正要降临的时候，还要这样说，这是怎样的一种"死"？（死不瞑目，死而后已）这是怎样的一种志向？（至死不渝）教师相机板书。

7. 全班齐读。

教师总结：有这样至死不渝的爱国情怀，这样至死不渝的报国志向，这样的"死"，叫"虽死犹生"。（板书：虽死犹生）

| 设计意图 |

"一字未宜忽，语语悟其神。"学习古诗更需要仔细揣摩每一个字眼。这一环节采用"先放后扶"的策略。先是让学生自己读诗，提醒学生发现细节。预计学生可以发现"元知万事空"的反衬作用：它不但表现了诗人无所畏惧的生死观，更与下文的"但悲"形成巨大反差，反衬出诗人那种"不见九州同"则死不瞑目的心情。其后，则是发挥教师的主导作用，引导学生发现古诗开头那个容易被人忽视的"死"字，同时再一次为学生做出"查找相关资料，体会课文表达的思想感情"的示范，援引陆游多句含"死"的诗句，引导学生体会一个诗人在生命尽头对国家统一的渴望。

(二) 学习《题临安邸》

过渡：陆游一辈子的愿望就是王师北定中原，那么，"王师"在干什么呢？

1. 指名朗读《题临安邸》。

2. 我们知道，在林升的笔下，那些"游人"一定不是普通的游人！他们是权贵，是陆游寄予希望的"王师"！他们在干什么？你们找到哪些词？（歌舞，醉）

(1) 读到"歌舞"，你会想起哪些词？想到哪些画面？（载歌载舞、轻歌曼舞、狂歌醉舞、朝歌夜舞）

教师引读：他们在这样"歌舞"的时候，哪里还记得在他们的家乡，有多少人在一年又一年地盼着他们啊——

遗民泪尽胡尘里，南望王师又一年。——陆游《秋夜将晓出篱门迎凉有感》

（2）读着这个"醉"字，你的眼前出现了怎样的画面？学生想象说话。

教师小结：这是烂醉如泥的"醉"，这是纸醉金迷的"醉"，这是醉生梦死的"醉"。（板书：醉生梦死）

反复引读：山外青山楼外楼，西湖歌舞几时休？

3. 你以为，林升这么质问，这些"游人"就会醒悟吗？不会的！

呈现句子：暖风熏得游人醉，直把杭州作汴州。

这一群酒囊饭袋，这一群行尸走肉，在西湖的暖风里，在临时苟安的享乐之风里，早忘了遗民之泪，早忘了丧国之耻！表面上看，他们活着，其实，他们已经死了。那是他们的心死了。（板书：心如死灰）

| 设计意图 |

让学生感同身受、切己体察，既是古诗教学之要点，也是古诗教学之难点。本环节主要着力于"举象"与"造境"，通过想象画面，再辅以适时引读，只为学生进入诗境，与诗人产生情感共鸣。此外，借助《示儿》的教学势能，即学生对陆游"至死不渝"的爱国信念、"虽死犹生"的爱国形象的体悟，对这首诗的教学也以两个"死"字展开，即"游人"对内苟且偷安、醉生梦死的生活状态，对外屈膝投降、心如死灰的精神状态。如此，两首诗里都内含两个"死"字，相信在这种参照阅读中，学生会有一种顿悟。

四、互文共读，读透诗心

1. 这两首诗同时摆在我们面前，发出了不同的声音。我们一起再来听听这两种声音。学生齐读两首诗。

2. 听到这两种声音，你有怎样的感受？学生交流。

教师相机小结：

在《示儿》这首诗里，我们听到的是一位85岁的老人在生命最后一刻的殷殷嘱托，尽管他有未能见到抗金大业胜利的无穷遗憾，但一辈子忧国忧民的他对收复中原充满坚定的信念，所以，他的"悲"，不是悲伤之"悲"，而是悲壮之"悲"！（板书：悲）

而在《题临安邸》这首诗里，我们听到的则是林升面对醉生梦死的"游人"发出的声声质问。他对这些"游人"的醉生梦死感到愤怒，对这些"游人"收复失地的信念丧失、心如死灰感到悲哀！（板书：哀）

3. 其实，无论是陆游的"悲"，还是林升的"哀"，都有一个共同的源头，那便是他们都有深沉的、浓烈的爱国之情。

| 设计意图 |

诗诗比照，教学至此环节，学生对两首诗的内涵已经有了较深刻的体会，处于"心里有话，不吐不快"的状态。学生用自己的语言表达真切感受，是对学习效果的检验，更是对古诗内涵理解的升华。教师适时小结：陆游的诗，虽有一"悲"，但悲而不伤，令人崇敬；林升的诗，虽着一"醉"，实际却是"哀"其心死，令人扼腕。然而，"悲"也好，"哀"也罢，都是诗人爱国情怀使然。课堂在此处戛然而止，学生当回味再三。

【板书】

```
    示儿          题临安邸
   宋·陆游        宋·林升
     悲             哀
   至死不渝       醉生梦死
   虽死若生       心死如灰
```

第二课时

一、复习旧知，导入新课

1. 多种形式检查背诵《示儿》《题临安邸》。
2. 镂空填字，检查生字书写情况。
王师北定中原日，家（　）无忘告（　）翁。
暖风（　）得游人醉，直把（　）州作汴州。
字形检查重点："祭"字左上部分有两个点；"乃"字要注意笔顺；"熏"上面部分的中间是一竖贯穿。
3. 以知识抢答的形式检查词义理解情况。
（1）《示儿》怎么理解？《题临安邸》是给谁看的？
（2）"但悲不见九州同"的"但"是"但是"的意思吗？
（3）"乃翁"是指"你的爷爷"吗？
（4）"汴州"指哪里？"汴州"与《示儿》这首诗中的"中原"有什么关系？
（5）"王师"是指什么？与《题临安邸》中的"游人"有什么关系？

| 设计意图 |

"温故而知新"，复习的重要性不言而喻。更重要的应该是创新复习形式。基于第二节课的教学内容相对简单，本环节的复习内容就比较丰富，形式多样了：古诗背诵与默写、生字识记、词义理解等。词义理解环节用意有二：一是采用了知识抢答的形式，提升了学习兴趣，也考查了学生知识运用的熟练度；二是有的题目相对简单，只需识记即可，有的则需要学生积极思考，融会贯通。

二、读准读通，读懂大意

1. 学生自由朗读古诗，要求读正确、读通顺。

2. 指名朗读古诗,检查是否正确、通顺,相机正音、指导。

3. 借助课文注释,结合课前所查阅的资料,同桌尝试说说诗句的大概意思。

4. 指名学生汇报交流诗句意思。指导要点。

(1) 结合《示儿》旧知,理解"九州"。

(2) 为诗中的"生气"找近义词。

(3) 说一说"风雷""抖擞"的意思。

4. 结合对诗句意思的把握,尝试读出感觉。

| 设计意图 |

"打基础"需注重教学形式,切忌照本宣科,生硬灌输。因此,借旧知来理解"九州",亲切且高效;为"生气"找近义词,生动且准确。

三、紧扣典故,读懂意蕴

1. 伟大的诗人心里,总有对黎民百姓的牵挂,对国家的忧思。例如,陆游通过《示儿》这首诗发出他的悲怨与悲叹,林升则是在《题临安邸》里表达对"游人"的愤怒和悲哀。那么,在《己亥杂诗》里,哪个字表现了龚自珍的心声呢?请同学们细细读诗,圈画出你认为重要的字。

2. 汇报交流,聚焦"劝"字。

3. 为什么龚自珍要"劝"呢?从诗句中找找原因:万马齐喑。

(1) "万马齐喑"本义是什么?

(2) 理解典故:时西域贡马,首高八尺,龙颅而凤膺,虎脊而豹章。出东华门,入天驷监,振鬣长鸣,万马齐瘖。——苏轼《三马图赞》

(3) 结合单元语文要素,交流相关资料,了解"万马齐喑"的时代背景。

教师补充讲述:龚自珍所处的时代,正是中国封建制度走向崩溃的时代。那时,老百姓的土地被官僚占有,还要受地租、捐税、高利贷的层层盘剥,生活在水深火热之中;而朝廷里,皇帝则把官员看作犬马、奴才,大臣们整天花言巧语,欺上瞒下。尽管他们有些人知道这个国家已经岌岌可危了,可还是没人敢说话。龚自珍看在眼里，急在心里，他在诗里揭露了清王朝的黑暗和腐败。他主张改革，反对妥协，但一直受到排挤和打击，无奈之下，在1839年也就是己亥年，他辞官回老家。在回乡途中，他目睹生活在苦难中的百姓，不禁触景生情，思绪万千，即兴写下了315首诗，这就是《己亥杂诗》。

（4）联系诗句理解"九州生气恃风雷"。

（5）引入龚自珍在1825年写下的批判诗句，加深理解。

避席畏闻文字狱，著书都为稻粱谋。　　《咏史》

（6）指导朗读：九州生气恃风雷，万马齐喑究可哀。

4. 龚自珍要"劝"什么？从诗句中找找答案：不拘一格降人才。

（1）"不拘一格"是指什么？（不受旧的约束）

（2）联系时间、背景，理解"旧的约束"。

（3）"不拘一格"只是"降人才"吗？说说你的理解。

（4）指导朗读：我劝天公重抖擞，不拘一格降人才。

4. 总结两个典故：万马齐喑、不拘一格。

5. 指名诵读全诗，全班诵读。

| 设计意图 |

由陆游之"悲"，到林升之"哀"，都可看出诗人对家国的赤子之心。龚自珍的"劝"，同样饱含诗人的爱国情怀。从前两首诗自然过渡到这一首，聚焦这一个"劝"字。在"万马齐喑"与"不拘一格"这两个典故中，发现"劝"的原因，猜想"劝"的指向，不蔓不枝，直指诗的深层意蕴。

四、渗透写法，读出诗情

1. 这首诗通过一个"劝"字，表达了作者怎样的愿望？（希望人才辈出、社会变革）

2. 与前两首诗相比较，这种愿望的表达有什么不同？

3. 呈现诗作背景。诗末自注云："过镇江，见赛玉皇及风神、雷神者，祷祠数万，道士乞撰青词。"

教师补充讲述：1839 年，龚自珍在回乡途中遇到了这样一件事。那天，龚自珍路过镇江，只见街上人山人海，热闹非凡，一打听，原来当地在赛神。人们抬着玉皇、风神、雷神等天神在虔诚地祭拜。这时，有人认出了龚自珍。一位道士马上挤上前来恳请龚自珍为天神写篇祭文。龚自珍一挥而就写下了这首诗。

3. 龚自珍真的是在写祭文吗？这样写的好处是什么？讨论交流。
4. 全班诵读诗歌，读出诗人对国家命运的关切、对社会变革的期望。

| 设计意图 |

没有谁不喜欢故事。借用原诗的注脚，讲述诗歌成因，学生听得入耳入心；教师再轻轻发问："真的是在写祭文吗"，相信学生一定会有所顿悟。

五、布置作业，课外延伸

1. 作业：诵读默写。
2. 课外搜集有关爱国的诗词，抄一抄，背一背。

| 设计意图 |

至此，三首爱国诗歌全部学完。除了必要的诵读默写之外，把学生引向更广阔的诗歌世界更为重要。这种课内与课外的结合，既可加深学生对这三首诗歌的理解和感悟，升华爱国情感，还可以提升学生搜集与整理资料的能力——这也是本单元的训练重点。

【板书】

```
     己亥杂诗
     清·龚自珍
        劝
 万马齐喑——不拘一格
```

母爱，最是细节能动人

——人教版教材六年级上册《游子吟》教学设计

【教学目标】

1. 有节奏、有感情地朗读古诗并背诵。
2. 借助注释理解诗意，抓住细节体味母爱。
3. 互文阅读，学习用细节表现母爱。

【教学过程】

一、谈话导入，揭示课题

1. 课前谈话。

（1）同学们已经读过不少唐诗，那么，谁知道唐诗一共有多少首呢？

（唐朝时，没有人统计过。一千多年后的清朝，有人搜集、整理，发现一共有49403首，诗人2873位）

（2）指名说说自己最喜爱的唐诗。

（3）哪首唐诗最受欢迎呢？1992年，香港一家出版公司曾做过一个调查，调查的内容就是"最受欢迎的唐诗"。调查结果显示，孟郊的《游子吟》最受读者欢迎。

2. 板书课题，提示"吟"的写法。

3. 理解课题意思，指导读题。

（1）题目中的"游子"是什么意思呢？（出门远游的人）

（2）你们觉得哪些人可以叫作"游子"呢？学生谈理解。

（3）孟郊是游子吗？介绍孟郊生平。

（4）有谁知道"吟"的意思？（"吟"在这儿表示一种古诗体裁，经常用来表达诗人的感慨、哀伤和忧愁）

4. 带着理解再读诗题。

| 设计意图 |

区区 30 个字的《游子吟》竟成为千万读者最喜爱的唐诗，向学生介绍这一点，可以激起学生的学习兴趣，同时也为下一步教学做好铺垫——这首诗如此受欢迎，其中的原因究竟是什么？三个字的诗题，细细点拨，字字落实，既教授知识，也培养习惯。

二、以读为本，体味母爱

（一）读通读顺

1. 为了求取功名，孟郊离家远行，长年在外。这位游子会吟些什么呢？我们可以从诗句中得到答案，首先请大家读一读整首诗，注意读准字音，读通诗句。

学生自由读诗。

2. 检查：指名朗读全诗，正音。检查"晖"的读音与释义，提示关注课文的注释。

3. 全班再读诗句。

（二）读出节奏：指名朗读，教师相机范读并指导读出节奏

（三）读出理解

1. 学生自读全诗，边读边想，写下批注。

2. 汇报交流。重点体会"谁言寸草心，报得三春晖"。借助注释理解诗句意思，分析其中的比喻，相机板书：春晖——母爱，小草——游子。

3. 提出问题，填补空白。"学贵有疑。"让学生自由提问，小组讨论。汇报交流学生的提问。

预设：

（1）为何"临行"才缝？

（2）母亲只是"密密缝"吗？（临行前，母亲还做了些什么）

（3）母亲只是"意恐迟迟归"吗？（母亲还会担心些什么）

小结：母爱如海，母爱的表现形式实在太多太多。孟郊只是把万千母爱定格在临行前那一刻，定格在"密密缝"的细微动作里，那么真切，那么感人。

（四）读出情感

教师引读：母爱如海，无以为报。在孟郊与母亲分别的二十年里，孟郊想报答母亲，却不在母亲身边，他只能感叹——

生读：谁言寸草心，报得三春晖。

师：如今身为小小的县尉，想报答却感到力不从心，他怎能不感叹——

生读：谁言寸草心，报得三春晖。

师：想到母亲年事已高，自己就算能报答也时日无多，孟郊唯有感叹——

生读：谁言寸草心，报得三春晖。

（五）背诵积累

学生练习背诵，指名背诵，全班背诵。

| 设计意图 |

这一环节中，五个层次的诵读环环相扣，步步提升。其中，"读出理解"是核心层次。诗句的表面意思并不难理解，然而要在简易的诗句里发现诗词的秘密，咀嚼诗词的深意却并非易事。让学生自己提出问题，既可激发学生深层的思考，也是一种质疑能力、质疑习惯的培养。

三、互文阅读，再品"母爱"

1. 出示《儿行千里》歌词：

儿行千里

（作词：车行）

衣裳再添几件	一会儿忙忙前
饭菜多吃几口	一会儿忙忙后
出门在外没有妈熬的小米粥	一会儿又把想起的事
一会儿看看脸	塞进儿的兜
一会儿摸摸手	如今要到了离开家的时候
一会儿又把嘱咐的话	才理解儿行千里母担忧
装进儿的兜	千里的路啊
	我还一步没走
替儿再擦擦鞋	就看见泪水在妈妈眼里流
为儿再缝缝扣	妈妈眼里流
儿行千里揪着妈妈的心头肉	

2. 学生自读全诗，交流感受。
3. 互相参照，发现《儿行千里》与《游子吟》的异同。
4. 联系生活，情感迁移：时代变迁，经济发展，今天的慈母已经不用在灯下"密密缝"了，但你们的脑海中就真的没有这种"密密缝"般的难忘记忆吗？学生自由发言，谈心中的"母爱"。

| 设计意图 |

歌词《儿行千里》的创作灵感，大概可以溯源到一千多年前的《游子吟》。两者都是提取生活中最细微的点滴来表现最伟大、最深沉的母爱。歌词则因为创作形式的自由，更为具体，更为形象，完全可以成为《游子吟》的生动注脚。学生在参照诵读的过程中，一定有许多"妙处难与君说"的悠然心会。

四、创作诗歌，礼赞母爱

1. 创作，发现母爱。

（1）每个人对母爱都有不同的理解：在孟郊笔下，母爱是"临行密密缝"中的一针一线；在老师心中，母爱是每次打电话时，母亲总说的那句"放假了，早点儿回家！"同学们，在你们心中，母爱又是怎样的？请拿起你的笔，用一句话写下自己最深的感受。

课件出示：

母爱

母爱，是那"临行密密缝"中的一针一线。
母爱，是电话中的那句"放假了，早点儿回家！"
……
谁言寸草心，报得三春晖！

（2）学生写话，教师巡视指导。

（3）学生练读：学生将自己所写诗句加入《母爱》中，练习朗读。

（4）全班配乐齐读。

2. 思考，回报母爱。

（1）欣赏歌曲《儿行千里》选段。

（2）配乐朗读《游子吟》。

（3）小结全课：我们知道，《游子吟》是千古名篇，对孟郊来说，无以报答寸草春晖的母爱无疑也是千古遗恨！正所谓"子欲养而亲不待"，当我们每天享受母爱的时候，应该思考可以为母亲做些什么。

| 设计意图 |

选择平凡细节来表现深沉母爱，是《游子吟》的创作"秘妙"。让学生在动情处，写下属于自己的诗行，既是写作方法的学以致用，也是"心有所动，不吐不快"的表达释放。"谁言寸草心，报得三春晖"，母爱深深，最重要的是一个"报"。在《儿行千里》的歌声中，只愿每个孩子牢记"子欲养而亲不待"的规劝，珍惜母爱，及时行孝。

【板书】

游子吟
密密缝
寸草心——三春晖

情到深处才"反复"

——人教版教材六年级下册第15课《凡卡》第一课时教学设计

【教学目标】

1. 学习生字新词，整体把握文章内容。

2. 理清课文脉络，在此过程中领悟文章将叙述、信的内容和回忆插叙结合在一起的表达方法。

3. 深入文本，感悟"反复"这一表达方法对于表现人物思想感情的作用。

4. 体会凡卡的内心世界，受到情感熏陶并用朗读表达出来。

【教学过程】

一、检查预习

1. 呈现契诃夫像，让学生结合预习谈谈对作者的了解。

2. 检查生字词预习情况，重点关注。

字音：摩、揉、蘸、锈、撇、匣

字形：蘸、撇、匣

字义：摩、蘸、搓

3. （呈现课文插图）师：结合这幅图，联系你的预习，你想说些什么？

| 设计意图 |

预习习惯、预习能力的养成非常重要，以"检查预习"的形式学习生字、整体把握文章内容符合学生年龄特点和年段目标要求。学习一篇文章，应该对作者有所了解，这既可以让学生对文章有一种亲近感，也可以培养学生关注作者、思考作者写作风格的习惯和素养。让学生结合插图和自己的预习自由说话，旨在了解学生对文章基本内容的把握，引导学生从整体上观照文本。

二、理清脉络

1. 师：请大家快速浏览课文，看课文是按照什么顺序写的，同时找找有哪些段落与凡卡写信毫无关系。

2. 学生浏览课文并做标记，与同桌交流。

3. 汇报交流。课文是按照什么顺序写的？（写信前、写信中、写信后）分别是哪些段落？第二部分全是讲凡卡写信吗？

4. 小结：作者在写凡卡写信的中间，还写了他回忆"爷爷守夜"和"砍圣诞树"的情景。这叫插叙。

| 设计意图 |

对于两千多字的长文章，作为第一课时的教学，用较短的时间理清课文脉络是很有必要的。理清课文脉络就是要引导学生揣摩行文思路，了解课文先写什么、后写什么，做到胸怀全局；理清课文脉络还要让学生感知文章布局谋篇的特有形式，让学生在发现"哪些段落与凡卡写信毫无关系"的过程中，能比较轻松地理解"插叙"这一行文方式。

三、引发"矛盾"

1. 师：信中直接写求爷爷接他回乡下的句子有哪些？

2. 汇报交流并指导朗读。

（1）亲爱的爷爷，发发慈悲吧，带我离开这儿回家，回到我们村子里去吧！我再也受不住了！……

（2）带我离开这儿吧，要不，我就要死了！……

（3）亲爱的爷爷，我再也受不住了，只有死路一条了！……

（4）快来吧，亲爱的爷爷，我求您看在基督的面上，带我离开这儿。

（5）亲爱的爷爷，来吧！

3. 引导学生发现"亲爱的爷爷""带我离开这儿吧"等句子在信中反复出现，似乎给人啰唆之感。

4. 课件呈现：简洁是天才的姊妹——契诃夫

引导学生质疑：文章的"啰唆"与契诃夫的写作箴言是不是矛盾？

| 设计意图 |

不愤不启，不悱不发。引导学生自己发现问题可以给教学带来强劲的推动力。第一课时，采用怎样的形式能让学生深入凡卡的学徒生活，走进凡卡的内心世界？同时如何带领学生感悟文章的写作手法是教师应该着重思考的问题。本文运用的写作手法较多，但不可面面俱到。领悟"反复"这一文本"秘妙"是可以达成的目标。

四、体味"生活"

1. 引导学生走进课文，了解凡卡的生活，找出概括描写凡卡生活的语句。

课件呈现：我的生活没有指望了，连狗都不如……

2. 学生默读课文，从文中找出描写凡卡生活的语句。

3. 汇报交流。（着重关注第八、十五自然段，引导学生从"挨打""挨饿""挨困"三方面体会凡卡的学徒生活）

（1）挨打——辨析"揪""戳""拖"等词语的意思，体会词语背后的情境。

（2）挨饿——引导学生想象凡卡与老板天壤之别的饮食，体会凡卡的生活。

（3）挨困——引导学生想象凡卡睡觉的"过道"的境况，体会"他们的小崽子一哭，我就别想睡觉，只好摇那个摇篮"的辛酸。

（以上每一方面教学完毕，均适时回顾句子"我的生活没有指望了，连狗都不如……"并指导学生有感情地朗读）

4. 师：对凡卡来说，连狗都不如的生活，何止这样几个画面？读着他饱含血泪的叙述，听着他悲苦无助的哭诉，我们的眼前仿佛再次出现了这样的悲惨画面（音乐响起）——

凡卡在莫斯科过着连狗都不如的生活。我还看到，有一次＿＿＿＿＿＿＿＿＿＿＿＿。

学生想象写话，然后有感情地朗读交流。

5. 有感情地朗读第八自然段。

| 设计意图 |

到这个环节，课堂宕开一笔，由"简洁"与"啰唆"之辩转而指向"凡卡的生活境况"。这是课堂的内在逻辑决定的：不深入感受凡卡的悲苦生活，就不能激活学生的内心体验，更不能真切感悟到"反复"这一种表达形式对于表现文章内容的必要和妙处。

如何引导学生感受到凡卡生活之悲苦呢？调动想象，在画面中感受；引导品析，在思辨中感受；动情朗读，在声音中感受……调动学生的多种感官，才能深切地感受到凡卡生活的种种悲苦。感受越深切，下一环节的教学就会越顺畅、越有效。

五、揭示"矛盾"

1. 教师顺势导读：凡卡再也受不住了，他向爷爷发出了痛苦的哀求，发出了绝望的哭喊：

指名生读：亲爱的爷爷，发发慈悲吧，带我离开这儿回家，回到我们村子里去吧！我再也受不住了！……

师：凡卡实在太痛苦了，太想回到乡下去了。第一组同学，我们来帮凡卡求求爷爷。

生：带我离开这儿吧，要不，我就要死了！……

师：第二组，我们也来帮帮凡卡吧！

生：亲爱的爷爷，我再也受不住了，只有死路一条了！……

师：第三组的同学们，我们也不能无动于衷啊！

生：快来吧，亲爱的爷爷，我求您看在基督的面上，带我离开这儿。

师：让我们全班同学一起，为凡卡哀求，一起哭喊！

生：亲爱的爷爷，来吧！

2. 师：（面对生）你知道老师为什么请了越来越多的同学帮你一起求爷爷吗？这样的表达啰唆吗？

3. 小结：是啊！文章不是无情物，情到深处才反复啊！正是因为凡卡的生活太痛苦、太悲惨，甚至连狗都不如，所以凡卡才一次次哀求，一次次哭喊，因为他心中只有一个强烈的愿望，那就是——回到乡下去。

师：那么，乡下的生活又是怎样的？爷爷会带凡卡回乡下去吗？这封信能改变凡卡的命运吗？我们下节课继续学习。

| 设计意图 |

　　语文课上不仅要让学生明白"写了什么"，还要明白"怎样写""为什么这样写"。水到渠成地让学生认识到"情到深处才反复"，是本课时的教学重点。此环节对于"简洁"与"啰唆"之辩放在学生情感的顶点处，教师的轻轻一问，便能收"四两拨千斤"之效。课的尾声，教师顺势发问，将学生的思考自然地引向第二课时的学习内容，为第二课时的教学做好铺垫。

【板书】

```
           凡 卡
        插叙　反复
   生活没有指望了，连狗都不如……
```

细节之中见精神

——人教版教材六年级下册第13课《一夜的工作》教学设计

【教学目标】

1. 正确、流利、有感情地朗读课文。
2. 领悟文章用小细节表现伟大人格的写作手法。
3. 理解课文内容，从周总理工作的劳苦和生活的简朴中感受其伟大的人格。

【教学过程】

一、印象总理：自己与名人

1. 回顾四年级学习的《为中华之崛起而读书》，谈谈周总理在自己心中的印象。

2. 呈现中外名人对周总理的评价，指名朗读。

周恩来总理是十亿中国人民心目中的第一位完人。——作家冰心

全世界我只崇拜一个人，那就是周恩来。——美国前总统肯尼迪夫人杰奎琳

与周恩来相比，我们简直就是野蛮人。——联合国前秘书长哈马舍尔德

周恩来是我唯一的偶像！——西哈努克夫人莫尼克公主

3. 小结设问：无论是在我们每一位中华儿女的心里，还是在世界人民的心中，周总理都是极其伟大的。今天这节课，让我们一起走进作家何其芳所写的《一夜的工作》，看看作者是怎样通过一篇几百字的文章来描写这样伟大的总理的。

| 设计意图 |

　　从学生已知的课文《为中华之崛起而读书》出发，谈谈自己印象中的总理，自然亲切；呈现中外名人对总理的印象，激起学生的崇敬与爱戴之情。无论是在自己的还是在中外名人的印象中，总理的形象都是伟岸高大的。可是，眼前的文章却只有区区 700 多字，作者是怎么写的？这一问题，于学生而言极有召唤力。有效吸引学生，永远是课堂教学应该努力追求的。

二、整体感知：词语与梗概

1. 学生自由朗读课文，要求读准字音，读通句子。
2. 分组检查生字词。

第 1 组：浏览　审阅　　第 2 组：询问　咨询

第 3 组：朦胧　蒙眬　　第 4 组：一碟花生米　一叠文件

3. 选用以上词语，试说文章的大致内容。

| 设计意图 |

　　基于文本比较简单，巧妙运用"碟"和"叠"两个同音字进行词组补充，引导学生运用这两个词组简单概括课文内容，使字词学习与学生对课文内容的整体感知有机融合。

三、潜心会文：细节与精神

过渡：周总理，一个让全世界瞩目的真正的伟人，有多少惊天动地的事情可以描述啊！可是作者却偏偏只写了他一个晚上审阅一叠文件、吃一小碟花生米这样琐碎的小事。这是为什么呢？

1. 学生默读课文第一至第五自然段，圈画自己感触较深的词句。
2. 汇报交流，朗读指导。

交流要点：

要点一：生活简朴。（1）花生米增加分量了吗？根据在哪里？从中你体会到了什么？（2）"室内陈设极其简单"中的"极其"是什么意思？为什么用这个词？

要点二：工作劳苦。（1）时间长——喝了一会儿茶，就听见公鸡喔喔喔地叫鸣了。（2）任务重——总理见了我，指着写字台上厚厚的一叠文件说："我今晚上要批这些文件……"（3）用心细——他一句一句地审阅，看完一句就用笔在那一句后面画上一个小圆圈。他不是浏览一遍就算了，而是一边看一边思索，有时停笔想一想，有时问我一两句。（4）教师补充材料：这份报告本来就是总理自己的发言稿。我们现在看到这份报告一共有8000多字，400多句。对待自己熟知的发言稿，总理仍然这样认真地审阅，可见他对工作有多么认真。

3. 小结：关于周总理的故事太多太多，然而，作者并没有选择轰轰烈烈的大事件来写。但正是像"审阅一叠文件""吃一碟花生米"这样的小事，同样能让我们感受到周总理伟大的人物形象。

4. 细节之中见精神。你还能发现像这样的小事情、小细节吗？

（1）你到隔壁值班室去睡一觉，到时候叫你。

（2）我也站起来，没留意把小转椅的上部带歪了。总理过来把转椅扶正，就走到里面去了。

| 设计意图 |

"一沙一世界，一花一天堂。""一碟花生米""一叠文件"等细节，反映了周总理的伟大精神。这一环节，要给予学生充分的时间潜心会文，从而发现一个又一个细节，感受语言背后作者的情意，体悟周总理生活简朴、工作劳苦的伟大精神。语文课就要教给学生这样的本领：于无声处听惊雷，于平凡处悟深邃，于细微处见精神。

四、拓展延伸：一夜与一生

1. 其实，周总理工作辛苦、生活简朴，何止一夜啊？我们一起走进周总理生命的最后时光，也许能看到更多更多……

拓展资料：（1）周恩来始终是边工作边治疗疾病的。根据有关记录统计：1974年1月至5月期间，周恩来每日的实际工作量如下：工作12至14小时，9天；14至18小时，74天；19至23小时，38天；连续工作24小时，5天。此外，从 3 月中旬到 5 月底的两个半月内，除日常工作外，共计参加中央各种会议 21 次，外事活动 54 次，其他会议和谈话 57 次。(《周恩来年谱（1949—1976）》)

（2）病床上的周恩来实际上没有能够完全休息，没有做到专心治病……卫士高振普回忆："周总理没有因为他的病而增加一点休息，也没有因为他的病减少一点工作。"他曾经做过一个统计：从 1974 年 6 月 1 日住院到 1976 年 1 月 8 日逝世，在周恩来生命最后的 587 天，约人谈话 220 人次，谈话最长时间达 4 小时 20 分；公开会见外宾 65 次，每次时间大都是 1 小时左右，最短的 1 次 15 分钟；开会 32 次，去医院外看人 5 次。此外，还有其他一些活动。(《周恩来卫士回忆录》)

2. 学生谈感想。

3. 感受作者的内心，配乐引读最后两段，并反复朗读：我看见了他一夜的工作。他每个夜晚都是这样工作的。

4. 呈现周总理生前最喜欢佩戴的"为人民服务"的徽章，激情小结。

从周总理日常的这许许多多的细节处都可以看出他伟大的人格：周总理的那件中山装上，每天都别着一枚小小的徽章，上面就写着那闪闪发光的五个大字——为人民服务！为人民服务，这就是周总理一生的承诺。

| 设计意图 |

此环节呈现了周总理身患重病依然忘我工作的真实史料，让学生全面地了解总理，深刻地感受总理的伟大精神，由"一夜"走向了"每个夜晚"；介绍周总理生前最喜欢佩戴的"为人民服务"的徽章，指向了总理的"一生"。"写法决定教法"，这里的拓展与文章的写作手法暗合，是"细节里见精神"的生动体现。

当然，感悟写作手法并不是这一课教学目标的全部。在学生情感受到强烈震撼的时候，教师适时激情引导，让学生在朗读中内化理解、升华情感，把周总理的伟大形象牢牢铭记。

【板书】

```
       细节   精神
   一夜的工作，一生的承诺

   一叠文件——工作劳苦
   一碟花生米——生活简朴
```

教育随感

幸得红楼梦一生
——读《红楼梦》*

我生长在农村，家里无甚藏书，直到17岁才第一次读到《红楼梦》，那是我从就读的师范学校的图书馆里借来的。犹记得那是一个冬天，出奇地冷，然而，每日拥一炉炭火，握一壶热茶，读着红楼，至今想来仍是莫大的享受。

有人按阅读姿态把读者分为分享者和旁观者。我想，那时我读红楼就是一个十足的分享者，每日就沉浸在书中痴情男女的爱恨情仇里，沉浸在宁府荣府的悲欢离合里，读得废寝忘食、神魂颠倒、天昏地暗。我为红楼笑，笑宝玉痴狂疯癫；我为红楼哭，哭黛玉葬花薄命红颜；我为红楼叹，叹盛宴终须散、镜花水月成虚幻……

也许，从欣赏艺术的角度来看，分享者还属于低级阶段，因为在他们的眼里，艺术和人生简直没有距离。然而，我不后悔：经典之所以成为经典，是因为她关乎性情，关乎心灵；她含着眼泪，淌着心血；她用生命倾吐，用灵魂诉说……对待《红楼梦》这样的经典，我们为什么一定要那般冷静？那般超然？

阅读，是怡养性情的过程，是滋养生命的过程，是让人守护灵魂的过程。我庆幸，我曾经那样"傻"、那样"纯"地深陷在红楼的梦里。正是红楼，让我能在这个水泥和钢筋缠绕、机器与权力盘结的世界里葆有一份柔软，珍藏一方温润，让我能在迷途时重遇自我。

---

* 曹雪芹著

再读红楼，已是五年之后。当时，我在一所私立学校工作，接手的是一个生源复杂的有名的"差班"，每天各种各样、大大小小纷繁芜杂的状况总是会蜂拥而至，让我如临深渊、如履薄冰。

然而，我还是忍不住在夜深人静的时候捧起红楼读几回，为赶走一天的劳累，也为逃避班级带给我的困扰。蒋勋先生说：（阅读经典）随着年龄的变化，你会喜欢不同的人，不同年龄段会注意不同的人。确实如此，那时，我把更多的注意力放在红楼的几个主人公身上，尤其喜欢宝玉。在我的眼里，宝玉对自己的痛苦从不挂怀，却总记挂着别人的悲喜；他的眼睛总是那样清亮，不偏不倚，无思无虑；他永远是那样谦恭，那样宽容，那样博爱，上至王侯将相，下至奴婢戏子，他都一视同仁……他的心里有大爱。

宝玉的大爱，何尝不是大智慧！四十多个来自或城或乡、家境或贫或富、品质或优或劣的孩子，我该怎样面对？我自问：你做的工作足够细致吗？你爱的天平足够均衡吗？你爱的心胸足够宽广吗？就在我日复一日的自问与调整中，我的班级也悄然变化：学生之间锱铢必较、脸红耳赤的少了，宽容善良、团结友爱的多了，好学之风也随之变得浓郁。就这样，因了宝玉的启发，一个班级变了。

我知道，以这样"实用"的态度来读红楼，是有些浅薄、有些可笑的。但是，回顾那一段工作经历，宝玉确乎是我的救星。在人生的不同时期读同一本书，会有不同的领悟和收获。那个时期，宝玉便是我最大的收获。

2008年，我有幸在王崧舟先生门下进修学习。还记得那个秋天的早晨，我走进先生的工作室，顿时被两句话吸引住了：以出世的精神做入世的事业；教育当以慈悲为怀！也不知为什么，我很自然地想起了《红楼梦》，于是，进修的半年时间里，再一次捧起了她。

也许因为脱产的无羁，也许因为培训的悠闲，这一次读红楼，状态全不似从前。我对以往不甚在意的空空道人那段"好了歌"有了全新的感觉，甚至有些震撼。这哪里是家常的笑话，这分明是一声惊雷：人类世界的金钱、权力、色欲最后都要走向"空"，走向"了"，并且，"好"的顶峰即是"了"的开始！

那么，人该"好"还是"了"？曹雪芹的伟大，就在于他参透了"好""了"，执着于对生命、对人性、对青春的尊重与讴歌。否则，红楼里哪还有那么多诗？那么多泪？那么多深情感慨？正如学友志芳所言：看清了，看破了，知道不过是个"了"，却仍愿意用"情"对待一切，这便是慈悲。是的，因为懂得，所以慈悲。在那段日子里，王崧舟先生以及同门对教育、对生命执着的探索与超越、追问与释然让我对红楼、对人生都有了全新的洞悉、了悟。

今天，社会节奏正一天天加快，教育也似乎一天天变得纷繁复杂，尽管业务越来越熟练，我却常常感到困惑，或感到倦怠。每每这时，我便捧起红楼，静静地读她，于是内心又慢慢变得澄澈，变得豁然，变得宁静。

我想，真正的阅读，应该和生命相连。感谢红楼，给了我这份安定与坦然、诗意与温暖；感谢经典，让我在川流不息的生命轮回里永远可以回望精神的家园。

这一辈子，幸遇红楼。

回到哲学，回到母语
——读《语文教育哲学导论》*

百年以来，中国语文教育一直在纷纷扰扰、吵吵嚷嚷的争议中跌跄前行。单就学科性质来说，就有政治性、思想性、工具性、人文性等轮番登场。不是东风压倒西风，就是西风压倒东风。作为一线教师，岂能不迷乱？其实，"所有的教育问题最终都是哲学问题"（史密斯语），所以，如果我们能把目光投向教育哲学的话，也许就不至于无所适从。每每打开潘庆玉先生的《语文教育哲学导论》，我就有这样深刻的体会。比如这一句：

要给语文减去那些不必要的繁难琐细的训练的"负"，要给语文增加那些很重要的、语文本身所承载的思想、文化与审美的"负"。

减负，为什么减？减什么？怎样减？我们也许大致清楚。然而，语文还要"增负"？怎么还能"增"呢？还要往"思想、文化与审美"上面"增"？那岂不是没有"语文味"了？我们的语文课就是要学习语言文字运用啊，就是要简简单单地学啊！

是的，我们是要追求学生简简单单学语文的目的，但是，这并不意味着我们就可以简简单单思语文啊！当下，多少人打着"语文味""学习语言文字运用"的旗号，干着的却是"繁难琐细的训练"的活儿，把语文知识当法宝，把一个个活泼的生命当容器，一味地贴标签、搞训练，还美其名曰"满满的干货"。

---

* 潘庆玉著

汉语的语文味究竟是什么？语言文字运用又究竟指什么？人与语言之间究竟是什么关系？我们需要重新思考。潘庆玉先生在他的书中指出：简单地效法西方语文教育是不能解决中国自身语文教育问题的。

非常欣慰的是，近十年过去了，新版《普通高中语文课程标准》对语文课程性质的表述有一个明显不同于 2011 版课标的地方，就是增加了"祖国"一词，即"语文课程是一门学习祖国语言文字运用的综合性、实践性课程"。由此可见，只有基于汉语的民族性，基于汉语的本质特点，我们才有可能真正找到母语教学的正确方向。

赤诚的"建议"
——读《给教师的建议》*

我固执地认为,如果没读过《给教师的建议》,是很难做好一名教师的。

是的,有人说:作为教师,如果你不知道苏霍姆林斯基,无异于学音乐的不知道贝多芬。苏霍姆林斯基的教育思想对当代中国教育的影响力可见一斑。打开这本厚厚的教育经典,几乎句句都是教育的箴言:

在人的心灵深处,都有一种根深蒂固的需要,这就是希望感到自己是一个发现者、研究者、探索者。

教师知道的东西应当比他在课堂上要教的东西多一百倍,这就要求我们必须强迫自己每天读书,不要把这件事拖到明天。

只有当知识成为精神生活的因素,占据人的思想,激发人的兴趣时,才能称之为知识。

读这样的书,你会发现什么叫"文章不写半句空"。苏霍姆林斯基就像你的一个老朋友一样,温和地坐在你对面,把他几十年切身的教育经验极其耐心地、毫无保留地一一告诉你。他说的每句话,都是那样恳切、那样真挚,每句话都那么耐人琢磨、耐人回味。

比如这最后一句,苏霍姆林斯基就强调了学习一定要有精神生活的参与,要在人的大脑里真正产生深刻思维的火花,要让学生真心理解、真心接纳、真心喜欢,这样学到的知识才是"活"的,才真正进入了学生的生命世界。

---

* [苏]B·A·苏霍姆林斯基著,杜殿坤译

所以，我常常提醒自己，不要认为你教的东西是正确或"高大上"的可以了，怎样把书本上的知识教到学生心里去，还有无尽的奥秘等着我们去琢磨。方向对了，还得选择正确的路径，否则可能徒耗时间，甚至根本就到不了目的地。

这本书讲述的是教育深处的奥秘，但绝不艰涩、高深。在书里，你经常能发现诗一样的文字，既蕴含了苏霍姆林斯基对教育的细致观察和深刻思考，又流露出他对教育的一片赤诚和热爱，让人感到教育的美好。

这是一个阳光和煦的初秋的日子。柔和的阳光温暖着大地，树木穿着各种色彩鲜明的盛装。你向学生们讲述金色的秋天，讲述自然界的一切生物都在准备度过漫长而寒冷的冬季……当你深信学生们已经清楚地理解了词、词组的丰富含义和情感色彩以后，你就建议他们自己讲述他们所看到和感受到的东西……

去读这本书吧，常常去读。

教文学，请读《谈文学》
——读《谈文学》*

语文教育，不全是文学教育，但文学教育一定是语文教育的重点。要进行文学教育，不可不读朱光潜。潘新和先生曾这样评价他：

他是我国现代文学、语文教育的奠基人，是最杰出的语文教育理论家（不是"之一"）。我们从他的著作中学到的美学、文学、写作、阅读教育的道理，甚至在应用和操作层面上，比起从同时代所有的语文教育家、语文学者、语文教师著述里得到的总和还要多。

诚哉斯言。如今这个时代，关于语文教育的理论层出不穷，使人眼花缭乱、目不暇接。有人甚至发出感慨，如果你三个月不接触教学杂志，就会有跟不上时代的感觉。理论诞生犹如时装展出，岂不荒唐？！

关于文学教育，朱光潜先生一定是每一个语文老师应该常常仰望、常常阅读、常常亲近的真正的大师。他的语文教育观点极其朴素，从来都不偏不倚、深中肯綮。《谈文学》就是这样一部经典。可以说，在这本书里，关于语文教育的箴言俯拾皆是：

文学是最原始的也是最普遍的一种艺术……一个对于文艺有修养的人决不感觉到世界的干枯或人生的苦闷。

取法乎上，方得其中。朱光潜先生的文学教育观点，是站在文学与人生的关系的高度上提出的。这对于当下我们有些人把语文教育矮化、窄化为工

---

* 朱光潜著

具之学、技能之学，实在是当头棒喝。

思想是实体，语文是投影。语文有了完整的形式，思想决不会零落错乱；语文精妙，思想也绝不会粗陋……文学上的讲究大体是语文上的讲究。

今天，当我们讨论"语文教学要向内容分析说再见""学习语言文字运用就是学习语言形式"的时候，如果能时常想起这句话，便有了更坚实的哲学基础。

文学须表现情趣，而情趣大半要靠声音节奏来表现，犹如在说话时，情感表现于文字意义的少，于语言腔调的多，是一个道理。

朱光潜先生对于声音、对于节奏的研究更应该引起我们的关注。这一句不仅揭示了好的文学的深层秘密，也告诉我们诵读之于语文教学的重要意义。

其实，好的课堂，也应该向好的文学看齐，注意声音，注意节奏。这也是"如歌"的语文教学所追寻的目标之一。

"为了人"的语文教育观

——读《语文：表现与存在》*

有些语文学者、教师不思考"语文课程的性质、目的、任务""语文是什么""为什么学语文""为什么写作"之类的问题，而是想"教什么——考什么教什么"。这样的语文教学不啻自虐、自杀。

"应试论""工具论""技能论""训练主线论"等，这些常见的功利主义本体论认知，可谓无人、忘本、弃道、废学之论，舍本逐末之论，应给予彻底清理与颠覆。

潘新和教授的书里，这样的句子有很多。看到这种句子，你可能得把自己慵懒的身子从沙发里拔出来，或者要站起来才能读下去。当然，这本书里，还有让你更震惊的：

现代语文教育范式被证伪，这不是叶圣陶们的悲哀，而是他们的成就和光荣。这表明了他们的理论具有可反驳性、可证伪性和可检验性。

是的，对于语文教育，潘教授的观点向来如此决绝，不留半点商量的余地。

他还有另一本书，书名竟是《不写作，枉为人》。

有一次在外讲课遇到潘教授，我特地就这个书名，敲开了他的房门向他请教。没想到，文字如此决绝、冷峻的潘教授，与人交流时却极其温和儒雅，显露出真正的谦谦君子之风。那个晚上，潘教授从什么才是"真正的人"谈

---

* 潘新和著

起，和我一口气聊了近两个小时。他的博学、深邃以及严谨的治学态度，使我深受感染，以至于整夜无眠。

因此，当我再次捧起这部逾百万言的语文巨著时，就更多一份崇敬了。

其实，他的决绝与冷峻，不是武断，更不是狂妄。那么多文献资料的整理堪称海量，那么严密的论证一丝不苟。正如他的导师孙绍振先生所赞誉的，"这部精心结撰的百余万言的鸿篇巨制，是我国现代语文教育发轫以来罕见的力著"。

在这部著作里，我们处处可以感受到他实事求是的治学态度。例如，对于以叶圣陶为代表的应付生活的语文教育思想，他一面指出其忽视人的存在、人的精神之局限性，另一面又能指出它的历史合理性，进而指出正是这种历史合理性造成了当下语文教育的局限性。

再如，尽管他一再强调"语文教育本体论认知的迷失"是语文教育根本的迷失，又不忘提醒读者：语文教师的最高智慧，成功的语文教育、课堂教学，就体现在将"人因言语表现而存在"的抽象道理，深入浅出、源源不断地转换、渗透到每一个细胞之中，植根于每一个学生的心坎之中，使之成为照亮他们美丽人生的灯塔。

总得有人去擦亮星星

——读《中国语文教育忧思录》*

这本书，是20多年前出版的。

书的编写者，是当时的一位中学语文教师，王丽女士。

书的前三篇分别是邹静之的《女儿的作业》、王丽的《中学语文教学手记》、薛毅的《文学教育的悲哀》。三篇文章曾登载在《北京文学》1997年第11期的"世纪观察"栏目，引起了席卷全国的关于语文教育的大讨论。后来，教育科学出版社便邀请王丽女士编写了这本书。为了更全面地反映社会各界尤其是学术界对语文教育的看法，王丽女士专门采访了近20位学者教授，倾听了他们对我国语文教育的看法及建议。

打开这本书，大概就明白书名何以是"忧思录"：

……我们本来能感知这一切的，但那种（标准答案的）解释却破坏了我们的感觉系统，使我们都患上了神经官能症，都变得麻木了，我们的皮肤成了一层厚厚的铜墙铁壁，丧失感知力了……（薛毅《文学教育的悲哀》）

中学语文教学的种种问题，一言以蔽之，是人文价值、人文底蕴的流失。将充满人性之美、最具趣味的语文变成了枯燥乏味的技艺之学、知识之学，乃至变为一种应试训练。（杨东平《语文课：我们失去了什么》）

我现在经常给北大的大一学生上课，他们都是高中里的尖子。你跟他们谈一些知识性的东西，他们谈得头头是道，但是缺乏悟性，缺乏灵气。这就

---

* 王丽编

麻烦了。因为灵气就是一个人的想象力和创造力。我觉得这跟中学语文教学有关……（钱理群《重新确立教育终极目标》）

在"知识中心说"的指导之下，阅读教学被"知识化""练习化"了，因而也被"标准化""机械化"了。无需用"心"动情，重要的只是记忆和训练，人必须像电脑那样绝对服从指令……语文教学患上了致命的"丧魂失魄症"，成了"行尸走肉"。（王尚文《呼唤语文教学观念的大讨论》）

……

王丽女士在序言《我的教育梦》里最后写道：

当我编完这本书，新的学年即将来临，许许多多的孩子将跨入小学和中学，开始他们人生最初阶段，也是最重要的学习生活……我祈愿我们的孩子所接受的语文教育能够给他们的一生带来良好而深远的影响。

但事实上，从1997年到今天，20多年过去了，尽管这中间跨越了声势浩大的第八次课程改革，可我们的语文教育究竟进步了多少，仍然要打一个大大的问号。

有疑问，有忧思，总是好的。

总得有人去擦亮星星。

语感，语感
——读《语感论》[*]

王力先生说：西洋语言是法治的，中国语言是人治的。靠什么治？靠"语感"。教中国的语文，必须研究"语感"。

按周有光先生所说，王尚文先生的《语感论》对语感进行了全面、系统、深入的探讨，是一本填补语感空白的著作。遇到这本书的时候，我已经教书十余年了。带着十余年语文教学所产生的困顿、迷茫，还有朦胧的假设、猜想，打开这本书的时候，我感觉自己像跳出井底的青蛙，发现天空竟然这么辽阔，又这么深邃。

任何一个人，包括最伟大的语言学家在内，都不是也不可能依凭语义的理性范畴和语法规则来理解生成句子。

语文学科绝对不是工具学科，而是人文学科；它的基本特征是人文性，而不是工具性。工具性仅着眼于语文的技能技巧，而人文性却指向人。

从此，对于"语文究竟教什么"，再不用彷徨了。

以上的言辞，也许让你觉得王尚文先生有些武断，有些偏激。然而，并不是。

我们千万不能把语感和理性的语文基础知识人为地对立起来，也不能把传授语文知识视为语文教学的终极目的。因此我一再提出"应该明确语文基础知识的教学必须首先服务于语感的培养"。

---

[*] 王尚文著

这种实事求是、诚恳踏实的治学态度，真让人敬佩。实际上，王尚文先生提出"语感中心说"是非常审慎的。在这本书里，他用了很大的篇幅做了缜密的研究与论证，把语感的性质、类型、功能、心理，语感与美感以及语感的形成与创造等问题都做了细致的剖析，又从哲学、心理学、教育学等方面找到了翔实的理论基础，真是呕心沥血、用心可鉴。

写作这本书的时候，王尚文先生已是花甲之年。即使作为一部理论书籍，书中也经常可见一些有趣的比方，让人忍俊不禁、拍案叫绝。谈语文教师语感素质的重要性时，他说：

有人的"烟感"较为灵敏，别想以次充好骗他蒙他，即使只有一丁点儿霉味，也能一闻即知，这是他长期反复品尝的结果。只有具有很高的语感素质，才能成为好的语文教师。

谈论语感教学重在实践的时候，他说：

有的教师好比请客人吃饭，光对客人大讲特讲这道菜何处买，那道菜怎样烧，这道菜营养如何，那道菜如何吃法，井井有条，头头是道，就是不让客人动筷，讲完之后就把饭菜全都放进冰箱里去了。但客人的目的是吃而不是听，主人的讲应为客人的吃服务，客人可以不听，不吃可是不行的。

王尚文先生在《语感论》（修订版）的后记里说，语感是"捉摸不透的尤物"。其实，我相信，当越来越多的教师拿起这本书认真阅读，再结合自身的教学多思考、多尝试、多交流时，语感那美丽绝伦的面容一定能逐渐清晰起来。

就怕读这"序"
——读《名作细读——微观分析个案研究》[*]

我说的是孙绍振先生《名作细读——微观分析个案研究》的自序。不信,你读读这样的句子:

……反复在文本以外打游击,将人所共知的、现成的、无需理解力的、没有生命的知识反复唠叨,甚至人为地制造难点,自我迷惑,愚弄学生。这样的教师白白辜负了自己的生命。

缺乏微观基础的空话、套话、大话、胡话乃至黑话,本是由来已久的顽症,却在基础教育改革中,借强调师生平等对话之机,找到了合法的避难所。于是,满堂灌变成了满堂问。所问肤浅,所答弱智,滔滔者天下皆是。表面上热热闹闹,实质上空空洞洞、糊里糊涂。

是不是感觉后背发凉?

孙先生这话的确让人不舒服,然而,不要认为孙先生刻薄,因为这样的课堂我们实在太熟悉!自己的课,别人的课,有多少时候不是这样?教师以一副无所不知的姿态立在讲台上,话语权在自己手里,自以为是地"指点江山",唾沫横飞。起先,低年级学生乖巧地和我们一唱一和,课堂好不热闹。哪知道随着学生年级渐高,境况却是江河日下,举手的学生越来越少,课堂越来越冷清——其实,举手的大多还是我们眼里的优秀学生,他们原本也不想举手的,只是为了配合我们,或者只是"逗你玩"。如此课堂,岂不悲哉?!

---

[*] 孙绍振著

别怪学生。我们讲的，他们早已懂得；他们不懂的，我们却偏偏也不懂，或者也讲不透彻、讲不明白。所以，我常常在思考，课堂的吸引力究竟来自哪里？除了必要的课堂技能、课堂艺术之外，一定有一种教师的"核心素养"，那便是解读文本的功夫。只有我们的解读比学生更深入、更独到，我们的发现比学生更细微、更精彩，才能真正牢牢地吸引学生。这，也是我们的职业尊严所在。

要做一名有职业尊严的语文教师，要记住孙先生的话：

在语文课堂上重复学生一望而知的东西，我从中学生时代对之就十分厌恶。从那时我就立志，有朝一日，我当语文老师一定要讲出学生感觉到又说不出来，或者以为是一望而知，其实是一无所知的东西来。

在书里听课

——读《顾随诗词讲记》*

这是一本听课笔记。

记笔记的学生，名叫叶嘉莹。

书的扉页，是叶先生的感言：

我之所以在半生流离辗转的生活中，一直把我当年听先生讲课时的笔记随身携带，唯恐或失的缘故，就因为我深知先生所传述的精华妙义，是我在其他书本所决然无法获得的一种无价之宝……

这个讲课的先生，便是顾随。

细读这段话，我们大概可以猜想到这书的价值，也可以了解到顾随先生对学生叶嘉莹的影响之深。如果再往深里想，就有些惶恐——我们今天的讲课，有多少可以成为学生一辈子的记忆?!

回到这本书里来。

因为是听课笔记，这书就再现了课堂。和那个时代里很多大师的课堂一样，没有繁复的逻辑、严密的论证，而是多以"感发"为主，"全任神行，一空依傍"，你甚至认为有些"随意"了。但是，也恰是这"随意"，可能会让你更真切地看到"人"的存在，看到讲课者流露的真人格、真性情。诚如顾随先生一生所倡，"一种学问，总要和人之生命、生活发生关系"。此书呈现的诗词评述，绝不人云亦云，拿套话搪塞读者，而是以诚示人，直通人心，

---

* 顾随讲，叶嘉莹笔记

显出一派生命的天真。例如：

诗根本不是教训人的，只是在感动人，是"推"、是"化"。

诗中可表现人的思想而忌发议论。诗人可以给读者一种暗示，而不能给人教训。诗是美的，岂可以教训破坏之？

如何？你喜欢这样直来直往的判断吗？

我是喜欢的。我相信这样的判断是从一个人的肺腑里溢出来的，它既是言说者在课前遍览万千诗词的功夫，也是一种敏锐感受与深刻洞见的自然流露。再联系到我们的诗词课堂，让学生讨论甚至背诵"这首诗表达了什么、赞美了什么"，是不是有些荒唐？像这样的"金句"，在顾随先生的课堂里，随时可以听到：

有些人只重字面的美，不注意诗的音乐美——此乃物外之言的大障。

一切文学皆有音乐性、音乐美。其实不但文学，语文亦须富有音乐性，始能增加其力量。

谈这样的观点，顾随先生往往能结合具体的诗词旁征博引、信手拈来，不由人不叹服。

是的，语文本应"如歌"，课堂本应"如歌"。

"驯养"与"用心看"
——读《小王子》*

小王子给那朵玫瑰浇过水、挡过风、消灭过毛毛虫、倾听过她的抱怨和吹嘘，还有沉默，所以，她是小王子的玫瑰，与世界上其他任何一朵玫瑰都不同。这叫"驯养"。驯养，就是建立联系。

教学，也是一种驯养。语文教学，就应该努力让学生建立起和语言文字的联系。例如，学习某个词语，就应该通过举象、诵读、会意等方式，让词语的形象、声音和气韵在学生脑海中鲜活起来，让这个词语真正成为他（她）的词语，而不是词典上那个属于任何一个人的词语。如此，这个词语就在学生的言语生命里活了。

教育，也是驯养。像小王子对他的玫瑰那样，我们在学生身上用心了，生命与生命之间就建立起了联系：我们生命美好的样子就会烙印在学生的心上，成为学生这一生温暖的记忆；反过来，学生的生命，也将成为我们生命的河流中那一朵独特的浪花。没有生命的联系，没有生命的交融，没有生命的影响，不是教育，甚至，交往都算不上。

《小王子》中那只狐狸说：真正重要的东西用眼睛是看不见的，唯有用心去寻找和感受。真正好的教育，大概也是用眼睛看不见的。那些热烈但空虚的场面，那些激情但苍白的训导，在学生的生命中是留不下多少痕迹的；一个温暖的微笑，一声轻轻的叮咛，也许反而可以激荡起学生心灵的涟漪。

---

* ［法］圣·埃克苏佩里著，柳鸣九译

名师评说

如歌的语文

华中师范大学 杨再隋

才华醉心于语文教学，取得令人钦慕的成绩，并非偶然。他从小受到湖湘文化的浸润和艺术教育的熏陶，之后又怀抱理想，只身闯荡南粤，经受思想解放的洗礼。更重要的是他满怀深情的坚守和独辟蹊径的创新，又得高人指点，破茧成蝶，因此，成为小语教坛上一颗冉冉升起的新星，受到老师们的关注，并得到名家的赞誉和鼓励。

著名语文教育专家周一贯先生说：语文如歌以一个"如"字，显示出"语文"和"歌"已经成了一个血肉相连的共同体。也就是语文教学如歌一样激情澎湃而又美丽动人；语文教学如歌一样让人快乐愉悦而又情满胸怀。

才华的师傅王崧舟教授也对他赞誉有加：才华对诗意语文的爱，源于他对职业、对学生的爱，更源于他对人生、对自己的爱。就在诗意语文的课堂上，就在他所追寻的如歌的语文教学中，他收获着自由和澄明，收获着浩瀚无际的语文的趣味，收获着纯粹，收获着悲悯，收获着丰富的寂静，收获着孤独的深刻与敏锐，收获着全然忘我的人课合一……

在小语界，欣赏才华语文教学的人不少。有位叫莫晓莹的老师在看完才华执教的《陶罐和铁罐》的课堂录像之后，竟然眼里堆满了泪花，激动得不能自已。这篇托物说理、借物喻人的故事在才华的精心调配下，居然能情理结合，以情动人，使人情不自禁，这是语言的魅力，也是思想的魅力。惊叹之余，我对才华的语文教学产生了浓厚的兴趣。

2018年初夏，我约请才华到我的家乡——湘黔渝三省市交界的秀山县传经送宝。才华执教辛弃疾的《清平乐·村居》。众所周知，学习古诗词对小学生来说是有难度的，无论是时空的阻隔，还是古今语义逻辑的差异，对学生，尤其是边远山区的学生来说，都是难以逾越的鸿沟。然而，奇迹发生了。才华不露痕迹地在"不经意间"找准了学生和古诗词的契合点。山区学生和城镇学生不同，他们熟悉低矮的茅屋、潺潺的溪水，也熟悉锄豆、织鸡笼和剥莲蓬这些农家事物。才华正是从学生的生活经验入手，拉近了学生和古诗词的距离。用才华自己的话来说，是带着学生沉入文本，与语言文字做最亲密的接触，让文本内容与形式传达的情味、情绪、情感悄然渗入学生的内心，渗入学生的言语生命世界里。此情此景，学生仿佛变成了在溪东锄豆的"大儿"，正织鸡笼的"中儿"，在溪头卧剥莲蓬的"小儿亡赖"。教室似乎也幻化为低矮的茅屋，幻化为溪流之畔的青草地。才华用平实而又优雅的教学语言，声情并茂地诵读，触动了学生柔软的心房，调动了他们的学习积极性，激活了他们的思维和想象，让学生进入了真实的语境，完全沉浸在美好的诗境中。

课堂上诗意弥漫，诗情激扬，诗韵流淌，学生忘乎所以，真情尽露。"情动而辞发"，充满童情、童趣的美妙的语言，也就脱口而出了。当代语言学家史蒂芬·平克说得好："所有婴儿都是带着语言能力来到这个世界的。"只要我们能拨动他们心灵的琴弦，为他们打开话匣，他们就能发出最美妙的乐音。对此课，我在一篇短文中写道：

我见过有老师能把古诗词教得如此妙趣横生，但没见过山区学生在课堂上也能这样"恣意妄为"。彭老师对学生放心，他大胆放飞学生的心灵，让他们自由地言说，自由地抒发内心的喜怒哀乐；彭老师对学生放手，让学生在课堂上无拘无束地袒露童真，尽显天真，释放潜能。

我记得，下课铃声响了，学生们还沉浸在诗情画意中，久久不愿下课。第二天，我应邀到该班学生的学校——秀山凤翔小学参观，并和该班部分学生座谈。学生们争先恐后地发言，述说课后感受。他们对昨日课堂的恋恋不舍，对彭老师的仰慕之情溢于言表。我也为此感动，心想，一堂好课、一位教师如此深刻地留在学生们的记忆里，既是学生的幸运，也是教师的骄傲。

一堂语文课，靠什么去感动学生，我想无非是一个字——情。情之所至，学生的心扉打开了，言语机制被激活了，情动辞发，语为情生。在语文教学中，情从何来？靠语言的魅力，靠如歌、如诗、如画的语文。才华乃诗意语文的传人，深得诗意语文的精髓。他从歌入手，去演绎诗意语文的美感。诗与歌本是一家，诗歌，此之谓也。古人写诗，离不开如歌般的吟唱。毛主席的许多诗词就是在马背上哼唱成的。中华诗词讲究音韵，平仄错落，节奏鲜明，排比对偶，适时押韵，所以诵读时，抑扬顿挫，朗朗上口。白居易的《琵琶行》历来被诗家称为音乐的上佳之作。你听：

> 嘈嘈切切错杂弹，大珠小珠落玉盘。
> 间关莺语花底滑，幽咽泉流冰下难。
> 冰泉冷涩弦凝绝，凝绝不通声暂歇。
> 别有幽愁暗恨生，此时无声胜有声。

　　真的是错落有致，动静有节，徐疾有变，收放自如。音乐在律动，诗韵在流淌，诗情在燃烧。连当朝皇帝都称道："童子解吟长恨曲，胡儿能唱琵琶篇。"才华在语文教学中显然吸纳了音乐的元素，一唱三叹的节奏，委婉动听的情调，含蓄隽永的意趣，都给人留下深刻的印象。此外，才华还充分发挥了中国诗词的长与短、骈与散、断与续、对偶与错落、排比与回环等语言形式的优势，表现了课文的形象美、结构美、意境美以及人物的心灵美。这就是语文教学中的审美教育，也就是诗意语文。

　　年初，我曾给王崧舟教授发过一条短信，摘要如下：

　　……去年在北京拜访老友诗人金波，促膝谈心，他说，人的一生读过许多书，真正积淀于心的是诗意，是以简洁优美的语言为载体的最精粹的思想和情怀。诗意语文并非把语文课都变成诗歌课，而是引导学生去感悟语言文字背后的诗情画意。这是思想的高度，思维的深度和语言的亮度。当然，都应是符合儿童认知水平的"度"……

　　崧舟虚怀若谷，回复道：

　　您的厚赞实不敢当，我会将您的话当作激励和鞭策，守望诗意，不懈精进！

　　才华作为崧舟的弟子在践行诗意语文的过程中已经逐渐形成了自己独特

的教学风格。诗意语文绝不是一个固有的模式，只能铸造出同一规格的"产品"。诗意存乎于天地，积淀于心灵。天地有多大，诗意就有多大；心灵有多宽，诗意也就有多宽。每一位有志于此的教师，都可以在这浩瀚无比的诗意星空中展翅飞翔，在广阔无边的诗意大地上翩翩起舞。然而，由于每个人的兴趣、爱好、性格、气质、特长的差别，使得每个人飞翔的姿势不同，舞蹈的编排各异，真就是"赤橙黄绿青蓝紫，各持彩练当空舞"。布封说"风格即人"。正是才华的地域文化背景、生活阅历、个人特长和他的个性心理特征的结合，形成了他独具特色的教学风格。

语文是一支歌，难免有喑哑之时；语文是一首诗，可能有落笔不当之处。在探索语文教育的漫漫长路中，肯定还会有冷风苦雨、坎坷泥泞，但只要有永不退缩的坚持，就一定会不断接近我们理想的目标。

语文如诗，语文如歌，但语文终究还是语文。回到源头，回到本真，不忘初心，最美的语文依然是如诗的语文，如歌的语文。

2019 年 3 月 24 日于华师大寓所

才华如歌
——《语文如歌》序

杭州师范大学　王崧舟

恕我直言,有的人学诗意语文,大抵是在赶时髦,以为课程改革流行这个东西,也就满怀艳羡地跟着学了。有的人学诗意语文,则是为了镀金,他可以在人前人后说:"我是跟王老师学过诗意语文的。"其实呢,连皮毛都还没有摸到。此类现象,就是夫子所谓的"今之学者为人"了。

但话说回来,"为己"的人还是有的。有的人学诗意语文,就是出于自身在实践上的困惑。曾经,试试这一套不管用,试试那一套也不管用,于是想到学诗意语文,希望借此能突破重围,闯出一条希望的路来。还有的人,既不为赶时髦,也不为镀金,也不是困而学之,他们学诗意语文,纯粹是因为喜爱,因为与自己的生命相应相契。这种相应相契的感觉,像极了张爱玲的小说《爱》中所描述的那种意境:

于千万人之中遇见你所要遇见的人,于千万年之中,时间的无涯的荒野里,没有早一步,也没有晚一步,刚巧赶上了,那也没有别的话可说,唯有轻轻地问一声:"噢,你也在这里吗?"

十二年前的那个上午,刚巧赶上了,才华在汕头遇见我的《只有一个地球》。从此,才华和诗意语文结下终身情缘,莫失莫忘,不离不弃。后来,才华进了我的工作室,潜心研习诗意语文。再后来,他也像我一样,不断地推出自己的课品,《古诗两首》《忆江南》《渔歌子》《凡卡》《发现母爱》……不断地应邀在全国各地做课讲学,播撒诗意语文的种子。

才华对诗意语文爱入骨髓。当许多一线教师迷恋、迷惑于诗意语文的光怪陆离、繁花似锦的时候，才华早就以他的悟性和笃行直入诗意语文的堂奥——艺术与审美。他将自己对诗意语文的种种思索与践履写入《语文如歌》，高扬的正是其中的意趣——歌者，艺术之旨归、审美之精髓也。

犹记2010年的那个金秋时节，《福建教育》策划并主办了一场"诗意语文与文本秘妙——王崧舟师徒阅读教学观摩研讨会"，那场研讨会的重头戏是才华二上《刷子李》。这是主办方精心策划的一种现场研习：执教者先上《刷子李》，专家对其点评，指出问题和建议。执教者再根据专家意见修改教案，重上《刷子李》。再也没有比这样的研习形式更折磨人的了！其一，修改教案、重整思路的时间只有一个晚上；其二，专家意见各不相同，甚至还有相互冲突的；其三，一上《刷子李》，已经形成强大的教学惯性和思维定式；其四，大家都能看出问题所在，却鲜有可操作的建设性意见；其五，二次修改后的教案根本没有时间试教；其六，听课的教师普遍期待执教者华丽转身，能听到一堂全然不同于前面的《刷子李》……够了！那个晚上，才华一夜无眠。碰撞、交锋、撕裂、迷茫、困顿、崩溃、空白、醒悟、鼓荡、想象、整合、重构……一个全新的教学设想伴随着那个清晨的美丽日出诞生了。

那一课，从教学目标到重点、难点，从教学内容到策略方法，从教学板块到媒体技术，甚至教学风格、课堂基调等，几乎都变了。然而，唯一不变的，却是才华对语文教学的艺术化追寻。

在《三教〈刷子李〉》一文中，才华这样写道：思之思之，神鬼通之！又是几遍细读之后，几个特别的词语跳跃在我的眼前：果然，悠然，居然，竟然……这个就是绵处在文本中的草蛇灰线吗？这个就是冯骥才在暗示其叙事情节之波折吗？将这几个词语串联起来，不就是一条曲折有致的叙事线索吗？这样展开教学，学生可以经历"山重水复疑无路，柳暗花明又一村"的阅读体验！

其实，才华所写，不仅直指《刷子李》的文本秘妙——节奏，也触及语文课堂艺术化追寻的根本秘妙——节奏。朱光潜先生说："艺术返照自然，节奏是一切艺术的灵魂。"

是的，目标可以变，内容可以变，方式方法可以变，甚至风格基调也可以变，但万变不离其宗，才华在经历了凤凰涅槃般的重生后，如此真切又如此深刻地领悟到了自己所执着的正是语文教学的艺术化追寻。诚如他在《变化：如歌的语文教学"节奏"》中所总结的那样：教学流程上，注意起与伏；教学思维上，注意张与弛；教学内容上，注意疏与密；教学速度上，注意缓与急；教学活动上，注意动与静。

而这样的艺术化追寻，我们可以在他的大量课品中得到印证。《古诗两首》，那是一喜一悲两种诗情自然形成的课堂氛围的起与伏，贯穿其中的却是亘古不变的故人情，这样的艺术化追寻是顺其自然的；《忆江南》，那是景语与情语的一次促膝谈心，景语外显，情语内隐，一个"好"字促成了这种显隐之间的互文，这样的艺术化追寻是直通灵魂的；《渔歌子》更妙，妙就妙在人生哲理与生命境界的诗性诠释，整堂课的高度在红尘与山林、出世与入世的进退之间，这已不仅是语文的艺术化追寻了，乃是人生境界的一次艺术化守望；《凡卡》一课，虽然强调了"反复"这一语文本体知识的落实，但落实的策略依然是艺术化的路子。教师在课堂上刻意回避对"反复"这一修辞的概念性解释，甚至连"反复"这一术语也是通过"反复听到""反反复复听到"这样一种教学情境神不知鬼不觉地嵌入学生的理解。更为难得的是，"反复"这一语识的教学，被精致地融入一唱三叹、回旋复沓的课堂节奏中。这种课堂节奏，有着音乐一般的气质、诗一般的神韵。在同一语言的反复诵读中、在同一情感的反复渲染中、在同一生活的反复体验中，学生不知不觉地掌握了"反复"，语文知识与课堂的艺术化建构取得了一种艰苦但不失优雅的融合。《发现母爱》是一堂作文课，这堂课让所有在场的人，无论学生还是听课教师，都热泪盈眶。这不仅是因为母爱本身的力量催人泪下，更重要的是才华在教学内容（作文素材）的呈现上所做的虚与实的处理，尤其是虚化的处理，简直到了炉火纯青、浑然一体的境界。课堂上，沉默是一种虚化，悬念是一种虚化，留白是一种虚化。在沉默中，学生有了觉察母爱的时间；在悬念中，学生有了失去母爱的虚拟体验；在留白中，学生有了回顾和想象母爱的巨大空间。这样的虚化处理，使母爱以一种前所未有的张力和震撼力直抵每个人的心灵深处，这样的艺术化追寻，无疑跃升到了终极关怀的高度。

　　才华对诗意语文的爱，源于他对职业、对学生的爱，更源于他对人生、对自己的爱。就在诗意语文的课堂上，就在他追寻的如歌的语文教学中，他收获着自由和澄明，收获着浩瀚无际的语文的趣味，收获着纯粹，收获着悲悯，收获着内心的寂静，收获着孤独的深刻与敏锐，收获着全然忘我的人课合一……

　　他始终坚信：你成全了学生，学生自然也成全了你；你成全了诗意语文，诗意语文自然也成全了你。这就是职业和生命的不二法门。

　　"雨过青苔润，风归翠竹竦"，人生至此，夫复何求？

　　是为序。

2015 年 10 月 28 日于泊静斋

以生命美学立心

——关于彭才华和他的语文教学世界

济南幼儿师范高等专科学校　林志芳

跟才华相识、相知已十年有余了。2008年秋,我们同在王崧舟先生门下受业。才华于我,是同窗,是好友,是知己,是手足。可以说,在语文教育的路上,我们是相扶相携、一起成长的。现在,才华的新书即将出版,嘱我写一篇对他语文教学解读的文章,我自然无法推辞。毕竟,十余年的好友之谊,使我有机会比别人更多地观摩他的课例、聆听他对语文教育的思考,并从中获得启迪。但是,我也担心,我们的关系太亲近了,这种亲近固然是一束光,可以照亮别人看不到的地方,但同时也会形成一种"遮蔽",使理性观察的触角被掩埋或灼伤。

因此,下笔时,我尽量让自己站得远些,再远些,与才华的语文世界保持一定的距离,直到我感到这个世界成为一种敞开的、"未被规定的"召唤。我希望自己不仅能写出对这个世界最直接的观感,还能从语文教育理念、教师生命成长、现代语文教育发展史等多个维度进行透视,发掘出这个世界中所蕴含的更多感性的温暖以及理性的光辉。

一、语文如歌:个性潜能的充分发挥与专业发展的天作之合

才华的语文世界里有一个明显的标识——音乐。这个音乐既是实体的,又是精神的。说实体,是指他的课会直接与音乐有关。他极爱音乐,在师范读书时曾接受过比较专业的音乐训练,甚至差点去报考音乐学院。后来做了

语文教师，他自然地将音乐的元素融进语文教学里来。刚刚入职，才华在湖南一所乡村小学时，他一边在风琴上弹奏出"小燕子，穿花衣"的旋律，一边与学生们朗读课文中郑振铎笔下的燕子。他在讲授《狼牙山五壮士》之后，与学生们一起聆听《血染的风采》这首歌，让学生们通过音乐感受悲壮之美，再回到课文中去理解、感受英雄跳崖的壮举……后来，他还将音乐的使用简单分为"前缀式""中间式""后缀式"等，总结出在小学语文教学过程中使用音乐的最佳时机。

才华的音乐使用当然不是语文与音乐的简单相加，更多的时候，他是为某一段课文的朗读，或者某一处重点的引导语配乐。他要为无声的文字找到一段有声的音符，使文字与旋律相辅相成。为了一个恰如其"氛"的旋律，他会反复尝试、几度寻觅。他说："对于语文课堂的音乐使用，我向来有近乎偏执的追求，不肯迁就丝毫。"他曾经这样记述自己在《古诗两首》的备课时为朗读配乐的情形——

千年前的诗情毕竟离学生遥远，我要让音乐做个引子，引着他们在诗句的虚心涵泳里有所感受、有所理解……晚上，我一个人跑到学校，利用教室的电脑，一首首地搜索，试听，下载，试配，比较。静悄悄的校园，空荡荡的教室，我站在讲台上配乐诵读着，一遍遍咂摸着每个曲子间细微的区别，锱铢必较，陶然忘我。两个晚上的千淘万漉，终于在近50首曲子里，淘得两首我认为最合适的音乐。

他要寻找的旋律是可以将文学作品的情绪与节奏恰如其分地表现出来的那一个。事实上，当良好的音乐感觉与敏锐的语言文字感受力相结合，他便谙熟了一种文学与音乐共通的密码。这种密码一旦开启，文字内在的情感与节奏就会化为可听的音符，给学生们带来新奇愉悦的学习体验。

牵手语文与音乐，绝不仅仅在于音乐之实，更在于音乐之魂。才华认为"语文如歌"，妙处都从这"如"上来。才华撰写的《从演唱，到上课》一文中，类比了歌曲演唱与语文教学的多处相似点：文本解读就如演唱家分析、理解歌词；语文学科蕴含的丰富情感与音乐的情感相通；演唱对语言有很高的要求，语文也是语言的艺术；演唱要自然从容，教学亦如此；教师的仪表体态与演唱家登台演唱一样，要落落大方。当然这仍是简单的迁移与类比，语文教学的"如歌"在本质上是如音乐般的艺术追求。如果说，才华在语文教学中所运用的音乐之实，我们可欣赏、可赞美，却往往因为没有他那般音乐素养难以企及，那么，他在课堂中所暗合的音乐的精神，却是大家都可借鉴、可学习的了。

就这样，牵手语文与音乐，才华从湖南到广东，从广东走向全国小语的舞台。他早期的课堂就已经鲜明地表现出一种基于情感体验的审美化追求，但这种追求尚在混沌自在的状态，靠的是天性与直觉，尚没有非常清晰的理论自觉。至于对语文教育的审美化更深切的体验、更系统的思考，则是在他接触诗意语文，投身王崧舟老师门下之后的事了。

二、才华如诗：师友同道的相应相求与审美生命的相应相契

2008年9月至12月，才华有缘到王崧舟工作室学习，这是他专业发展、生命成长的重要事件。

王崧舟老师的语文教育思想深得传统文化精髓，又融会贯通西方的哲学与美学，呈现出博大、开放、绮丽的教育气象。他的语文教学以"诗意"命名，也以"诗意"凸显，呈现出的思想与情怀深植于语文课程的本体中，张扬着对工具理性的扬弃与消解、充盈着对人类精神生命的终极关怀，成为众多语文教师追寻的理想境界。王老师将"文本细读""感性陶冶""多维对话""节奏建构"归纳为"诗意语文"的四大支柱，继而提出了"举象""造境""入情""会意""求气""寻根"等六大审美化的实践智慧。才华观王老师《只有一个地球》一课，遂与"诗意语文"结缘。拜师之后，系统地观摩了王老师的《长相思》《慈母情深》《枫桥夜泊》等经典课例，深入学习了他的语文教育思想。

王老师的语文教育思想无疑给了才华巨大的启迪，除了醍醐灌顶的点醒，还有对自己以往教学观的省察。在这份师生缘里，才华既有高山仰止式的追寻，又有高山流水般的确证与惊喜。在跟随王老师学习的过程中，才华渐渐完善了自己的语文教学思考。他从语文教学的"调式""情感""结构""节

奏""旋律""休止"等各个方面比较系统地建构起自己"如歌"的语文教学观。这其中,最显著的特征是对教学节奏的追求。他在《变化:如歌的语文教学节奏》中总结道:教学流程上,注意起与伏;教学思维上,注意张与弛;教学内容上,注意疏与密;教学速度上,注意缓与急;教学活动上,注意动与静。这恰恰也是"诗意语文"的显著特征。可以说,是王老师的语文教育思想培育了才华的语文教学观,也可以说,是王老师的语文教育思想照亮了才华的语文教学自觉,使他更好地理解自己,发现自己,成为自己。正像王老师所言:"当许多一线教师迷恋、迷惑于诗意语文的光怪陆离、繁花似锦的时候,才华早就以他的悟性和笃行直入诗意语文的堂奥——艺术与审美。"才华学诗意语文,"既不为赶时髦,也不为镀金,也不是困而学之",他"学诗意语文,纯粹是因为喜爱,因为与自己生命的相应相契"。

这份相应相契的生命之感莫失莫忘,在才华的语文人生里打下了深深的烙印。王老师清明致远的生命境界、慈悲为怀的教育精神、俊逸超拔的诗意追寻都深深影响了才华,使他明白只有当语文教育的追求与教师自身生命的追求是二而一、一而二的统一体时,语文才能成为生命的诗意存在。他与王老师、与众多诗意门下的同道所追求的语文教育美学,说到底即是人关于生命的存在与超越的可能的冥想。教学之于他不过是一种存在的方式。通过语文教学,他与艺术交流、与儿童对话、与世界沟通,邂逅自己人生的审美经验。

"情深则万象皆深",精神生命的日益充盈带给才华课堂上更深沉厚重的文化气象。执教《渔歌子》一课,他将《江雪》引入对读,通过张志和与柳宗元相同境遇下所呈现出的不同人生态度的诗词,让学生对比感受儒家积极入世与道家逍遥遁世两种不同的人生哲学;执教《清平乐·村居》一课,他抓住一个"溪"字拓展开去,从"生活之溪"到"文学之溪",再到"文化之溪",让学生去体味辛弃疾笔下那幅恬淡温馨的乡村图背后深沉的家国情怀。他的课,预设精密,生成精彩,简单温润又带着儒雅的气息,适时地配乐抒怀仍是他课堂造境最常用的手段,但在课的立意与境界上,则日渐高远。

三、时代之河：课改背景下一位青年教师的语文教育追寻与守望

才华是 1997 年参加工作的，而 1997 年《北京文学》发起的语文教育大讨论则可以视为当代语文课程改革的发端。可以说，才华个人的语文教学之路恰巧与当代语文课程改革的时间完全一致。以他为个案，我们可以透视当代语文教育 20 年的思想变迁。同样，以教育史为参照，我们可以更好地理解才华的语文教育教学 20 年之发展。

《北京文学》1997 年第 11 期以"忧思语文教育"为题，同时刊登邹静之《女儿的作业》、王丽《中学语文教学手记》、薛毅《文学教育的悲哀》三篇文章，对语文教育展开批评，引起了 20 世纪末语文教育的大讨论。这场讨论是中国当代语文教育的重大转折，也是当代语文课程改革的发端。作为讨论的结果，2001 年课标将语文学科课程性质定义为"语文是最重要的交际工具，是人类文化的重要组成部分。工具性与人文性的统一，是语文课程的基本特点"。随后的近 20 年，语文教育教学的现状在国家第八次课程改革的大背景下发生了巨大的变化。这当中，自然有积极有效的探索，也不乏冲动与冒进。人文精神强势回归之后，"泛语文"病疾出现，2008 年前后，"语文意识"的反思兴起，对语文学科边界的讨论再次引起大家的重视。可以说，2011 年修订版的义务教育语文课程标准对语文课程"学习语言文字运用"的界定就是语文教育自身"否定之否定"之后的调适。但是，总体看来，语文教育的价值秩序并没有清晰地建立起来，一线语文教师在纷纷扰扰的教育争辩中仍常常陷入无所适从的局面。

才华入职之后的语文教育环境恰逢"人文精神的回归"，这是人文主义对科学主义长期占据中心地位带来的工具理性至上、人文价值缺失的不满与纠偏。"人文性"主要是指对学生天性、个性的尊重与张扬，对学生灵性、悟性的启迪，以及对学生创造性的激发。它是对学生生命的理解、关心和信任。21 世纪之初的课程改革轰轰烈烈，人们的教育理念变得开放、多元。在这样的环境下，才华的语文教学得以自由地将音乐融合进来，实现自己个性特长与专业发展的融合，并且，人文精神无疑为才华的语文教育抹上了最初的底

色。

第二轮课改启动，语文界开始对"泛语文"现象进行反思，被人们忽视的语文知识、语言训练等再一次被重视。才华的《凡卡》一课，就表现出这样的探索。在这一节课中，他将"反复"这一写作手法当作教学的重点，在他的课堂上，"语文知识与课堂艺术化建构取得了一种艰苦但不失优雅的融合"。他似乎接纳了将学习言语形式作为语文教育"独当之任"的观点，对自己的课堂进行了调整，使它不再深情款款，而变得扎实、高效。但是，2016年暑假发生的一件事，让他对自己当下的语文教学价值取向产生了怀疑。

2016年暑假，才华计划带儿子去北京旅游。行前做攻略，父子间有一次简短交流。

"对《圆明园的毁灭》这一课有印象吗？"

"没有。"

"想去吗？"

"不想。"

儿子在五年级上学期学了《圆明园的毁灭》，任教老师就是才华。不过才半年，儿子对这一课已然没了记忆。可怕的不是遗忘，而是即便经他人提醒，也依然淡漠的情感。

才华"抽个空去给孩子上节课"，看似完成了字词句篇的语用教学，却因为"连自己都没有沉进去研究课文，连自己都上得没劲"，又怎么好意思期待学生走心？这一刻，儿子说不想去、不愿去，"对我这位语文教师来说，是最大的失败"。

——《彭才华：唯美与音乐不可辜负》

才华开始追问：我的语文教学究竟要将学生带往何处？当《圆明园的毁灭》这样的课文都无法给学生们的心灵带来长时间的震撼，当教师有意无意地向工具理性、实用主义、急功近利妥协，我们还能在语文课上悟到语文的本质吗？

他说："这个世界上的学问，不必把有用和无用分得那么明白。如果我们的学生感受不到红日之灿烂、雨雪之霏霏，看不到四季的轮回、世界的变迁，体察不到清风的温柔，谛听不到溪声的婉转，哪里还会有语文的存在和生长？"是啊，当我们思考语文的目的与价值时，首先要思考教育的目标，当我们思考教育的目标时，不能不首先追问生命的意义。而不是说，教育之外，人生之外，语文另有目的所在。在风雨飘摇的语文教育生态中，在科学主义与人文主义反复摇摆的语文教育环境里，他开始做出自己的判断与选择。他在时代的河流里，但没有完全被时代淹没。他的身上有鲜明的时代特色，又保持着自己独立的教育守望。才华的教育哲学无疑是存在论的，这一点我们相同。不同的是我对认识论也可理解、可接纳，他似乎是决绝的，谈起某些现象则皱着眉头，一副痛心疾首的样子。这样的一种执拗使他与他的语文世界更多了几分真实与可爱。

　　行笔至此，我已基本完成了自己对才华语文世界三个维度的理解与省察。如前所述，我担心自己的视域有所偏狭，因此在一次课后向我的导师潘庆玉教授求证。我问老师："您觉得才华的课如何？"老师说："课很好啊！很柔和。"柔和，这是美学品格了，是说他的课细腻，不粗粝，优美典雅，这与我的判断一致。没想到的是老师接着补充了这一句："年轻一代的名师里，我最喜欢的就是才华。他是我认识的这一代名师里修养最好的一个。"哦，也不应算意外，课品即人品，谦谦君子，温润如玉。我跟老师对话时，正走在山师的校园里。三月，春归来。我跟老师说："看，教学二楼后面的那棵花树开得正盛，我曾以为是樱花，原来竟是单瓣的红梅。"老师和同行的师妹看了一眼，都继续行路了。我想，若是才华在，一定会跟我一起走到树下，仰头好好看它。

成长故事

从演唱，到上课
——谈演唱艺术对语文教学的启示

　　念师范的时候，我们几个同学被教音乐的曾老师那极具磁性的声音吸引，立志跟他学唱歌，想要做个歌唱家。三年时光里，不知有多少个清晨黄昏，我们是在琴房里"依呀依"地度过的。

　　如今，几个同学谁也没当成歌唱家，不过，大家见了面都说不后悔。因为，经历就是财富。的确，我就从歌曲演唱的经验里悟到一些上课的窍门。

　　曾老师教我们，要演唱好一首作品，首先你得充分理解它，要把握作品的主旨，要玩味每句歌词，要分析歌词里含着的韵味、情意。只有你自己理解作品了，才有可能让听众理解，让听众产生共鸣。这与我们上课何其相似！有些老师拿到教材，不是老老实实地研读，一心只想鼓捣出新花样。你要是指导他上课，他劈头问的就是"有什么妙招"？于永正老师说得好：这法那法，读不懂教材就没有法。别以为小学教材很简单，你不费些心思，就有可能读不懂，读不透，读不好。"慢慢走，欣赏啊"，这是我们研读教材应有的姿态，是我们上好课的第一前提。

　　曾老师说：歌唱家应该做"情种"，"无情"的人不可能把歌唱好；上台前，你不要闲着，得找个角落，好好酝酿情感；演唱不是卖弄歌喉、展示声音，而是要以情带声，以声传情；打动别人的演唱才是成功的演唱……这些也可以联想到教学。我们所教的语文是什么？她不是冰冷的"工具"，可以拿来即用，用完可弃。有人说：她是牵手的一瞬间，"盈盈一水间，脉脉不得语"；是那模糊的泪眼，"咽不下玉粒金莼噎满喉，照不见菱花镜里形容瘦"；

是艰难跋涉中的一声辛叹,"路漫漫其修远兮,吾将上下而求索"。教这样的语文,我们岂能"无情"?"转轴拨弦三两声,未成曲调先有情",我们也要在课前酝酿感情,酝酿文本所传递的感情,酝酿我们对母语的感情;到了语文课的讲台上,我们也要以情施教,以教传情,传递我们对方块汉字的情,对文本的情,对中华文化的情。"无情"的语文,行之不远。

曾老师还说,你的演唱要做到"目中有人";你要牢记歌词,因为站在舞台上,你得把全部注意力放在与观众的交流上。课堂上,你"目中有人"了吗?你看到学生们脸上的迷惑、兴奋、厌倦和激动了吗?你是否忙着记教案、走流程、点课件呢?或者,你的眼里只有那几只高举的小手,看不到那些偏僻的角落里低垂的眼。你要知道,站在舞台上的歌者,最怕的就是零星的掌声,他需要的是与所有听众的心灵交汇啊!

有一段时间,我学唱《乌苏里船歌》。那是一首赫哲族民歌,第一部分序唱是根据赫哲族的说唱音乐"伊玛堪"改编的散板性引子。就是这一段散板,我总卡不好节奏,不是抢了就是慢了。老师告诉我,唱歌与呼吸一样自然,要从容,要自然,既不赶,也不拖。是啊,我们的课堂,不也是呼吸之间的生活吗?我们应该有闲庭信步的从容,有云卷云舒的自然,当快则快,当慢则慢,有收有放,有张有弛。只有我们从容了,学生才感觉"安全";只有我们自然了,学生才感觉"自在"。

演唱,也是语言的艺术,要做到气息饱满贯通,吐字准确清晰,声音洪亮圆润,音色优美纯净,语气情真意切,要让人从美的声音中得到艺术享受。这些,当然不是对语文教师的全部要求,我们上的毕竟是语文课——语文课堂的活动离不开语言,离不开声音,如果气息虚浮,吐字含混,音色暗淡,课堂的效果当然要大打折扣,语文的魅力也将减损不少。所以,我们可以朝"语文好声音"的方向做些努力,向音乐教师、朗诵专家学习一些有关呼吸、吐字、发声的技巧,让美的声音为我们的教学增色。

演唱艺术,从方法上讲有美声、民族、通俗等分类。我们那时学习的是偏严肃的美声和民族唱法。曾老师有一条特别的纪律,对于在大街小巷唱得很火的流行歌曲,我们既不能听,也不能唱。这似乎有些不近人情。老师的理由是，那些歌曲像一阵风一样，很快会刮过去的，没什么意思，听多了还会干扰你对声音的理解与把握。如今想想，老师是有道理的。萧伯纳说："流行的就是好的吗？那么流行感冒呢？"当年的那些流行歌曲早已无人问津，而我们所学习的那些经典歌曲至今仍被传唱。这不禁让我想起我们的语文教学。有一段时间，多媒体辅助教学成为风潮，大江南北的语文课全是声光影交替上场，有些地方的赛课活动竟然把是否使用多媒体作为一项指标来打分。后来，大家又错解了新课标精神，凡上课必须小组合作，必须自主探究，语文课一时热热闹闹，纷纷扰扰，不得安宁……如今，我们回过头来看，这种种潮流真的像流行歌曲一样，"风过无痕"。不对！也许有"痕"，学生们语文学习的伤"痕"。我们不拒绝创新，但一定要警惕跟风。因为，教育，自有内在的规律；语文，自有语文的特点。"乱哄哄你方唱罢我登场，反认他乡是故乡。甚荒唐，到头来都是为他人作嫁衣裳。"小心小心。

无论是上声乐课，还是上台表演，曾老师对我们仪态、装束的要求也极其严格。他说，演唱是高雅的艺术，一举手一投足，你都应该是个"艺术的人"，要有"文气"，不要吊儿郎当玩世不恭。这既是对观众的尊重，也是对自己的尊重。"站在讲台上，我就是语文！"我一直很欣赏这句话。身教胜于言教。我固执地认为，语文教师应该有语文教师的样子，不管他属于哪种气质类型，一定不能缺的就是"书卷气"。语文教师应该是最爱读书的教师，阅读应该成为语文教师最好的妆容。一个真正热爱阅读、懂得阅读的语文教师，教学是不会差到哪里去的。

上课之余，唱歌仍是我的爱好。我想，曾老师当年给予我的诸多耳提面命里，还藏着无尽的教学启示，我还要继续努力去回顾、参悟。

感谢曾老师。

我班的"读书会"

多年前,接手一个新班。老师换了,规则变了,学生们必然要"乱"一阵子,表现最突出的是在课堂上。往往是上课铃响过好几分钟,教室里仍然是吵吵嚷嚷、嘻嘻哈哈、叽叽喳喳。

对待这种"乱象",方法一般不外乎两个。一是以"暴"制"暴":通常是教师大声发令:"不要讲话""要上课了,请安静"——大多数年轻教师常用此法。效果?谁用谁知道!相比之下,第二种方法就优雅得多,那就是"以静制动":教师站在门口或者讲台上,拿目光去说话,用粉笔在黑板上写提示语等。应该说这个方法是很有智慧的,只是对待比较"顽劣"的班级可能难以奏效,或者用不长久。

我一直在想,有没有更灵验的"紧箍咒"应对这群无视"新大王"的"群猴"?

某天课间,正好拿到一本新到的《读者》,读得饶有兴致的时候,铃声响了。不忍割爱,那就带到教室去吧。

灵感就是在从办公室到教室短短的十几米的路上产生的——给学生们读读吧,他们应该会喜欢的!

主意定了,我径直走上讲台,在黑板上写下三个大大的字——读书会。嘿,教室里霎时就静了下来!我也不言语,翻开刚读到的那一篇,朗声开念起来。

故事实在吸引人,教室里一片美好的寂静。我一边念,一边拿眼睛瞟了瞟那几个平时最调皮的"小猴儿"——哦,坐得比谁都端正,那小眼睛,亮得刺眼。

文章很快念完，学生们直呼过瘾，嚷嚷着："再来一篇！再来一篇！"哼哼，上"钩"了！我清清嗓子，说："再来一篇？这一篇你们听懂了？"

"听懂了！听懂了！不信你问！"

不得不承认，有时候是学生教会了教师怎么上课。那就提问吧。两个问题，一易一难，学生的回答出乎意料地准确、精彩。是的，听得仔细，理解得自然不会太差。我告诉学生们，这便是接下来每节语文课前都要进行的"读书会"。

"读书会！真好玩！"学生们的眼里满是热切的期待。

大多数时候，教学的灵感就来自于这种最原始、最朴素也最真实的尝试之中。就这样，"读书会"在我的语文课前扎下根来。

三周之后，我又有了新主意——这几分钟全让给学生们吧，连读文章一起，都让学生们自己来。

于是，我们的课前"读书会"就这样定型：按学号顺序轮流，每节语文课前由一位同学到讲台上给大家朗读一篇文章，然后由该同学向全班提问，并对同学的回答予以评价，必要时可展开讨论或辩论。

学生哪里知道，这样的"读书会"里藏了教师多少教学的"心机"！谁都想抓住这样的机会展示精彩的自己。为此，每个同学都要提前很长时间去做准备：阅读大量文章，反复斟酌，仔细权衡，精选一篇心仪的文章，然后则是翻来覆去地朗读训练，再是精心地设计提问（从所提问题可以看出一个人的语文水平），末了，到自己主持"读书会"的那一天，一个人站上讲台，从朗读到提问到互动，全由自己作主（老师坐在主持"读书会"的学生的位置上，是决不会出手的）。主持"读书会"的学生的朗读的水平、提问的深度、互动的灵活度等，那可都是真枪实弹的考验。而作为听众的同学们呢，谁也不敢懈怠，要知道别人念的那篇文章自己并不熟，不好好听，被同学问个哑口无言，岂不难堪？

是的，坐在学生位置上的我，心里早"算计"过的：要在游泳中学会游泳。语文的素养，无非听、说、读、写、书，无非字、词、句、段、篇，只要是围绕这些事去做，就不会错的。这个"读书会"，整个过程全是围绕着"语文"在做事，并且做得踏实，做得有效，最重要的是学生们还觉得很有意思。

学习语文的天地无限广阔，不能全靠教材、全靠教师。我班的"读书会"，就是给学生们开辟一个新的空间，让学生们在"读书会"中历练，慢慢变得"会读书""会语文"。

哦，对了，忘了告诉您，我们的"读书会"常常不止二分钟，只要环节没进行完，我就别想上新课。

嗯，管它呢，究竟是"新课"重要，还是"读书会"重要，恐怕谁也说不准。

见字如面

一

有些人，总会遇见，或早或晚。

2001年，我从教的第五个年头。一个晴朗的下午，在学校阅览室里的某本杂志上，我第一次"遇见"王老师。那是他执教《鸬鹚》的一个小片段。简短的文字里，透出满满的才情。没想到，教材可以这样解读；没想到，朗读可以这样引导。我把那个片段工工整整地抄录在笔记本上。

2003年，在汕头，一次教学研讨会上，我真正遇见王老师。他执教《只有一个地球》。没想到，这样一篇"干巴巴"的文章可以讲得如此波澜起伏；没想到，语文课居然可以把感悟与质疑做得如此水乳交融。课后，我捧着笔记本请王老师签名。王老师抬了抬眼镜，挥笔写下：

学无止境，教无止境，追求无止境。

笔力遒劲，又有张有弛，显出恢宏的气度。回校后，我特地把这页纸小心地裁下来过塑了。

我起初以为，这仅仅是王老师勉励像我这样的年轻后生惯用了的"套话"。直到后来我读到他的《"磨"你千遍也不厌倦——我的＜只有一个地球＞成长纪实》，才明白那确实是王老师彼时最真实的自我感悟：

我的《只有一个地球》，从诞生的那一刻起，就像一条小溪，从我生命的心泉中汩汩地溢出。它无法知道去路是坎坷还是平坦，明天是风雨还是响晴，是痛苦的降临，还是其乐也融融。但它的天性却是一直向前流淌……

那天的《只有一个地球》，至少是王老师的第三个版本了。要知道那时的王老师"从1998年出道以来，大大小小上过500多节公开课……"其实，即使是第一个版本，凭王老师的教学艺术，那一定也是叫好声一片啊！然而，王老师没有沉醉于这些，而是要它"一直向前流淌"，而是要"'磨'你千遍也不厌倦"。

这样的事情又何止一桩？最近，志芳发来王老师最新一版的《湖心亭看雪》实录和课评。我一字一句拜读完，立刻给志芳发去信息：

这一版本，与咱们那一次听过的相比，改动很大，也改得相当圆润通透。盛名之下，王老师还能如此反躬自省，放弃旧我，孜孜以求，怎能不令人感叹、钦佩？

是的，那时我们一起听过这一课的最初版本。课后，王老师让我们谈谈观感。当时，除了赞叹之外，我们也表达了一些疑惑，但其实是些没来得及细思的粗浅感受而已。没想到，王老师当真改了，并且改得那么真诚，那么彻底。

"成功的花儿，人们只羡慕它现时的明艳！然而当初它的芽儿，浸透了奋斗的泪泉，洒遍了牺牲的血雨。"所以，当我的课偶尔得到一些赞美的时候，当我发现自己教学上又有些懈怠的时候，总要拿出它来，轻声地读给自己听：

学无止境，教无止境，追求无止境。

二

为了能常常"遇见"，2008年，我受莞城区教育办和学校委派，来到王老师的工作室进行为期半年的研修学习。

半年时间，离家千里，我把自己完完全全浸在工作室里，每天在读书、听课、品茶、写字中度过。王老师在写给志芳的《用心如明月》中说我和林莘、丽玲是三个"活宝"，实在是"冤枉"啊！林莘、丽玲两位姐姐那时都已颇有建树且名震一方了，也确实是多年"疯惯"的好姐妹。工作室里也常因她们而变得热闹欢乐，但她们一旦坐定下来，会把吃饭睡觉忘掉。而我呢，根本就没有疯的资本，光是为了准备那节汇报课，就不知头疼了多长时间。

那次，我准备的是《凡卡》一课。2000多字的长文，读了很多遍，愣是找不着突破口。于是，我把契诃夫的小说全找来，把一切有关的评述找出来，一篇篇细读，一句句圈画……一个多星期后，总算找到了一个突破口：情到深处才"反复"。

课，是在浙江诸暨上的。至今仍记得，那间教室不大。王老师领着大家走进来，和每次听学员上课一样，坐到了听课席的最前面，摊开那本厚厚的听课本，抬了抬眼镜，侧着头写下课题后就静静地等着我和学生们。

课是怎么开始的，又是怎么结束的，如今早已淡忘，只记得听课过程中王老师似乎轻轻点过几次头，只记得他的点评并没有我期待的那么详细。看来，让老师失望了。

从诸暨回到杭州，大家就各自散了。第二天便是周末，我一个人在西湖边游荡。走着走着，终是按捺不住内心的疑惑，给王老师发了短信，想知道他究竟怎么看这节课。没承想，王老师很快就回信了：

总体上很好！你已摸到诗意语文的堂奥。这样的弟子，在我，凤毛麟角！作为第一课时，把"写信后"的部分去掉，就更好。具体细节，周一再说。辛苦了！

秋天的西湖，阳光那般明媚，风儿那般柔和。捧着这条短信，我来来回回不知读了多少遍，王老师听课时每一次的颔首和微笑，也一下子全都浮现在我眼前。熙来攘往的游客，个个满面春风，他们哪里知道身旁有个人不知比他们幸福多少倍！

周一终于来临。我如约走进了王老师的办公室。

王老师招呼我坐下，随即翻开那厚厚的听课本就和我聊开了。他先是郑重地表扬了我一番，说文本研读角度新颖，说课堂节奏有收有放，甚至还说到我悟性很高。嗨，我心里那个乐啊！

然而，这只是药丸外面的一层糖衣。接下来，王老师从文本细读的取舍到教学目标的定位，从教学重点的确定到教学流程的设计，乃至板书的顺序、语调的拿捏，全都提出了具体的建议。

从王老师办公室出来，抬眼一望挂钟，原来我们聊了两个多小时！这时，我才感觉肚子有些饿了。

食堂里只剩下两三个老师在轻声聊着。我打了饭菜在角落里坐下，也不知吃的是啥，脑海里全是王老师细致的点评与建议，还有那条曾经让我幸福得不能自已的短信。

我总算明白，以王老师在语文教学上的境界和修为，我那堂课哪入得了他的法眼？他一定是猜到了一个普通学员内心的忐忑和惶惑，于是，发来了那样一条短信。那几行字里，更多的是鼓励，是召唤，是希冀，是鞭策。

这便是老师的风范，仁厚、温暖、平和，让你不狂妄也不气馁，不焦躁也不迷惘。

所以，后来面对王老师的短信、微信或是课评，不管是表扬抑或是批评，我都能安静地细读、聆听，即使是王老师偶尔的盛赞：

最让我感动的则是才华的《刷子李》，两度设计、两度施教，目标变了、流程变了、方法变了、效果变了，但唯一不变的是他的风格，那样淡定，那样灵动，那样敏锐，他由我眼中的青年才俊一跃成为笑傲江湖的一方大侠（《诗意，让课堂如此美丽》）

这是一次由《福建教育》杂志社组织的活动，我需要根据现场评课意见次日二度设计、二度执教，确实有些压力。课只是比较顺利地上完了，哪里有多少淡定、灵动和敏锐？王老师只是以他一贯的风格给予一个后生言过其实的鼓励罢了。然而，哪个人的成长不需要鼓励！

三

再后来，与王老师常有这样的不期而遇。

2009年的春天，莞城区教育办为我们几位脱岗培训的老师举办了一次学习分享会。这次活动，由时任教育办教研员的尹凤葵老师亲自担任主持，全区800多位老师，不分学科，济济一堂，坐在"文化周末"报告厅里听我们的课，分享我们学习的历程和收获。

那天，我把经过王老师指点的《凡卡》呈现在老师们面前，赢得了一次又一次的掌声。时至今日，偶尔还有一些我不认识的老师遇到我，还会提起那堂课，甚至说那堂课让他们感到"语文的美好"。

那天，我也把自己在杭州、在王老师身边的100多个日夜的所学、所思、所获，以《我的诗意之旅》为题做了汇报。我平静地细数那些点点滴滴，细说那些"庭前明月庭前雨"（志芳语），整个会场出奇得安静。

临了，我正要谢幕下台，不想尹老师突然叫住了我："才华，请留步！你知道吗？今天，你的恩师王老师给你来信了！"

消息突然降临，短暂的骚动之后，偌大的会场响起了热烈的掌声。只有我一人，呆立在舞台上，不知所措——尹老师用心良苦地瞒过了所有人！

过了一会儿，我听到尹老师念信的声音：

佛家偈语："一切水印一月，一月印一切水。"诗意语文以其蓬勃的生命情怀、空灵的完美气韵、浪漫的彼岸憧憬吸引着一切与其有缘的语文教师，它不是某个人的，它属于一切有缘之人。才华的性情和抱负，足以跟诗意语文结下不解之缘。

诗意是精神的一种极致状态，因此，一个追求诗意语文的老师，一定是以追求幸福、优雅的精神生活为其人生的终极关怀。精神生活是诗意语文的源头活水，而人的精神生活的最高境界是自由，即自己成为自己的理由，自己主宰自己的一切。衷心希望才华的心灵是诗意蓝天中那扶摇直上、自由翱翔的鲲鹏。

尹老师圆润的声音回荡在报告厅的每个角落。恍惚中，我仿佛回到了杭州，回到了拱小，仿佛置身在工作室里与大家团坐在茶台周围听王老师议课、说书，仿佛又听到了我们"七个小矮人与白雪公主"（学员共七女一男）的欢笑……

精神生活的实现路径有千万条，但其中一条是人所必经的，那就是读书。读书本身就是一种精神生活，它的神奇之处在于，读书为我们开启了更多的精神生活之门。读书的目的有千万个，但根本的目的只有一个，让自己的精神生命更强大。没有强大的精神生命力，就无法设想美妙的诗意语文。才华在我的工作室静修半年，半年的所得所习，其实都可以忘却，但唯一不能也不会忘却的，就是读书！好读书、读好书、好好读书，这就是我对才华满师之后的唯一要求。

唯一要求。唯一要求！是的，每一次评课议课，王老师大概都会郑重地说起"教的是底蕴""底蕴是书堆起来的"。是的，很多次经过王老师办公室，我都瞥见他端坐桌旁，手抚书卷，那样专注，那样宁静。那一刻，站在空旷的舞台上，我又一次清晰地听到王老师在千里之外的谆谆告诫！

从2001到2018，18年了！18年里，我与王老师在文字里相遇，在那些仁厚、温暖、平和的文字里相遇，何其有幸！

哦，见字如面，水流花开。

回到田野，培育真人

教书 20 年，我越来越深刻地意识到，"培养什么人""怎样培养人"是教育的永恒主题，她看上去宏大遥远，实际却决定着我们的每一堂课、每一个教育细节。

1997 年，我师范毕业，刚满 18 岁，被分到一所乡村小学工作。学校坐落在一块非常开阔的稻田中间。

田野的日子，宁静，自由，无拘无束。我带的是六年级的一个班。语文课上，我和孩子们讲故事，说相声，编话剧；课堂之外，那一大片稻田成了我们的乐园，我们搞野炊，放风筝，摸鱼虾……就这么玩玩闹闹，日子过得快快乐乐。没想到，在小学毕业考试中，我的班居然还战胜了中心小学，拿了个全乡第一！

乡里教育办的领导让我介绍经验。啥？我一个毛头小子，胡须都还没长满，哪有什么经验？我只是模糊地感觉，教育嘛，就要这样，自由、真实、快乐。

2001 年，我从乡村来到城市。这时我才发现，原来自己还只是个井底之蛙。于是，我拼了命地钻研学习，研究课例，阅读书籍，撰写反思。三年之后，我居然登上了省级教学大赛的舞台，并一举拿下一等奖。

此后，我有了越来越多的展示机会，越来越大的展示平台。慢慢地，我开始在乎听课者的口味，开始变得有些浮躁和功利了。我，渐渐远离了语文的本质，远离了教育的初心。

2016 年暑假，我带儿子去北京旅游。做攻略时，我问孩子：

"儿子，你对《圆明园的毁灭》这一课有印象吗？"

"没什么印象。"

"那你想去那里看看吗？"

"不想！"

孩子的干脆，让我一下愣住了！我教他这一课，不就是几个月前的事吗？那时，我把课文当作例子，听、说、读、写，样样不落啊。而现在，他竟然连去那里看看的想法都没有！为什么？！

那个晚上，守着孤灯，我独坐了很久很久。我自问，如果不能让学生的心灵受到真正的触动和感染，那些听、说、读、写的训练又有什么意义？

我又猛然想起那一次作文比赛。几十篇写母爱的文章，乍看上去，语言表达流畅华美，然而细看，竟有约四分之三的题材雷同：都是写自己病了妈妈如何照顾他，时间都在深夜，又都是风雨交加，电闪雷鸣！哪有那么多巧合？！这哪里有生活体察？哪里是从心而出？！是什么导致我们的学生自小就开始虚情假意玩弄文字？是什么让高考卷上出现那么多身残志坚、父母双亡的"奇文"？十年树木，百年树人，我们在树怎样的人？！

不忘初心，方得始终。我渐渐忆起从教之初的那一片田野，忆起那时我和学生真心相对、真情相融的点点滴滴。那日子多么快乐，又多么踏实！是啊，只有从"真"出发，关注人的心灵，教育才能真正发生啊！

于是，新学期开学，我重新执教了作文课《发现母爱》。

课堂上，我呈现了千篇一律的"母爱"作文，学生们哄堂大笑，继而又陷入沉思；我分享了自己的文章，写真事抒真情，让学生有样可学；我借用一组漫画，唤起学生对母爱细节的回忆——滂沱大雨中的花折伞，热气腾腾的水饺，虽疲倦却依然微笑的面庞，高扬起又放下的手掌……当音乐《烛光里的妈妈》轻轻响起时，当孩子们拿出妈妈的照片细细端详时，记忆中那些最真实、最动人的画面一一浮现，教室里，几乎每个角落都传来啜泣声……伴着泪水，他们的写作情真意切，感人至深。

那天，有现场听课的教师在笔记里写道：我的泪水再也忍不住了，吧嗒吧嗒直往下掉。孩子们在低声啜泣，许多老师红了眼圈。多么希望，我的孩子也能走进这样的课堂……

其实，何止是学生和听课教师在流泪?！这一堂课，同样也救赎了迷途中的我啊！在那泪光中，我仿佛又回到了那片宁静、自由的田野，仿佛又听见田野上孩子们的欢笑。是啊，千教万教，教人求真；千学万学，学做真人。以真心换真心，以真情换真情。我们的教育，首先应打动学生的心灵，如此，一切知识和能力才有意义，如此，才有可能培育出"仰无愧于天，俯不怍于地"的一代"真"人啊！

这便是我，一个基层的人民教师对"立德树人"的真实理解，对"培养什么人""怎样培养人"的真诚回答！